吉林省社会科学基金项目"美国对古巴遏制政策研究"

（2016B292）结项成果

美国对古巴政策研究

Study on American Policy Towards Cuba

王 伟／著

人民出版社

目　录

前　言 ………………………………………………………………… 1

第一章　美古关系的历史回顾 …………………………………… 1

　　第一节　美古早期贸易往来 ………………………………… 1

　　第二节　"熟果政策"和"门罗主义" ……………………… 7

　　第三节　美西战争及古巴独立 …………………………… 11

　　第四节　美国对古巴的控制 ……………………………… 15

　　第五节　二战时期和战后杜鲁门政府对古巴的政策 ……… 26

第二章　艾森豪威尔时期美国对古巴的政策 …………………… 32

　　第一节　古巴革命的胜利 ………………………………… 32

　　第二节　艾森豪威尔政府对古巴新政权政策的转变 ……… 37

　　第三节　艾森豪威尔政府对古巴敌对政策的实施 ………… 46

第三章　肯尼迪政府初期的美国对古巴政策 …………………… 69

　　第一节　猪湾事件 ………………………………………… 69

　　第二节　美国国防部的"猫鼬计划"（Operation Mongoose）…… 86

　　第三节　1961—1962 年美国禁运政策的形成 …………… 102

　　第四节　争取进步联盟计划 ……………………………… 113

第四章　古巴导弹危机:美国对古巴遏制政策的最终形成 …… 119

　　第一节　古巴导弹危机 ……………………………………… 119

　　第二节　国内政治对古巴导弹危机中美国政策的影响 …… 142

　　第三节　国际因素对古巴导弹危机中美国政策的影响 …… 145

　　第四节　美国对古巴遏制政策最终形成 ………………… 152

第五章　1964 年以后美古关系 …………………………… 158

　　第一节　1964 年以后美国对古巴政策概述 …………… 158

　　第二节　美国对古巴遏制政策的延续 …………………… 171

　　第三节　美古关系出现缓和契机 ………………………… 192

　　第四节　影响美国对古巴政策的因素分析及特点 ……… 200

第六章　美古关系解冻 …………………………………… 213

　　第一节　古巴问题的提出 ………………………………… 214

　　第二节　奥巴马政府对古巴政策转变 …………………… 216

　　第三节　奥巴马卸任前最后一搏——美古握手现实

　　　　　　意义 …………………………………………… 233

附录 1　古巴独立后历届政府一览表 ……………………… 240

附录 2　"禁运"和"封锁" ………………………………… 242

附录 3　关塔那摩美国海军基地 …………………………… 243

附录 4　美国总统奥巴马关于改变对古巴政策的讲话 ……… 245

参考文献 ……………………………………………………… 260

后　记 ………………………………………………………… 280

前　　言

一、国外的美国对古巴政策研究综述

国外的美国对古巴政策研究主要是以美国的学术机构和学者为主。

智利著名学者古斯塔沃·拉戈斯提出,美国学术界对与拉丁美洲关系的研究是美国"最传统和最受重视的学术专业领域"。拉丁美洲历来被美国决策者视为天然势力范围或"后院",而古巴又是拉丁美洲最有影响的国家之一。美国和古巴存在着潜在的经济、政治、军事联系。随着冷战的开始及古巴革命的胜利,古巴在美国的压力下逐步并入了社会主义国家阵营,这就使古巴在美国的全球战略中具有举足轻重的地位。美国许多大学建立了拉丁美洲研究所或研究中心。美国对拉丁美洲的关系及美古关系的研究历来是学者、政客所关注的重要课题。然而,这一课题的研究往往同政府决策有着密切联系,当美国在古巴推出重大外交决策时,研究这一课题的高潮也就随之而来。

研究美国对古巴政策可参阅文献是丰富的。

第一种是美国政府档案及出版物:《美国对外关系文件集》(*Foreign Relations of the United States*, *United States Government Printing Office*, *Washington*)(*FRUS*),从 1958 年开始到 1968 年,有 *FRUS*(1958—1960) *Vol.VI*; *FRUS*(1961—1963) *X*、*XI*; *Microfiche Supplement*(1961—1963) *Vol. X*、*XI*、*XII*; *FRUS*(1964—1968) *Vol.XXXII*;共 7 卷,其中大部分是 1997—1998 年

最新解密的,它们是关于美国对古巴政策研究的非常重要的资料。

由美国政府出版的《总统公开文件集》(*Public Papers of the Presidents of the United States*)也是一种重要的文献资料,如艾森豪威尔总统公开文件、肯尼迪总统公开文件等都涉及了美国对古巴政策。此外,美国国务院的《美国外交政策当前文件集》①以及《美国国务院公告》(*Department of State Bulletin*)也都是非常重要的文献档案。

第二种是政府领导人的回忆录。如《艾森豪威尔回忆录——白宫岁月(下):缔造和平(1956—1961)》、《一千天:约翰·菲·肯尼迪在白宫》、《十三天:古巴导弹危机回忆录》等。

第三种是国内外出版的专著及文章。美国对古巴政策研究的专著浩如烟海,概括起来可以分成两类,一类是侧重历史事件的叙述,用美国的世界观影响人们对某一事件的看法;另一类是理论研究,为政府决策提供理论依据,为现实服务。

第四种是数据库及网上资源。美国威尔逊冷战研究中心的研究公告和研究报告、中心数字图书馆的大量文献资料等都对美国的古巴政策研究提供了重要支持;美国外交学会的网站也载有大量的美国对古巴政策的研究论文和一些文献资料;美国汤姆森·Gale 公司的数据库解密文件参考系统(DDRS)也可以查阅相关的美国政府解密文件。

纵观国外的美国对古巴政策的研究,涉及的方面很多,我们从几个方面来归纳其研究成果。

第一,美西战争及古巴革命前的研究状况。

1898 年美西战争使古巴摆脱了西班牙的殖民统治而宣告独立。这是古巴历史上的一件大事。在由古巴学者卢其森林编著的《古巴独立

---

① Department of State,*American Foreign Policy Current Document for 1959*、1960、1961、1962,Washington D.C.

史》中,作者认为,古巴对美军的支援,对于击败西班牙起了重要作用,他们不是用"美西战争"的传统提法,而把美西战争称为"西班牙—古美战争"。美国学者安杰尔·史密斯则认为1898年的美西战争及"普拉特修正案"把古巴变成了美国的保护国。美国学者亚历克斯·海贝尔《领导人如何思考:美国对加勒比海地区和拉丁美洲的干涉》一书谈到美国与古巴的联系时竟把这个加勒比海岛国称为美国第51个州,并认为古巴一直处于美国的"保护之下",虽然罗斯福时期废除了"普拉特修正案",古巴对美国的依附并没有减弱。除此之外,路易斯·A.佩雷斯及史密斯·罗伯特弗里曼从军事、商业及外交方面论述了古巴革命前的美国对古巴政策。[①] 针对这一时期的著作,大多都是为政府的政策进行辩护,并服务于美国的扩张活动。

第二,对古巴革命、贸易禁运及猪湾事件的研究。

人们通常所称的古巴革命,包括1959年古巴民族民主革命的胜利及其向社会主义的转变。这场革命在当代世界社会主义运动的历史发展进程中具有自己的特点,它不仅是战后世界社会主义运动的一个不可分割的组成部分,而且对战后整个世界形势,特别是对拉丁美洲形势的发展产生了深远的影响。古巴学者玛丽菲利·佩雷斯的《古巴革命——起源、过程和遗产》中充分论述了从古巴革命开始到革命的发展、古巴社会政治及激进民族主义的发展。梅泽瑞克(A.G.Mezerik)的《古巴与美国》则系统地记述了古巴革命及艾森豪威尔、肯尼迪政府对古巴政策的基本史

---

① 　Robert F.Smith, *The United States and Cuba:Business and Diplomacy,1917—1960*, New York:Bookman Associates,1960.

Louis A.Peres, Jr., *Cuba and the United States:Ties of Singular Intimacy*, The University of Georgia Press,1990.

Robert A.Paster,*U.S.Foreign Policy toward Latin American and Caribbean*, Princeton University Press 1992.

实,但过于简单。①

在探讨古巴革命产生的原因中,美国学者朱尔斯 •本杰明在其《美国与古巴革命的起源》中认为,古巴为保证经济"繁荣"更加依赖美国市场,而这种繁荣没有给古巴人民带来好处,他们依然处于贫穷状态,因此民族主义的情绪强烈,对美国资本控制古巴经济不满。②

论述美国政府对古巴革命的政策的论著相当庞杂,内容涉及贸易禁运及军事入侵等。理查德•韦尔奇在其《革命的反映——美国和古巴革命 1959—1960》中,从美国官方对古巴革命的反应一直论述到民众对古巴革命的反应。其中详尽地对新闻界、大学校园、咖啡馆及左派人士对古巴革命的反应进行了描述。在贸易禁运和经济制裁方面,1959 年的古巴革命胜利后,顺利地开展了土地改革,革命的激进方向触怒了艾森豪威尔总统。1960 年开始了最初的禁运阶段,到目前为止,对古巴的禁运始终没有停止过。1962 年,肯尼迪总统对古巴实行贸易完全禁运,1964 年 9 月在美洲国家外长会议上通过了对古巴进行"集体制裁"的决议。20 世纪 70 年代美国对古巴的制裁一度有所松动,进入 80 年代到 90 年代,美国又强化了对古巴的经济封锁和贸易禁运。彼德•施瓦布认为,美国对古巴的禁运是想通过对古巴增加压力而迫使卡斯特罗下台,然而,卡斯特罗成功地反击了美国的军事入侵和禁运,也赢得了很多国家的支持。唐娜•里奇•卡普洛维茨则认为,从整体上看,美国对古巴的禁运是一次模范禁运,他确实抵制了古巴加入美国的进出口市场,同时也妨碍了古巴加入世界市场。尽管如此,这个范围最大的禁运在一些主要的方面还是失

---

① A.G.Mezerik：*Cuba and United States.* , International Review Service Inc. 1963.

② Stephen G.Rabe：*Eisenhower and Latin America* , The University of North Carolina Press, 1988.Ruiz, Ramon Eduardo, *Cuba*：*The Making of a Revolution* , Amherst：University of Massachusetts Press, 1968.Thomas, Hugh, *The Cuban Revolution* , New York：Harper & Row, 1977.Jules R.Benjamin, *The United States and the Origins of the Cuban Revolution* , Princeton University Press 1990.

败的,最大的失败就是没有将卡斯特罗赶下台。另外,他还认为,对古巴禁运事件的研究反映了当代世界纷乱复杂的关系,制裁成为20世纪一种流行的策略工具。①

　　有关美国的对策体现在莫尔利的《美国帝国与古巴革命1952—1986》一书中,该书论述了艾森豪威尔政府在古巴内部建立秘密情报和行动组织、对流亡者进行训练、派遣他们潜入古巴、帮助古巴成立一个"真正的得人心的流亡政府"。约翰·普拉多则根据最新解密资料,论述了中央情报局及五角大楼的有关针对古巴的秘密行动。尤其是对"冥王星"计划的制定及转变过程;"猫鼬"计划的制定及终止,都做了详尽的叙述。对猪湾事件的失败,美国各界也给予了极大的关注。一个新上任、受大众支持的总统怎么能做出那样一个注定会失败的错误判断呢?这是史学界极为关心的问题。爱德华·德拉克曼在其《总统和外交政策》中详尽分析了肯尼迪支持猪湾入侵的背景、决定及中央情报局的具体计划。彼得·科恩布鲁姆编著了最新的有关猪湾事件的解密报告;詹姆斯·G.布莱特也在其《错误的政策》中再次评价猪湾活动。另外,还有针对古巴

---

①　Smith,Wayne S.*The Closest of Enemies*,New York:W.W.Norton,1987.

Boorstein,Edward,*The Economic Transformation of Cuba*,New York:Monthly Review Press,1968.

Brenner,Philip,*From Confrontation of Negotiation*,*U. S. Relations with Cuba*,Westview Press 1988.

Robbins,Carla Anne,*The Cuban Treat*,ISHI Publications 1987.

Welch,Richard E.*Response to Revolution*,*the United States and the Cuban Revolution*,University of North Carolina Press 1985.

Donna Rich,Donna.*The U. S. Embargo Against Cuba*,Johns Hopkins University,Cuba Studies Project 1988.

Peter Schwab,*Cuba:Confronting the U.S.Embargo*,St.Martins Press New York 1990.

Donna Rich.Kaplowitz.*Anatomy of A Failed Embargo*,Lynne Rienner Publishers Inc. 1998.

Aleksander,Fursenko,*One Hell of Gamble*,New York:W.W.Norton & Company,Inc. 1997.

的心理战著作①。

第三,对古巴导弹危机的研究。

对于古巴导弹危机的研究,其数量相当可观,既有一般的纪实性著作,也有重要决策人的回忆录,更有对古巴导弹危机决策的分析、评价性的著作。② 近年来随着冷战的结束,美国及前苏联把大批古巴导弹危机的秘密档案文件解密,其中据有的学者估计,美国已把大约80%的所有有关这场危机的秘密文件公之于世。古巴领导人卡斯特罗也在1992年就该事件公开发表了自己的看法,而且古巴最近还将苏联和古巴之间关于苏联在古巴部署中程导弹的秘密协定、危机期间赫鲁晓夫给卡斯特罗的两封信以及1968年卡斯特罗关于古巴导弹危机的秘密讲话等文件解密。这就使更多的学者能比较全面、客观地重新分析、评价古巴导弹危机。例如,苏联在古巴部署中程导弹基地的主要动机及美国中央情报局的情报分析、美国方面对发现导弹的迟缓原因等都存在很大的争议。大多数学者都能客观地评价肯尼迪和赫鲁晓夫的对待危机的谨慎、冷静的处理方式。彼得·科里布鲁姆编辑出版了1962年古巴导弹危机有关的国家安全档案文件选编。其中详细介绍了危机前后及事后剖析的一系列档案文件。马克·怀特及詹姆士·内森都编辑出版了关于古巴导弹危机的解密文件③。美国学者詹姆士·内森曾在1992年出版了《古巴导弹危机的回顾》,在2001年2月又出版了《古巴导弹危机的分析》。

---

① Jon Elliston, *Psywar on Cuba:The Declassified History of U.S Anti-Castro Propaganda*, New York:Ocean Press,1999.

② Laurence Chang,Peter Kornbluh,*The Cuban Missile Crisis*,*1962* The New Press,New York,1992.Mark,J.White.*Missiles in Cuba*, Ivan R.Dee, Chicago 1997.Raymond L.Garthoff, *Reflection on the Cuban Missile Crisis*, Washington D.C:Brookings Institution,1987.

③ Mark J.White *The Kennedys and Cuba*,Chicago:Ivan R.Dee Publisher,1999.James A.Nathan,*The Cuban Missile Crisis Revisited*, St.Martin Press 1992.James A.Nathan,*Anatomy of the Cuban Missile Crisis*, Greenwood Press 2001.

斯科特及詹姆斯·G.布莱特等学者都重点对导弹危机时期的情报方面进行深入分析。

1982年9月27日,在古巴导弹危机事过20周年之际,当年曾是肯尼迪政府决策班子成员,迪安·腊斯克、罗伯特·麦克纳马拉等6人,联名在美国《时代》周刊上发表一篇题为《古巴导弹危机的教训》文章,腊斯克等人对古巴导弹危机总结了十点教训。显然对苏联方面为解决危机所作出的努力也有所着墨,但更多地是从美国政府的立场阐述了对这次危机的看法。尽管他们的观点有着强烈的自我标榜、自我辩解色彩,但是,在一定程度上,他们还是较为客观地评述了美国政府为妥善解决危机而进行的比较谨慎的决策。

第四,冷战后美国对古巴政策的研究。

自20世纪80年代以来,世界格局发生变化,美国的许多研究古巴问题的学者密切注视古巴形势的发展,并撰写了大量的文章和报告。但最有影响的还是匹茨堡大学教授卡梅落·梅萨—拉戈主编的《冷战后的古巴》,他体现了美国对古巴课题研究的新水平。该书着重阐述了苏联东欧剧变对古巴的影响;古巴的战略及政策问题;古巴同拉丁美洲国家的关系;古巴对战略的选择和前景的展望,基本上回答了人们最关心的有关古巴的主要问题。但此书有一个缺陷,那就是没有单独立专章论述美国对古巴政策。尽管该书在一些地方提到了美国对古巴政策的问题,但这是远远不够的,美国对古巴的政策,不仅影响了古巴的过去和现在,而且也将影响古巴的未来。

另外,评价美国对古巴政策的论著也不断增加。利西欧·斯蒂芬·安东尼在其论文中强调,美国对古巴政策既有连续性又有适当的变化。①

---

① Lisio,Stephen Anthony, *Crosscurrents*:*Continuity and Change in United States-Cuba Policy*, The American University,1996.

尽管从 1960 年以来,美国对古巴政策的主张和策略已经变化,但是推翻卡斯特罗政权及对古巴实行高压统治的目标是一致的,而这种政策对美国产生了微不足道的效果,并且使美国利益受到损失。菲利普·布伦纳的《从对抗到谈判,美国与古巴关系》也着重论述了 20 世纪 80 年代以后美古关系,认为在敌对与谈判两种选择中,自 1960 年以后,美国选择了前者,这一途径几乎没有什么利益可寻,并且美国与古巴的敌对也造成了西半球的紧张态势,并不断增加超级大国间冲突的危险。相比而言,谈判则可使美国几方面获利。实际上,睦邻友好对双方都有好处。

美国约翰·霍普金斯大学波勒·艾伦博士在其博士论文中对美国对古巴政策也进行了周密和细致的考察。他认为,仅仅从美国反共现实主义的立场或投资资本市场等世界资本主义制度对立等观点来理解美国对古巴政策是极不充分的。他认为这种政策是美古关系历史发展的产物,是古巴在认识论和价值观等方面与美国等西方世界相对立的产物。而美国坚持制裁古巴,主要是有两个原因:一方面,古巴位于美国当然的势力范围——拉丁美洲国家之中;另一方面,古巴又处于美国冷战和反对共产主义的最前沿。①

此外,美国学者利昂·古雷的《苏联对拉丁美洲的渗透》对苏联对拉丁美洲渗透的目的、策略和手段进行了分析,集中论述了苏联和古巴之间的矛盾及苏古军事关系的形成问题。

二、国内的美国对古巴政策研究现状

国内的美国对古巴政策研究起步较晚,目前还没有一部专门的涉及美国对古巴政策的著作问世,对此项研究始终是作为美国对拉丁美洲关

---

① http://wwwlib.umi.com/dissertations/fullcit/3110568.

系的一部分来阐述。其中重要的文献资料是《战后世界历史长编》及《国际事务概览》、《拉丁美洲史稿》等。

根据目前所掌握的材料,国内的美国对古巴政策研究可分为 3 个阶段。

第一阶段是 20 世纪 60 年代初期。

20 世纪 50 年代中期到 1960 年初,是中国拉丁美洲史研究的开创和初步发展时期。50 年代初,对拉丁美洲国家的认识只限于在报刊上所发表的有关介绍拉丁美洲国家的概况和拉丁美洲人民反对帝国主义、争取民族解放与民族权利斗争的报道。1959 年古巴革命胜利对拉丁美洲国家民族民主运动的发展和对国际社会产生的重要影响,引起了中国史学界的高度关注,开始对拉丁美洲及古巴历史加以重视并认真研究。

随着美苏冷战的兴起,美国凭借其强大的政治、经济和军事力量,使拉丁美洲成为美国与苏联抗衡时名副其实的"后院"。根据当时的国际形势,中国学者开始就美国对拉丁美洲地区及古巴政策的帝国主义本质进行分析,并以具体的历史事实揭露美国在拉丁美洲地区及古巴的侵略扩张。①

"文化大革命"爆发后,学术研究几乎停止,但 1973 年商务印书馆正式出版了李春辉的《拉丁美洲史稿》,这是由中国学者撰写的第一部拉丁美洲通史著作。全书分为两篇共 31 章,分别论述了拉丁美洲各国自独立

---

① 这一时期发表的论文有:罗荣渠:《古巴革命胜利的道路》,《人民日报》1962 年 1 月 3 日;罗荣渠:《150 年来美国对古巴的野心和侵略》,《人民日报》1963 年 1 月 3 日;罗荣渠:《门罗主义的起源和实质——美国早期扩张主义思想的发展》,《历史研究》1963 年第 6 期;李运华:《古巴人民武装革命的胜利》,《历史教学》1964 年第 11、12 期合刊;丁则民:《1899—1902 年美帝国主义对古巴的第一次军事占领》,《文史哲》1963 年第 6 期;丁则民:《美帝国主义对古巴的第二次军事占领》,《历史教学》1963 年第 5 期;丁则民:《1899—1923 年美帝国主义对古巴侵略政策》,《吉林师大学报》1964 年第 4 期;吴机鹏:《古巴民族英雄何塞·马蒂》,《历史教学》1963 年第 3 期。

以来的历史发展,揭示了拉丁美洲各国历史的具体进程和特点。

第二阶段是 20 世纪 90 年代。这是国内对拉丁美洲政策及古巴政策研究的高峰期。根据统计截至 1999 年对拉丁美洲史研究共出版专著 20 余部,发表论文近 400 篇,其中李春辉《拉丁美洲史稿》(第 3 卷)影响广泛,它弥补了前两卷的不足,是我国第一部比较完整的拉丁美洲通史著作。此外,对拉丁美洲国际关系史的研究也趋向深入。洪国起主编的《冲突与合作:美国和拉丁美洲关系的历史考察》全面论述了美国政府在不同政府时期对拉丁美洲政策的演变;徐世澄主编的《美国与拉丁美洲关系史》系统地阐述了 18 世纪末到 1993 年底的美国与拉丁美洲关系的演变;洪育沂主编的《拉丁美洲国际关系史纲》重点阐述了二战后美国与拉丁美洲的关系。美国对古巴政策的研究论文有张小明:《古巴导弹危机的再认识》《世界历史》1996 年第 5 期;李晓岗:《冷战后美国对古巴的敌视政策》《拉丁美洲问题研究》1999 年第 4 期;毛相麟:《一本研究古巴问题的新著——试评〈冷战后的古巴〉》,《拉丁美洲研究》1994 年第 4 期等。①

第三阶段从 2000 年开始,国内学者对拉丁美洲及古巴的研究进入了专题研究阶段。如:朱明权主编《20 世纪 60 年代国际关系》,主要研究古巴导弹危机。而徐世澄《帝国主义与拉丁美洲》,则重点分析美国霸权主义在拉丁美洲的发展历程。特别值得注意的是,扬存堂主编的《美苏冷

---

① 国内研究美国对古巴政策的论文有:韩洪文:《美国对古巴导弹危机的初步反映》,《军事历史》1997 年第五期;韩洪文:《论古巴导弹危机及其后果》,《聊城师范学院学报》1997 年第 2 期;韩洪文:《论古巴革命胜利初期的古美关系》,《历史教学问题》1998 年第 4 期;韩敬友:《试论美苏对古政策对古巴革命的影响》,《山东师大学报》1996 年第一期;钱峰:《猪湾事件前后中央情报局情报失误评析》,《情报杂志》1997 年第 9 期;时晓红:《导弹危机与多极化世界政治格局的萌芽》,《沈阳师范学院学报》1997 年第 2 期;江心学:《从熟果理论到赫尔姆斯—伯顿法:谈美国对古巴外交政策的演变》,《解放军外语学院学报》1996 年第 6 期;时晓红:《古巴导弹危机对国际关系的影响》,《湛江师范学院学报》1996 年第 9 期。

战的一次极限——加勒比海导弹危机》利用大量的苏联方面有关加勒比海导弹危机的档案解密资料,对进一步研究和认识古巴导弹危机提供了条件。这本书中首先对加勒比海导弹危机做了一个扼要的系统介绍,后面选编了若干原始文件,既可以作为研究者的资料书,又可以作为一本工具书使用。

从以上国内外学者的研究现状可以看出美国对古巴政策大多是就某一事件、某一重大外交决策进行宏观分析,而对美国对古巴遏制政策的起源及整体分析方面的研究还存在着很大的不足,这是摆在我们史学工作者面前的一个艰巨的课题。

三、本书选题意义、价值和研究方法

古巴是世界上为数不多的美国尚未与其建立正常外交关系的国家之一,然而,美国却不能忽略古巴,不仅是因为古巴在地理位置上与美国很近,而且也因为古巴是能对第三世界有重要影响的国家。在美国决策者看来,古巴不仅威胁美国本土,而且威胁其盟友,从而影响美国的全球战略。因此,在美苏冷战的前提之下,美国从全球战略及美国自身利益出发,对古巴采取了长期的遏制和封锁政策。

遏制政策是战后美国对外政策中的一条主线,战后美国对外政策的核心之一就是遏制苏联及其他社会主义国家。冷战初期,美国对苏联、东欧、中国及古巴等社会主义国家的遏制封锁政策尤为突出。然而,随着中美建交,美国对中国的长期敌对关系开始缓和,东欧剧变苏联解体,世界范围的冷战结束,美国和俄罗斯的关系也开始缓和,这种全球性的冷战缓和,并没有改变美国对古巴的敌对政策,美国与古巴之间的冷战状态仍然存在,反古宣传,对古巴经济的全面封锁、制裁及外交上的孤立仍然是美国目前对古巴敌视政策的主要内容。

　　美国对古巴的遏制封锁政策是一个相当庞大、复杂的研究课题,已经出版相关的著作也很多,然而,分析美国对古巴遏制政策就必须首先研究这种遏制政策的起源。美国为什么要在古巴革命胜利后实行这种遏制政策?这是我们分析美国对古巴政策制定、发展的前提。如果我们对这一课题进行深入研究,并对影响美国对古巴遏制政策制定的几个因素进行剖析,我们能更清楚地看到美国对古巴遏制政策的特点及美国、古巴敌对关系依然存在的原因。由此可以看出,这项研究不仅具有一定的学术价值,而且具有一定的现实意义。

　　在研究方法方面,作者一方面试图在研究美国对古巴政策的同时,也对苏联的古巴政策及古巴革命胜利后的对外政策等方面分析,来研究美国对古巴遏制政策。

　　另一方面,笔者试图采用史、论、今相结合的研究方法来研究这一课题。古巴革命的胜利及导弹危机等方面已发表的著作不计其数,大部分注重史料的运用和考证及历史过程和事件的详尽描述。本书在注重史料运用和史实叙述的同时,力图运用一些国际关系的理论的分析框架、方法来阐述和分析美国对古巴遏制政策的制定和实施,以便更好理解这种遏制政策对当今美国对古巴政策的影响。这也是本书写作的一个重要的目的。

第一章　美古关系的历史回顾

第一节　美古早期贸易往来

古巴位于加勒比海西北部,是西印度群岛中最大的岛国。处在大西洋到太平洋、南美洲到北美洲两条航线的交叉点上,地理位置十分重要。古巴距美国的佛罗里达半岛只有90英里,美国一直把它看作是自己的南窗口,垂涎已久。

古巴土地肥沃,气候温暖,自然资源丰富,古巴烟草和蔗糖举世闻名。古巴扼守着加勒比海贸易路线,具有经济价值和战略价值。

古巴盛产白银和黄金,白银黄金被淘光后,西班牙统治者无心继续经营古巴。伴随着美洲大陆的开拓成功,古巴再次复苏,成为统治者的中转站,哈瓦那成为主要的港口。古巴的烟草与蔗糖远近闻名。16世纪,烟草已经传遍欧亚各国。17世纪吸食烟草已经成为一种时尚的象征。慢慢烟草变得与黄金白银等价,烟草的商业价值被发现。17世纪开始烟草成为古巴重要的经济商品。西班牙发现雪茄的利润丰厚,于是垄断了美洲的烟草买卖,禁止走私。19世纪古巴的烟草远销至美、欧、德等各国。1547年西班牙人在古巴种植了甘蔗,古巴的蔗糖是促成美国独立运动的重要原因。美国总统亚当斯也曾说过"蔗糖是美国独立运动的动力"。18世纪,古巴与英国在北美十三个殖民地的贸易十分重要。英属北美十三州殖民地从古巴进口蔗糖制成朗姆酒并远销各地。英国颁布《蜜糖法案》限制英属北美十三州殖民地从古巴进口蔗糖,在法案的限制下走私反而日益猖獗。英国为了增加收入对北美殖民地增加税收,垄断北美十三州殖民地与国外的贸易往来。英国虽然确立降低关税,严禁从国外进口原料,但《食糖税法》严重限制英属北美十三州殖民地与古巴的贸易。北美十三州商人十分不满,此事为美国独立战争埋下了伏笔。在美国独立运动时期,古巴的蔗糖商人在日常生活中援助了北美人民的起义运动,为他们提供武器装备。19世纪,欧洲各国纷纷生产甜菜糖的时候,古巴的蔗糖失去了市场,但美国依旧是古巴的主要买主。

著名历史学家说过:"在西班牙人占领古巴后两个半世纪内,商业对古巴岛的重要性不大,我们不值得对这个漫长的贫困时期加以描绘……"①由此可知,古巴的经济发展缓慢而又艰辛。在西班牙统治的时期,古巴的黄金不久就被淘光,为了追求财富,人们不断地向外移民。因此,蔗糖生产缺少劳动力给企业带来困难。古巴经济也受到欧洲对美洲战争的影响。同时海盗不断入侵也重创了古巴的经济,教士的压榨也严重阻碍古巴的经济发展,什一税的征收使古巴的生产者生活更为困难。直到19世纪古巴的经济还是没有发展起来。西班牙对古巴实行重商主义的商业政策,这对古巴的经济阻碍也是十分严重的。外国的商人若要与古巴进行贸易往来需要得到教皇的批准。相比欧洲各国,西班牙队殖民地地区的商业政策是最严苛的。西班牙为了本国的发展对古巴横征暴敛对古巴实行贸易控制。

---

① [美]菲·方纳:《古巴史和古巴与美国的关系》第一卷,涂光楠、胡毓鼎译,生活·读书·新知三联书店1964年出版,第2页。

古巴自从成为西班牙的殖民地,此后便一直受到西班牙专制政策的损害。古巴的自身经济发展也一直处于落后状态。直到19世纪上半叶,古巴的经济才有所发展,古巴的烟草成为欧洲的首选。此时的烟草贸易是在西班牙重商制度下进行,古巴的烟草种植者不能自由地进行贸易。西班牙不允许古巴与任何国家进行贸易商的往来。古巴为了消除这种重商主义的垄断政策,不断地进行抗争。古巴市民也会向西班牙国王提出取消限制政策和贸易公司。在英国占领哈瓦那期间,英国在古巴实行贸易自由,古巴人民第一次尝到自由贸易的滋味。西班牙恢复对古巴的统治后,支持鼓励古巴商业与农业的发展。西班牙允许古巴蔗糖和烟草等与西班牙自由贸易。古巴的经济得到了快速的发展。在美国革命期间,古巴的经济受到了不同程度的刺激。西班牙允许美国的私掠船驶入古巴购买物品。西班牙希望通过美国的私掠船在古巴的贸易来打击英国的商业。美国与古巴的贸易开始交往起来。

因西班牙的海外贸易受到过英国海军的侵扰和打击,西班牙在美国独立战争中加入了反英的斗争。西班牙政府颁发给美国临时执照,允许美国和古巴进行贸易,古巴可以从美国进口粮食。但是古巴和美国的贸易是有限制的,此时的关税较重。尽管如此,贸易往来还是十分密切。在这期间美国派遣官方代表进入古巴,以协助美国商人在古巴的商业贸易,也便于同西班牙政府进行交涉。古巴一直希望西班牙对古巴的垄断政策全部放宽,但这是不可能的。古巴贸易政策的放宽是暂时的和片面的。西班牙商人要求恢复贸易垄断,不允许古巴对外开放。1784年,西班牙停止了古巴与美国的合法贸易,并将古巴岛上的外国人逐回原国。美国为此受到很大的影响,美国的官方代表也被遣送回国。美国希望和古巴继续进行贸易往来,并积极与西班牙政府沟通,希望得到西班牙的允许,西班牙当局马上拒绝美国的请求。美国与古巴的贸易交往中,西班牙商人的处境不容乐观,在对古巴贸易中美国商人竞争力大大超过西班牙商人。如果西班牙同意美国与古巴继续贸易往来,那么古巴在经济上就更加依赖美国,这是西班牙政府所担心和不许的。美国做尽了一切的努力但是都失败了,西班牙不会把古巴贸易再开放给美国。西班牙垄断古巴的贸易政策又恢复了,古巴与美国日益密切的贸易也随之衰落。在此后几年美国与古巴的贸易往来都是秘密进行的。

海地是烟草、蔗糖、棉花、咖啡等产品的重要生产地。1791 年海地爆发了奴隶叛乱和战争,这使海地的烟草和蔗糖的生产遭到的极大的破坏。这为古巴带来了市场。古巴生产的烟草和蔗糖取代了海地生产的烟草和蔗糖。古巴的蔗糖产量大大增加,"年产量从一七九零年的一晚四千吨增加到一八零五年的三万四千吨"。[①] 同时古巴的农业经济得到了发展。古巴的产糖经济得到繁荣发展,但还未摆脱专横的统治。1792 年西班牙国王的大臣德阿兰戈为古巴的经济发展做了很好的规划。指出了西班牙专制制度的不足和改进措施。促进了古巴经济发展采取了自由贸易的措施,尤其是奴隶的自由贸易。此后大量的奴隶被运进了古巴,为古巴带来了大量的劳动力资源。蔗糖产业的生产需要大量的劳动力,这有利于蔗糖产业的发展。美国的炼糖机器的制造与其他国家相比较为先进,为了发展糖产业古巴从美国免税引进了炼糖机器。蔗糖是古巴经济繁荣的基础。1791 年西班牙国王鼓励奴隶贸易自由,同时降低对古巴进口物品的关税,准许古巴从美国免税进口炼糖机器,但从美国进口的炼糖

---

① [美]菲·方纳:《古巴史和古巴与美国的关系》第一卷,涂光楠、胡毓鼎译,生活·读书·新知三联书店 1964 年出版,第 46 页。

机器只能用西班牙的船运往古巴。与此同时,西班牙对除美国外与古巴进行贸易的国家还是予以拒绝的,依旧实行对古巴贸易的垄断制度。1793 年,西班牙与君主国联合对抗法国,这使西班牙与古巴的贸易中断。法国破坏了西班牙的海上贸易。这种情况下粮食短缺是古巴面临的最迫切需要解决的问题。粮食的购买主要来源于美国,由于粮食短缺,古巴政府打破了西班牙的垄断贸易政策。1793 年古巴政府开放古巴的港口,准许从美国引进衣服。在战争时期的各种压力下,西班牙政府允许从美国进口粮食和衣物。西班牙领事代表为美国颁发准许证和执照,允许美国运送食物到古巴。1794 年由于伊比利亚商人的反对,这个准许部分的命令停止执行。在古巴就职的官员不赞成终止命令的执行,他们希望与美国商人进行贸易的往来。1795 年法国与西班牙签订了《巴塞尔条约》后局势迎来了短暂的和平时期,这时西班牙政府下令禁止美国与古巴进行贸易。1796 年西班牙政府官方代表向美国下达通告完全停止古巴与美国的贸易往来,同时废除西班牙政府颁发给美国的准许证和执照。在这个短暂的和平时期,美国与古巴的合法贸易结束了。

1796 年西班牙与法国结盟对英国宣战。英国海军切断了西班牙与一切海外殖民地的往来,需要进口食物和各种物资的古巴受到严重的影响。在这种情况下,西班牙政府希望通过颁发特许权的待遇来为古巴提供所需的粮食和物品。为了解决这一时期的困难,1797 年西班牙发出命令暂时同中立国家贸易,允许古巴同中立国家进行贸易往来。在中立国家中当属美国是主要的海上国家,也是这个命令最大的受益者。美国与古巴是近邻获得很大的利益,古巴当属贸易中心,开始了与美国的贸易往来。古巴向美国出售蔗糖、咖啡、烟草等等,同时进口面粉为主的粮食和生活用品。美国的船只负责将古巴出口的产品运往欧洲各国,古巴进口的产品也由美国船只运输。在美国与古巴贸易中,西班牙征收了较重的税收,尽管如此美国与古巴的贸易在这种战争时期也是十分活跃的。1798 年美国成功地代替西班牙成为与古巴贸易次数最多的国家。1799 年法国与美国展开激烈的战争,西班牙政府取消了美洲与中立国家贸易的命令。这样美国与古巴合法贸易的交往受到了阻碍,但是美古贸易并没有因此而中止。美国与古巴的贸易顺应民心,是无法因命令而停止的,尽管西班牙当局反对,古巴当局仍以粮食短缺作为理由准许美国的船只驶入古巴的港口。

1801 年处于和平时期,古巴当局被西班牙命令关闭港口,不允许美国船只再驶入古巴港口,但是依然从美国进口面粉。美国的船只只要驶入古巴运输货物就会作为走私处理。古巴总督曾说过:"和美国的贸易从来没有开放过,只是被容忍而已。"① 1803 年英法之战开始,西班牙也加入战争,古巴又正式开放,允许与中立国家进行贸易。西班牙的船只受到英国海军的打击导致贸易再次中断。古巴只有依靠美国的船只进出口产品。1805 年运输古巴商品经营古巴贸易的美国船逐渐增多"单是一八零五年十月的一天,就有六十艘美国船停泊在哈瓦那港口,在以后两年内由美国开来的船只继续增加。根据费拉德尔非亚海关记录,一八零七年从古巴开来的船有一百三十八艘,有一百一十五艘办好古巴出港手续"。② 美国从自身利益的角度考虑,为了避免卷入英国和法国的战争,国会通过的《禁

---

① [美]菲·方纳:《古巴史和古巴与美国的关系》第一卷,涂光楠、胡毓鼎译,生活·读书·新知三联书店 1964 年出版,第 52 页。

② [美]菲·方纳:《古巴史和古巴与美国的关系》第一卷,涂光楠、胡毓鼎译,生活·读书·新知三联书店 1964 年出版,第 53 页。

运法》禁止美国对外进行贸易。由于欧战西班牙与古巴的交通受到阻碍为古美贸易提供契机,古巴经济上与美国交往更为密切,美国成为古巴粮食和食品的供应地。1801 年美国代表这样表达:"这个殖民地开放和美国贸易的几年中,它的财富和重要性增长到极其惊人的程度,在工业的习惯、对商业的知识、一般文明和生活享受方面……"①1818 年詹姆斯·亚尔德指出"每年有八万到十万桶面粉输往古巴,从古巴进口糖蜜四万五千七百五十九大桶,糖七万八千大桶"。西班牙政府在特殊时期被迫允许古巴与美国进行贸易,古巴和美国也知道这种贸易是暂时的和有一定限度的。从地理位置看,古巴和美国相邻,西班牙不希望美国与古巴的联系过于密切。担心古巴在与美国的贸易交往中,在美国文化意识的影响下古巴的人民意识觉醒,不满情绪增加,不利于西班牙对古巴的殖民统治,从而威胁西班牙的主权。

第二节　"熟果政策"和"门罗主义"

第一个把眼睛盯在自己家门口的古巴岛,并表露其吞并该岛意图和需要的是为美国革命起草"独立宣言"的托马斯·杰斐逊。1805 年 11 月,美国总统杰斐逊对英国驻华盛顿公使说,一旦同西班牙作战,基于战略上的需要,就要夺取古巴②。为什么早在 18 世纪

---

① 〔美〕菲·方纳:《古巴史和古巴与美国的关系》第一卷,涂光楠、胡毓鼎译,生活·读书·新知三联书店 1964 年出版,第 55 页。
② 〔美〕菲·方纳:《古巴史和古巴与美国的关系》第一卷,涂光楠、胡毓鼎译,生活·读书·新知三联书店 1964 年出版,第 106 页。

末 19 世纪初杰斐逊就把加勒比海及古巴作为美国向海外扩张的战略重点,这与其时的历史背景和美国所处的发展阶段有关。自 18 世纪末起,拉美地区兴起激烈的反殖民独立运动,此时刚刚完成资本主义革命的新生美国开始把目光对准海外,尤其是与自己相邻的加勒比海地区。在新生美国政权的决策者心目中,拉美的独立风暴无疑为美国创造了一个良机,无论这种反殖民运动胜利与否,美国都可以借此时机扩大美国在加勒比海地区的渗透。对于一个新兴的资本主义国家,从经济利益的角度更能理解当时美国对这一地区的关注。美国一直把中美洲和加勒比地区看作其安全和经济利益最重要的地区。1797 年,在拉美西班牙殖民地与宗主国激烈斗争的过程中,西班牙曾允许中立国同其殖民地进行贸易,美国借此打着中立的旗号,与当地贸易大幅增长。在这些拉美国家中,古巴同美国的贸易尤为重要。到 1821 年,美国对古巴的出口值占对西属美洲出口总值的 2/3 以上。除了上述政治利益与经济利益外,从 1801 年到 1809 年担任美国总统的杰斐逊本人的外交理念和思想观念对这一时期美国对古巴政策的形成也有极其重要的影响,这一影响甚至持续到今天。在杰斐逊的政治观念中,资产阶级革命精神与富有宗教气息的理想主义相互交织。他极为赞成美国外交传统中的"西半球观念",1808 年 10 月,当谈到墨西哥和古巴早期独立运动,他写道:"我们认为它们的利益与我们的利益是相同的,两个殖民地的目标是从本半球排除欧洲的一切影响。"①另一方面,在杰斐逊的思想中,也不乏支持民族解放运动、传播资本主义制度的理想主义。

美国在向加勒比海渗透的过程中,与同时也在向这一地区渗透

---

① 洪国起:《冲突与合作——美国与拉丁美洲关系的历史考察》,山西高校联合出版社 1994 年版,第 23 页。

的英国狭路相逢。其时的英国也非常重视同古巴的贸易,英古两国贸易日趋繁荣,1810 年后,英国对古贸易一度超过了美国。在英国竞争的强大压力下,美国政府内部不断有"合并"古巴的政策建议出现。1811 年,美国驻古巴领事威廉·谢勒就曾策划"合并"古巴;1822 年,美国海军部又派舰队驶往古巴,与那里的"合并主义"分子秘密接洽。1823 年 4 月 28 日,美国国务卿亚当斯在其致美国驻西班牙公使休·纳尔逊的信中,提出了"熟果政策",赤裸裸地表述了美国吞并古巴的意图。信中说:"古巴和我们的利益之间确已形成地理的、经济的、精神的和政治的联系。……古巴并入我们联邦共和国势在必行……,如同物理的引力定律,也存在有政治法则。被暴风雨从树上打掉的苹果,没有其他选择,只能落到地上。古巴如被迫脱离它与西班牙不正常的联系而无法自立,它只能倒向北美联邦,根据同一自然法则,我们也不能把它从怀中推开①"。"熟果政策"的提出更进一步地证实了美国对古巴怀有扩张的野心。另外,他还强调,古巴对于美国"利益"的重要性,是"没有任何其他外国领土能与之相比的"。他甚至把古巴称作美洲大陆的"天然附属物"。

1823 年,俄、奥、普的"神圣同盟"企图干涉西班牙中南美洲殖民地的革命运动。英国也极力扩大它在那里的贸易和政治活动。英国外交大臣乔治·坎宁要求美国和英国采取一致行动,反对神圣同盟向拉丁美洲的扩张,最后美国总统门罗接受了亚当斯的建议:单独发表宣言,阐述自己的拉丁美洲政策。因为亚当斯深知英国确有反对欧洲大陆国家干涉西班牙美洲殖民地的意向,而又清楚神圣同盟国家要恢复西班牙在中南美洲的统治权已无可能。在他看来,危险并

---

① 杨生茂:《美国外交政策史(1775—1989 年)》,人民出版社 1991 年版,第 90 页。

非来自神圣同盟,而是来自英国。因此,他拒绝和坎宁一起发表联合宣言,使美国保有独吞古巴及其他美洲国家领土的"行动自由"①。1823 年 12 月 2 日,门罗总统向国会发表国情咨文,提出如下主张:

美洲大陆,由于它的自由和主权地位,从现在起,不应成为任何欧洲国家实行殖民化的对象;……神圣同盟各国政治制度与美洲制度不同,参加神圣同盟的国家,想把它们的制度推行到本半球任何地方的企图,将被视为对我们的和平和安全的威胁。

我们不干预任何欧洲国家的内部事务,没有,也不想干涉欧洲的殖民地。我们也不能坐视欧洲国家对我们南方兄弟国家的干涉……。

门罗咨文所体现的美国对外政策原则,史称"门罗主义"。门罗主义的宣布是以投神圣同盟威胁英国之机,来抵御英国对美国扩张政策的威胁,以保障美国在拉丁美洲的扩张的行动自由。另外,美国通过门罗主义,单方面扮演了西半球其他国家的保护者角色。它是后来美国干预拉丁美洲人民内部事务的基础②。这样,门罗主义关闭了英国或法国企图占有拉丁美洲及古巴的大门。基于这种国策,美国历届政府既反对拉丁美洲国家解放古巴,又反对古巴人民自己解放自己。1826 年,哥伦比亚和墨西哥准备派遣远征队进入古巴,赶走西班牙人,美国立即进行阻止。1827 年,西蒙·玻利瓦尔准备派军队进入古巴,也遭到美国的反对。在 1868—1878 年古巴民族解放战争期间,美国政府竟把古巴革命者以及所有支援古巴解放事业

---

① [古]卢其森林:《古巴独立史》,生活·读书·新知三联书店 1971 年版,第 129 页。

② [委]博埃斯内尔:《拉丁美洲国际关系简史》,商务印书馆 1990 年版,第 80 页。

的人说成是"图谋不轨分子","应受到法律严厉制裁的罪犯"①。

第三节　美西战争及古巴独立

19世纪40年代中期美国语汇中出现了"天定命运"(Manifest Destiny)一词,它是一些美国扩张主义者为自己的扩张需要所提出的合法解释,其意为美国人是上帝的选民,在建立了自己的民主制度后,接受上帝的安排去扩大、传播自己的政治制度和自由民主思想。"它意味着由上苍预先安排的向尚未清楚界定的地区进行扩张。有的理解为向太平洋沿岸扩张;有的认为扩张到北美洲大陆;也有认为扩张到整个半球的。……直到19世纪中期,它吸引了足够的民众形成了一场运动。……为了完成未来伟大美利坚国家的结构,一个世纪也许是必要的。"②"天定命运"其实质是"天赋权利",而且是"天赋"一种向外扩张的权利。从美国建国初期的对拉美政策中,美国决策者就一直向人们宣传,美国在拉美有一种行使霸权的天然权利,从而为其在政治、军事、经济上控制加勒比海地区提供合法依据。

"1868—1878年古巴民族解放战争"以后,古巴在政治上虽然属于西班牙,但在经济上已开始美国化了。在西班牙的殖民统治下,古巴岛已变成了以糖生产为主的单一经济作物区。古巴蔗糖产量,1815年只有4.2万吨,19世纪60年代增到50万吨,到19世纪末已

---

① [古]卢其森林:《古巴独立史》,生活·读书·新知三联书店1971年版,第129页。

② 刘绪贻、杨生茂主编:《美国通史》第四卷,人民出版社2002年版,第88—89页。

超过 100 万吨①。由于西欧许多国家开始利用甜菜制糖,德国、西班牙等国对古巴蔗糖的需求减少了。正在迅速发展的古巴蔗糖业不得不日益依赖于美国市场,美国资本趁机而入。到 19 世纪末,美国人在古巴种植场、矿场和铁路等方面的投资达 5000 万美元。美国托拉斯垄断了古巴的蔗糖业。古巴成了美国所需的食糖的主要供应者。

从 19 世纪 20 年代到 19 世纪末的数十年来,美国对古巴之所以采取"耐心等待"的政策,主要是由于缺乏实力来为"门罗主义"开路。19 世纪末,美国资本主义经济得到迅速发展,只花了 20 多年的时间,就在工业产量方面超过了大英帝国。这时世界领土已被老牌资本主义国家瓜分完毕。后来居上的美国,迫切要求重新瓜分殖民地和势力范围,这样美国便积极策划夺取还掌握在西班牙手中的古巴和菲律宾。美国扩张主义者把占领古巴作为独霸西半球的起点,并把夺取菲律宾当作侵略亚洲的重大步骤。

1895 年 2 月,古巴人民掀起了更大规模的民族解放战争。在何塞·马蒂(1853—1895 年)、安东尼奥·马西奥(1848—1896 年)等爱国领袖的领导下,起义军成立革命政权,转战全岛,使西班牙统治者陷入困境,到 1898 年初,起义军差不多解放了全国 2/3 的土地,这时美国统治集团认为时机已经成熟,决定利用古巴人民已争得的胜利,来达到自己梦寐以求的欲望。

面对这样的古巴变局,1898 年,美国共和党在其总统竞选纲领中提出了这样一个扩张方案:"解放"古巴、攫取西印度群岛中具有

---

① J.H.Parry and R.M.Sherlock,*A Short History of the West Indies*, New York:St.Martin press,1968,p.223.

战略价值的岛屿，修筑中美洲地峡运河，兼并夏威夷，维持美国在萨摩亚的势力，发展远洋海军。在这里，古巴作为美国全球扩张之前进基地的作用呼之欲出，它成为美国控制加勒比海，打通两大洋，并进一步掌控太平洋，与欧洲列强争夺世界经济霸权的桥头堡。这是为了满足垄断资产阶级争夺原料产地、商品和资本输出场所的需要而制定的既定政策。① 当时在美国国会中，以亨利·洛奇为代表的主战派极力主张参战。他指出："我们在该岛的直接金融利益是非常大的。解放古巴对于美国来说就意味着一个巨大的市场，意味着免税在那里为美国资本提供一个机会。这些只是此问题所包含的许多物质利益的一部分，我们还有更广泛的政治利益是同古巴的命运密切相关的。这个大岛与墨西哥湾遥遥相对，它控制着海湾，控制着海湾与我国北部和东部各州之间的全部贸易所必经的航道，正横亘在通往（拟建的）尼加拉瓜运河的航线上。古巴不管是在我们手中，在友好国家的手中，或在其本国人民手中，还是由于利害关系和感恩戴德而依附于我们，对于美国的商业、安全与和平来说都是一个屏障。"②洛奇的主张，反映了那些在古巴有直接经济利益的资本家的要求。

随着古巴革命运动的深入发展，西班牙当局已经失去了对古巴的控制能力，古巴人民争取民族独立的斗争已经胜利在望。然而，战争严重地威胁着美国垄断资本家的经济利益，古巴以糖业为主的国民经济濒临崩溃；美国人在古巴投下的资本大部分丧失，美古之间的贸易几乎中断，数百名与古巴有直接利害关系的商人、船主、工厂主、

① 梁茂信：《美国对夏威夷的吞并与在太平洋地区的外交战略》，《世界历史》1992年第1期。

② 吴机鹏：《美国与古巴独立战争》，载中国拉丁美洲史研究会：《拉丁美洲史论文集》，东方出版社1986年版，第282页。

银行家和农业资本家纷纷要求政府采取断然措施,以恢复古巴岛的"和平"。垄断资产阶级的报刊更是推波助澜,公开鼓吹武装干涉古巴。鼓吹通过战争克服国内困难的共和党人威廉·麦金莱(1897—1901年)政府,正是适应垄断资产阶级的需要,利用这种有利的国际形势,打着"解放古巴"的幌子加快了对西班牙发动战争的步伐。1898年2月15日停泊在哈瓦那港的美国海军"缅因"号战舰突然爆炸,成了他们煽动立即对西班牙开战的借口。4月28日,美国对西班牙宣战。美国国会在授权总统对古巴实行武装干涉时宣布,古巴应当独立,并保证美国绝无在古巴行使主权、治权和控制权之意图,一旦古巴局势平静,美国将把古巴岛的政府和控制权交还其人民①。古巴人民听信了美国的保证,1898年5月20日,古巴东部起义军总司令加西亚奉古巴革命政府之令,与美军合作。6月20日,双方达成协议,美军在古巴圣地亚哥港东面登陆,加西亚负责掩护,古巴人民始终站在美军的前面打击西班牙军队,加速了圣地亚哥西班牙守军的失败。7月17日,圣地亚哥西班牙守军投降,但美军却剥夺了古巴军队参加受降的权利。8月12日美西签署了停战协定,12月10日签署了和约。和约规定西班牙放弃对古巴的一切权利和要求,承认古巴独立,在古巴政府建立前由美国占领,西班牙将波多黎各岛和安的列斯群岛中其他西属岛屿以及马里亚纳群岛中最大的岛屿——关岛划归美国,西班牙还将菲律宾群岛让予美国,美国支付西班牙2000万美元。这样古巴就获得了形式上的独立。不过,这种独立是不完整的,名存实亡的。

---

① Connell-Smith, G., *The United States and Latin America: An Historical Analysis of Inter-American Relations*, London, 1974, p.101.

第四节　美国对古巴的控制

一、"被保护的独立国"的地位的确立

美西战争结束后,怎样处理古巴的地位问题,便被提到日程上来,美国国会坚持主张履行美国对西班牙宣战时所作的诺言:1898年4月,美国国会在对西班牙宣战的联合决议中宣称:"美国绝无在该岛(指古巴)行使主权、统治权或控制权之任何意图或野心,并宣布决定,一旦和平实现,就把该岛的政府和控制权交还当地人民。"①这就要无条件地承认古巴的主权和独立;而美国资本家则认为,解决这个问题的最好办法是公开兼并这个"加勒比海的明珠",以履行"天定命运"的旨意,因为他们认为古巴不仅是美国最近、最方便的重要市场和投资场所,而且对美国控制加勒比海地区和保护即将开凿的洋际运河的航线都有着极其重要的战略意义。美国总统和政府都在考虑如何建立对该岛的保护关系,总统在给国会的咨文中写道:"如果新古巴要得到可靠的长期繁荣,它就需要同我国建立特别亲密的和强有力的关系。"②但这时的美国政府并没有实施兼并古巴的政策,他遇到了三个难以逾越的困难。第一,靠浴血奋战赢得胜利的古巴人民对美国轻而易举地接管西班牙在古巴岛上的军政大权感到异常愤怒,部分美国官员担心这种愤怒情绪很可能会使他们对西班

---

① Samuel F.Bemis, *A Diplomatic History of the United States*, New York: Holt Press, 1950, P.449.

② [苏] B.M.赫沃斯托夫:《外交史》第 2 卷,生活·读书·新知三联书店 1979 年版,第 669 页。

牙殖民者的仇恨转为对美国新侵略者的仇恨。古巴陆军总司令马克西莫·戈麦斯曾警告美国政府说,美国政府必须履行"联合决议中所作的诺言,给予古巴真正的独立","不然的话,我将开始以美国人为敌人,像过去以西班牙人为敌人一样"。① 这使美国决策者清醒地意识到,要建立对古巴的直接统治是非常困难的。第二,美国在大洋另一端的菲律宾也面临当地人民的顽强抵抗,在这种形势下,美古军事冲突就使得美国必须做好双线作战的准备,这无疑会使美国落入非常艰难的境地。第三,如果发动直接兼并古巴的殖民战争,美国政府不仅要在拉丁美洲人民面前完全暴露他的侵略面目,也会遭到本国人民的强烈反对。尽管如此,美国政府仍不准备将该岛交还给古巴人。除了上文所述美国在古巴的一系列政治利益和扩张理念作祟外,美国在古巴的投资商们也坚决反对把古巴政权交还起义者,他们始终担心伴随美国军队的撤退,古巴人会对其商业利益造成危害。在这些商人的强烈反对下,美国政府内部主张交还主权给古巴的官员也遭到了抨击。两相权衡,美国决策者不得不暂时放弃兼并古巴的打算,转而对古巴实行"统治而不兼并"的形式,试图以此来实现其对古巴的殖民统治。

1899 年 1 月初,美国政府不顾古巴人民的反对,在古巴建立了以美国军事总督为首的军事占领制度。美国占领当局控制古巴局势后,便着手策划古巴的制宪工作。为了达到长期控制古巴的目的,根据美国总督伍德的"命令",古巴于 1900 年 9 月组成制宪会议,其任务除制订古巴宪法外,还应确定古巴同美国的关系性质,并把它载入宪法。

---

① 丁则民:《一八九九——一九二三年美帝国主义对古巴的侵略政策》,《吉林师大学报》1964 年第 4 期。

1900年11月5日,美国与驻古巴总督伍德将军在哈瓦那召开制宪会议,伍德秉承华盛顿政府的训令,要将美国陆军部长伊莱休·鲁特草拟的几项条文强行列入古巴宪法。其内容为:古巴不得与外国缔结侵犯其独立的条约,不得借举超过其通常收入的债款;美国对古巴事务有干涉之权以及在古巴设立数处海军基地等。古巴制宪会议只同意把它作为附件列于宪法之后,但遭到美国拒绝。

1901年3月2日康涅狄格州参议员利维尔·普拉特在综合鲁特及伍德的意见之后,向国会提出一系列规定古巴同美国关系的原则,最后被国会作为1901—1902年对陆军拨款法案的补充条款而通过,称为普拉特修正案,1901年6月该修正案列入古巴宪法。

"普拉特修正案"共八条,其中第一条规定"古巴政府决不同任何外国一国或数国缔结任何有损于或有助于损害古巴独立的条约",其实质是剥夺了古巴同其他国家订立条约的主权,从而确保美国对古巴的独占地位;第三条规定"古巴政府同意合众国政府得行使干涉的权利",其实际上赋予了美国干涉古巴内政的权利,从而剥夺了古巴的独立和主权,这也是普拉特修正案中对古巴人民来说致命的条款;第七条的规定则使美国获得了购买或租借古巴土地和港口的权利,为其后控制加勒比海、干预古巴民族解放运动提供了军事基地。[1]

"普拉特修正案"最终确立了美国"保护"古巴的地位。"普拉特修正案"引起了古巴人民的强烈抗议,在古巴人民反美情绪日益高涨的情况下,制宪会议于4月初派一个代表团前往华盛顿交涉。鲁特回答古巴代表团说第三条是门罗主义,它是具有国际主义的"门

---

[1]　杨生茂、冯承柏:《美西战争资料选辑》,上海人民出版社1981年版,第288—290页。

罗主义"。由于这一条,欧洲国家不能阻止美国为保卫古巴独立而组织干涉的权利。接着他还承诺,只有古巴一旦陷入无政府状态或发生一次外国威胁时,美国才考虑进行干涉,除此之外,古巴对他自身的外交和国内事务有完全控制的权利。鲁特使用了威胁利诱手段,一方面胁迫古巴政府在接受"普拉特修正案"和美国军队继续占领古巴两者之间作出抉择;另一方面表示,这个修正案如被接受,美国将与古巴签订一个有利于后者的互惠商约。

在美国政府的高压政策下,古巴政府被迫接受了普拉特修正案并把它列入宪法。1902 年 5 月,古巴共和国宣告"独立",E.帕尔玛当选为古巴总统。美国开始从古巴撤军,结束了军事占领。1903 年 2 月美古签订协定,古巴把关塔那摩和翁达湾租给美国做海军基地。但是,这个新诞生的共和国并不是一个自由独立的国家,而是"被保护的独立国",①著名的古巴律师布斯塔曼特说"我们古巴人一致认为,普拉特修正案把古巴变为美国的殖民地和白宫的一种保护国"②。

"普拉特修正案"是美国"门罗主义"在古巴的现实应用,这种方式是剥夺古巴领土和主权的有效方式之一,也成为以后美国制定加勒比海地区政策的基础。

二、古巴被纳入美国经济体系

古巴独立后,美国基本上控制了古巴的经济。1902 年,美国资

---

① Scott Nearing and Joseph Freeman, *Dollar Diplomacy: A Study in American Imperialism*, New York: B.W.Huebsch and the Viking press, 1925, p.260, 转引自丁则民: 《一八九九——一九二三年美帝国主义对古巴的侵略政策》, 《吉林师大学报》1964 年第 4 期。

② R·Fitzgibbon, *Cuba and the United States*, *1900—1935*, George Banta Publishing Company Press, 1935, p.91.

本控制了古巴蔗糖生产的 3/4,美国烟草托拉斯控制哈瓦那雪茄出口总额的 90%,美国对古巴的投资超过了对其他西半球国家投资的总和。

为了进一步扩大美国对古巴的贸易和投资,排挤其他欧洲竞争者,美国垄断集团要求美国政府同古巴缔结一个"互惠条约",即"互相减低关税"条约,以保证美国在古巴的"扩大贸易"和"保护投资",当时鲁特和伍德都认为签订这样的条约,对繁荣美国经济具有重要意义。鲁特在 1901 年美国陆军部工作报告中,力主削减美国对进口的古巴蔗糖和烟草的关税,并认为古巴是美国销售商品的一个巨大的市场。他说这(互惠条约)对我们的繁荣的贡献比要求我们对现行关税让步的部分大得多①。当时的美国老罗斯福总统也认为这个条约既有利于美国控制古巴市场和建立在加勒比海的优势地位,又可用来作为拉拢欺骗其他美洲国家的工具。1902 年 12 月,老罗斯福派总统特使布莱恩前往哈瓦那进行谈判,最后,与古巴政府签署了"互惠条约"。老罗斯福认为"在某种意义上",美国已通过普拉特修正案使"古巴成为我们国际政治体系的一部分","这使得它有必要出让某些利益从而成为我们的经济体系的一部分",②而美国需要古巴出让的利益就体现在这个"互惠条约"中。"互惠条约"缔结后,美国进口的古巴蔗糖大大增加了,在 1901—1904 年和 1905—1909 年美国进口糖的总额几乎没有变化,但他从古巴进口的蔗糖数量却增加了将近 50%,这是因为古巴粗糖的价格便宜得多,所以美国减少

---

　　① Robert F.Smith, *The United States and Cuba : Business and diplomacy 1917—1960*, New York:Bookman Associates,1960,p.23.

　　② *Papers Relating to the Foreign Relations of the United States(PRFRUS) 1902*,Cuba,p. XX,因特网:http://libtext.library.wisc.edu/cgi-bin/FRUS/FRUS。

了从其他地区进口粗糖的数量。"互惠条约"也使古巴的对外贸易发生了明显的变化。1900—1903 年间,美国市场只占古巴出口总量的 75%,而在 1904—1909 年就增加到 86.2%,这样,古巴对外贸易就几乎完全为美国所控制了。

"互惠条约"缔结后,美国对古巴的投资大为增加,涌入古巴的美国资本家不仅购买了大量的土地,建立了许多美国移民聚居的村落,而且依靠贿赂和非法手段获得了许多开采矿山和经营城市公用事业的特权。据 F.G.卡尔彭特尔统计,到 1905 年"美国人拥有古巴整个地区约 7%到 17%的土地"。①

美国正是利用这个"互惠条约"逐渐控制了古巴的经济命脉,把古巴纳入美国经济体系。

三、"先发制人政策"在古巴的推行

1906 年古巴爆发了人民群众的八月起义,反对帕尔玛政府在选举中的舞弊活动及其政策。起义逐渐演变成一场轰轰烈烈的反美运动。于是美国政府利用"普拉特修正案"进行武装干涉,并在古巴建立了第二次军事占领制度(1906—1909 年)。但是,随着古巴民族解放运动的高涨,反美运动日益扩大,美国不得不退出古巴,结束第二次军事占领。美国开始对拉丁美洲各国推行先发制人政策,这种政策的特征是把经济渗透和武装干涉结合起来,以保护美国公司利益和防止欧洲列强干涉美洲事务为借口,对加勒比海和中美各国推行"先发制人政策"。

1912 年 3 月,美国总统塔夫脱阐述了"先发制人政策",其目的

---

① A.Leland, H.Jenks, *Our Cuban Colony, A Study in Sugar*, New York: Vanguard, 1928, p.144.

是使美国在控制古巴的时候尽量避免任何可能的外来干涉。实际上,这意味着它对该地区各国内政的经常干涉,而美国驻各国的使节或代表则成为支配各国政治、经济生活的主宰。美国之所以对加勒比海和中美洲各国采取"先发制人"政策,其原因不外乎是第一次世界大战爆发前夕,在国际形势日益紧张敌对的大背景下,美国巩固其拉丁美洲后院(特别是加勒比海地区)的政策考虑;以及美欧在拉丁美洲展开经济竞争而引发的美国的应对策略;此外,接近建成的巴拿马运河也使古巴的战略意义更为重要。

塔夫脱政府开始推行的"先发制人的政策"持续了十多年之久,至少在 1923 年以前支配了美国和古巴的政治关系[1]。在这段时期,美国政府更加频繁地干涉古巴内政,监督和干预古巴政府的各项措施,以阻止古巴革命和加强美国金融资本对古巴的控制。

美国政府对古巴南部的萨帕塔沼泽地区开垦权的授予决定的粗暴干涉就是其运用"先发制人的政策"的典型事例之一。古巴南部的萨帕塔(Zapata)沼泽地区拥有大量的优质的木材,1912 年 6 月,古巴总统戈麦斯决定把这一地区的森林和公有土地授予古巴人经营的萨帕塔农业公司,由其在 8 年内完成开垦工作。美国国务卿诺克斯获悉这一决定后,立即对古巴政府提出抗议。他指令美国驻古巴外交人员说:"你要向古巴政府递交一个照会,就说对于国务院来说,萨帕塔沼泽特许明显地是一个毫无头脑的计划,如此毫无远见、不计后果的浪费税收和自然资源,以致本政府不得不向古巴政府表达强烈的反对,并且确信如果古巴政府给予应有的考虑的话就不应使这

---

[1]　A.Leland,H.Jenks,*Our Cuban Colony,A Study in Sugar*,New York:Vanguard,1928,p.105.

样一个如此违背古巴人民利益的措施付诸实施。"①最初,戈麦斯根据古巴资本家的要求拒绝了这项无理抗议,尽管戈麦斯指出,"普拉特修正案"并没有授权各国干涉古巴内部事务以及把古巴政府的法令置于美国的控制和监护之下,但是,诺克斯在复信中十分强硬地说:"除了关于特许合法与不合法以及古巴政府采纳或设计而本政府反对的财政措施等问题之外,古巴政府必须明确,如果本政府对于这些特许和措施的担心变成事实,那么就会不可避免地形成一种形势,其会导致美国干涉的需要。无论如何,本政府认为古巴政府正在实行一种会最终导向干涉的财政政策,因此,从双方政府都不愿干涉发生的角度来看,古巴政府必须明确根据美国的权利和义务,美国不仅有理由而且从行动上警告古巴政府停止现在进行的一切。"②这实际上是对古巴进行公开的武力威胁。在美国的压力下,戈麦斯被迫在8月下旬撤销了这项授予。但是,不久以后查明,萨帕塔沼泽地区既没有什么经济价值,也不适于开垦。奉命前往"视察"的美国总领事罗德吉尔斯也向国务院报告说,"关于特许条款中的地区,其木材的状况和开垦的困难都是千真万确的。萨帕塔只是一个巨大的沼泽;它并没有足够的木材,即使在最有利的情况下也会得不偿失"。而且除非使用大量的金钱,它不宜加以开垦③。至此,美国政府才撤回抗议。

当时美国政府之所以迫不及待地反对戈麦斯的这项授予,据说是美国承包商伊·尚毕昂看中了这片沼泽地区,力图取得开垦它的

---

① *Papers Relating to the Foreign Relations of the United States*(*PRFRUS*) *1912*,Cuba, p.311,因特网:http://libtext.library.wisc.edu/cgi-bin/FRUS/FRUS。

② *PRFRUS 1912*,p.315.

③ *PRFRUS 1912*,pp.321-322.

特许权。为了满足美国资本家的欲望，美国政府竟不惜以公开干涉相威胁，而其任意施为的"合法依据"就是"普拉特修正案"。1901年6月，美国强迫古巴将"普拉特修正案"列入宪法，其后又被加入1903年5月22日签订的美古"永久条约"中，"这一成为古巴基本法组成部分并成为两国政府之间条约约束的条款又规定如下：古巴政府同意美国可以为保护古巴独立、维持一个致力于保护生命、财产和个人自由的政府以及根据巴黎条约美国要对古巴履行的义务而实施干涉的权利"。[①] 这样，"普拉特修正案"不仅成为美国经常干涉古巴内政的"合法"工具，而且成为其排挤欧洲列强在古巴势力的有力武器。

威尔逊就任总统后，对古巴继续推行"先发制人的政策"。最初，他是通过美国驻古巴公使冈萨雷斯"非正式的干涉"来实现这一政策的。冈萨雷斯用"个人谈话的建议和暗示代替了不吉祥的照会"，并把这种方式作为"取得古巴和华盛顿意愿相一致的行动的一种手段"[②]。1917年2月，古巴人民群众举行起义，反对梅诺卡尔政权的亲美卖国政策，威尔逊政府同样地发动了公开的武装干涉。在这次武装干涉期间，他一面给予梅诺卡尔政权以一切可能的支持来镇压起义，一面利用古、美共同对德宣战的形势，宣扬起义者是"美国和古巴的共同敌人"，这种干涉一直持续到1922年才被迫撤出。在1917—1922年武装干涉和占领期间，美国政府一方面利用第一次世界大战和1920—1921年资本主义经济危机，大力支持美国金融资本对古巴蔗糖业疯狂掠夺，从而控制了古巴经济命脉；另一方面，美

---

① *PRFRUS 1912*, p.315.

② Ledand H.Jenks, *Our Cuba Colong：A Study in Sugar*, New York：Vanguard, 1928, p.187.

国又利用"美国总统的特别代表"使之成为古巴一切事务的实际独裁者。

随着美国金融资本对古巴的广泛渗透,美国政府对古巴政治、经济生活的控制也日益加强。1920 年 11 月,古巴由于地主资产阶级政党在总统竞选中互相攻击,出现了政治危机,这次政治危机因古巴经济日趋恶化而加剧了。于是,美国政府决定进行干涉。1921 年初,威尔逊政府在事先没有通知古巴当局的情况下,派遣恩诺赫·克劳德尔作为"美国总统的特别代表"前往古巴,并授权他同梅诺卡尔政权"商讨古巴政治和财政局势",以防止古巴人民起义和实现古巴"财政改革"。实际上,他接管了古巴政府,成为古巴一切事务的"实际独裁者"。

四、"睦邻政策"在古巴的实施

进入 20 世纪 30 年代,美国开始实行"睦邻政策",力求改善自己在拉丁美洲的形象,但 1933—1934 年美国对古巴的干涉,实际还是其帝国主义的"改头换面政策"。1929—1933 年的经济危机,加剧了古巴的阶级矛盾,人民群众纷纷要求推翻马查多的亲美独裁政权,成立民主政府,改善劳动人民的处境,废除普拉特修正案,取消美国在古巴的军事基地,美国驻古巴大使在给国务院的一份报告里惊呼,古巴发生了共产主义骚动。

1933 年 4 月 21 日萨姆纳·威尔斯被任命为美国驻古巴大使,5 月 1 日,美国国务卿赫尔在给威尔斯的信中阐述了美国对古巴政策:"古巴可能爆发反政府的起义",[1]对此,美国政府深感不安。美国政

---

① 达莱克:《罗斯福与美国对外政策(1932—1945)》,商务印书馆 1984 年版,第 90 页。

府特别担心青年学生广泛参加革命斗争,他们将认为"政府的更迭不可能通过合法的程序,而只能通过暴力来实现"。因此,赫尔要求威尔斯在古巴政府和反对派之间进行调解,使双方"在危险的政治斗争中实现休战",平息动乱。

1933 年 8 月 11 日,古巴反对派发动政变,马查多被迫弃职,由威尔斯提名的古巴国务卿塞斯佩德斯就任古巴临时总统。威尔斯称塞斯佩德斯是美国真诚的朋友。1933 年 9 月 4 日古巴再次发生政变,格劳·圣马丁任临时总统,圣马丁说"我们推翻了马查多,因为他是个暴君;我们推翻了塞斯佩德斯,因为他是个傀儡",同时他宣布将实行"古巴是古巴人的古巴"政策。面对这种形势,美国在古巴采取了如下政策:

第一,以威慑代替武力。

美国不派兵在古巴登陆,但从 1933 年 9 月 5 日到 11 日,美国派到古巴海面和赴古途中的大小军舰共达 30 艘,借口是前去保护美国"侨民"。其实际目的是以武力威慑来对古巴实施压力。

第二,以压力左右政局。

美国驻古巴大使威尔斯认为,如果圣马丁得不到美国的承认就无法存在下去。美国总统罗斯福认为,美国不能支持一个缺乏群众支持的古巴政府,并表示如果古巴恢复了真正的安定,美国打算同古巴商谈缔结新的商业协定,修改 1903 年不平等的美古条约,废除普拉特修正案,扩大古巴在美国的市场。美国在孤立圣马丁的同时,开始同圣马丁政府的右翼力量代表巴蒂斯塔频繁接触,指望通过他来左右古巴局势。1934 年 1 月,美资古巴电力公司被古巴政府接管,受美国支持,巴蒂斯塔下令士兵包围古巴电力公司,强迫圣马丁辞职,1 月 17 日门选塔就任古巴临时总统,巴蒂斯塔成了古巴政治的幕后操纵者。门迭塔上台的第 5 天,美国就宣布承认他领导的古巴政府,当天就撤走了停泊在古巴附近的海域的美国军舰,1934 年 3 月罗斯福批准了给古巴贷款 4 000 万美元,帮助恢复古巴经济,1934 年 5 月美古缔结新约,废除了"普拉特修正案",但美国仍继续占据古巴的关塔那摩作为海军基地。

一位西方学者指出,1933—1934 年美国虽然没有出兵古巴,但却炫耀了武力,藐视古巴的主权,以不承认作为推翻一个他所不喜欢的政府的有效武器。美国显然干涉了古巴内部事务。这很难认定是睦邻政策。美国虽然在古巴防止了一场可能威胁其利益的社会革命,却为自己积累了来日的麻烦。

通过以上阐述我们可以看到美国在政治、经济、军事等各方面都对古巴加强了控制,通过强加于古巴的"普拉特修正案"取得了干涉古巴内政和强租海军基地的权利,确立了古巴对美国的从属地位。这就为美国对古巴的经济渗透和政治干涉开辟了道路。美国还利用签订"互惠条约"掠夺古巴的财富,把古巴变成它的商品销售市场、原料供应地和资本输出场所。美国还借口保护美国公司的利益和防止欧洲列强干涉美洲事务,公开推行先发制人的政策,以加深控制古巴,使"美国总统特别代表"成为古巴的"实际独裁者"。

第五节　二战时期和战后杜鲁门政府对古巴的政策

第二次世界大战的爆发,使美国放松了对拉丁美洲的霸权统治,其中一个重要因素就是美国为了争取盟友、共同对付纳粹法西斯的威胁。1940年,巴蒂斯塔依靠"民主和社会主义者联盟"的支持当选为古巴总统。太平洋战争爆发后,古巴于1941年12月对日、德、意等法西斯国家宣战,声援美国,巴蒂斯塔成为美国在古巴的代理人。政治上,美国加强对古巴控制,压制古巴学生运动;军事上,加强古巴国家军事化,美国强行在古巴建立海、陆、空军事基地。1942年10月,美国又把圣地亚哥作为美国的"自由港"让美国的运粮船只自由出入和停泊,以此交换,美国向古巴提供价值700万美元的军火;在经济上,1943年美国收购了古巴所生产的全部食糖,并由"进出口银行"向古巴进行贷款。由于战争对物资的需求,古巴经济也一度出现过"繁荣",但这种繁荣与发展是畸形的,"受战争刺激的糖业繁荣使古巴日益成为美国商品与美元的供应者。岛上的重要经济集团为了维持其繁荣,更加依赖与美国市场的继续紧密联系,更加依赖美国国务院与国会所给的优厚待遇"。① 广大的人民群众没有从这种繁荣中得到好处,他们依然处于被剥削的贫穷状态。

二战后,在美苏冷战影响下,杜鲁门政府显然想把拉丁美洲纳入其与苏联的冷战战略体系。为了把西半球结成铁板一块,使拉丁美洲国家在政治、经济、军事上服从自己,有效地对付所谓的"国际共产主义"的挑战,这时美国通过美洲国家互助条约和美洲国家组织把拉丁美洲牢牢地控制在自己的范围内。美国国务院当时的一份文件指出:"一旦爆发新的全面战争,作为美国的盟友,拉丁美洲所能做到的,远不止仅向我们提供战略原料。拉丁美洲可以帮助我们保卫边界线和包括巴拿马运河在内的海路。如同第二次世界大战期间那样,拉丁美洲可以给我们提供空军和海军基地,提供学会使用统一

---

① Jules R. Benjamin, *The United States and Origins of the Cuban Revolution*, New Jersey:Princeton Unversity Press,1990,p.109.

武器的军队,可以认为在不久的将来,拉丁美洲的某些国家将成为我们的强有力的盟邦。"①

1945 年 2 月,美洲国家在墨西哥召开了查普特庇克会议,讨论战争与和平问题。签署了《查普特庇克议定书》,强调"世界上出现的新局面使美洲各国的联盟和团结变得比任何时候都更重要",认为"任何对美洲国家的侵略和威胁,美洲国家应相互磋商,采取必要的措施。"这次会议为美国试图建立西半球区域性组织的防务体系奠定了基础。1947 年 8 月,拉丁美洲国家为了维护大陆和平与安全,在巴西的里约热内卢签署了《美洲国家互助条约》,也称《里约热内卢条约》。这是一项带有西半球"军事防御"性质的条约。条约规定:"任何国家对美洲国家的武装进攻应视为对全体美洲国家的武装进攻。"实质上,是美国要把 1945 年的《查普特庇克议定书》,从一种战时的、临时性质的条约,改变为永久性的条约,以使泛美体系进一步军事化。在审议军事互助条约草案时,古巴等国提出反对,古巴、阿根廷等国代表团建议讨论向拉丁美洲各国提供经济援助和采取措施解决它们的经济困难。古巴代表团还主张把反对"经济侵略"条款写进"西半球军事防御条约",这是出于保证拉丁美洲国家经济独立、防止美国垄断组织扩张的需要,遭到美国的反对。这样,美国在军事上控制了拉丁美洲各国。政治上,1948 年 3 月在哥伦比亚的波哥大举行的第 9 届美洲国家会议,把泛美联盟改组为"美洲国家组织",会议讨论了美国国务院的一份文件(PPS26),"确立在美洲国家体系范围内采取可行的反共措施的美国政策",提出了防止共产主义渗入拉丁美洲的措施,确保美国可以在美洲国家体系范

---

① The Department of State, *Report to The President*, *United States—Latin American Relations*, *Department of State Bulletin*, No.5290, Washington D.C. 1953, p.4.

围内采取可行的反共政策。会议最后签署了《美洲国家组织宪章》，主要目的是防止共产主义势力渗入拉丁美洲，并利用泛美体系进行反共。

二战后，美国杜鲁门政府的对古巴政策是与冷战政策紧密相连的。1948—1949 年美国为"加勒比兵团"（一个得到加勒比海地区改良主义力量支持的武装组织）的活动感到担心。1949—1950 年，美国向美洲国家组织提出了加勒比地区的和平问题。1952 年，古巴改良主义政府垮台，美国支持建立了亲美的巴蒂斯塔独裁政府。美国与古巴 1952 年 3 月 15 日缔结了双边军事互助协定。

革命前的古巴政府反共政策是实用主义的，是随着美苏冷战而引起的，是古巴政治中的权宜之计。古巴曾在联合国谴责苏联，证明其对自由世界的忠诚。然而当美国要求其向朝鲜派遣部队时，古巴政府又显得犹豫不决。①

在经济上，二战刚刚结束不久，美国政府继续购买古巴的全部糖收成，一方面是为了欧洲复兴计划，另一方面可确保使古巴政府的税收来满足古巴总统格劳·圣马丁的支持者，并使古巴摆脱了重建经济的压力。因为美国害怕古巴的经济不稳定会引起政治混乱，对古巴不公平的建议，会成为共产党的财富。②

此外，对古巴糖限额生产成为华盛顿用来解决双边经济纠纷的外交武器。美国执政部门劝诱国会允许其将糖限额生产用于政治目的。1948 年糖法案的第 202 条第 7 款使美国的经济侵略达到顶点。该款允许国务卿改变任何国家的糖配额，只要这个国家"不公平对

① *FRUS*,*1951*.Vol. 2,p.1356.

② *FRUS*,*1948*,Current U.S.Policy Toward Cuba.Vol 9,pp.562-566.

待美国公民、美国商业、航海或工业"。① 每年,美国国会对古巴经济都作出一个最重要的决定:允许进入美国市场的古巴糖"配额"以相对高于美国国内生产者的价格。由于古巴是单一作物经济,古巴经济一直集中于糖业的出口,因此古巴经济极易受到来自美国经济侵略的攻击。

由此可见,革命前的古巴一直处于美国的保护之下。罗斯福时期虽然废除了《普拉特修正案》,但古巴对美国的依附并没有丝毫减弱,在政治上古巴是美国在加勒比海地区的一个重要附属国,在经济上更是没有摆脱美国垄断资本的控制。革命前的古巴出口额的60%以上是供应美国市场,进口额的80%来自美国。美国资本几乎控制了整个岛国的重要工业部门,古巴的糖业是国家的重要经济部门,但占全国糖产量的将近40%的39个最大糖厂都为美国资本所有。电力工业、通信设施、交通运输、矿产资源以及可耕土地大部分都掌握在外国资本家手中,有的学者在谈到美国与古巴的联系时,竟常常把这个加勒比海的岛国称为美国的第51个州。②

二战后,古巴的民族主义的情绪高涨,尤其是在中下层社会。他们一方面要求政府进行有限的改良,更重要的是对美国资本控制古巴经济表示不满。古巴政府与美国的关系是私下保证合作,公开则抵制美国的影响。美国也不得不考虑古巴民族主义的易激发性以及它的反美偏见。当然,在古巴革命前,由于古巴的政治,特别是经济命脉仍处于美国的绝对控制之下,美国杜鲁门政府的古巴政策并无

---

① Donna Rich Kaplowitz, *Anatomy of a Failed Embargo*, Lynne Rienner Publishers, Inc. 1998, p.22.

② Alex R.Hybel, *How Leaders Reason: US Intervention in the Caribbean Basin and Latin America*, Oxford University Press, 1990, p.77.

明显区别对其他拉丁美洲国家政策。

二战后,美国杜鲁门政府对古巴政策既要考虑到维护美国的既得的经济利益,还要竭力保持古巴社会的现有秩序,以防止政治混乱造成"共产主义"乘虚而入。美国在经济上对古巴做出了一些让步,同时,战后古巴几届政府也相应地在政治经济等方面进行改革,表现出坚定的反共产主义立场,其目的最终是想换得美国的经济援助或有限的让步。1952年3月10日,巴蒂斯塔在美国支持下,利用军队的力量靠政变再次上台,基本上中断了前几任政府的有限改革政策,但美国还是从以上两个方面的考虑来处理同古巴的关系。

巴蒂斯塔取得政权后,立即寻求美国的支持,并向华盛顿保证美国在古巴的利益将受到尊重。杜鲁门政府难以判断古巴这位新统治者是否能巩固他的权力地位,所以未敢贸然予以承认,而是等待事态发展。美国驻哈瓦那使馆在事件发生后立即召开会议研究对策,一周后逐渐确信,巴蒂斯塔将最终举行选举,他在古巴拥有军队,得到重要工商集团和工会的支持,更重要的是他将不恢复与共产党的昔日联系。这些信息很快反馈回国内,成为政府决策时的重要依据。美国政府决策的天平逐渐向巴蒂斯塔政权倾斜。1952年3月27日,美国正式承认了巴蒂斯塔政权。美国支持巴蒂斯塔的因素是"他具有保证稳定与秩序的能力,他与美国长期合作的记录以及他那奉行一种强烈的反共产主义政策的诺言"。①

---

① J.Lloy Mecham, *A Survey of United States-Latin America Relations*, New York, 1965, p.306.

第二章 艾森豪威尔时期美国对古巴的政策

第一节 古巴革命的胜利

1953 年,艾森豪威尔上台后,继续采取全力支持巴蒂斯塔政权的政策,而巴蒂斯塔确实没有使美国感到失望。在外交上,他对苏联驻哈瓦那大使馆处处刁难,最后导致两国中断外交关系。在政治上,他宣布共产党为非法组织,成立镇压共产党活动局,共产党的许多领袖被捕或被流放;在经济上,他为美国资本的进入敞开大门,据统计,1958 年美国对古巴的投资高达 12 亿美元。在他当政期间,古巴进口商品的 70% 左右来自美国,出口商品的 60% 左右到了美国,美国控制了 90% 以上的古巴通信和电力设施,50% 的国家铁路,近 40% 的原糖生产;①在军事上,1952 年 3 月 15 日美国同古巴缔结了双边军事互助协定,美国对古巴的军事援助不断提高,从1953 年到 1958 年艾森豪威尔政府提供给古巴近 1200 万美元的军事

---

① Hybeii, Alex R., *How Leaders Reason: US Intervention in the Caribbean Basin and Latin America*, Oxford, B.Blackwell press, 990, pp.77-78.

援助(见下表)①。

美国对古巴的军事援助

年　份	数　额(百万美元)
1953	0.4
1954	1.1
1955	1.5
1956	1.7
1957	3.2
1958	3.6

此外,美国还派军事使团进驻古巴,帮助训练部队,以增强其战斗人员的素质。美国对古巴控制的程度用当时美国驻古巴大使厄尔·史密斯的话来说就是:"美国大使在古巴成了第二号最重要的人物,有时甚至比总统还重要。"②

艾森豪威尔上台伊始,便注意到由于战后以来,美国的外交政策是重视欧洲和亚洲,忽视拉丁美洲,引起了拉丁美洲的不满。为了防止不满情绪增长,他做出了一些对拉丁美洲国家友好的姿态。在其总统任期内,美国对拉丁美洲经济援助和军事援助比杜鲁门总统任期内有了较大幅度的增加,而对欧洲的援助则相应减少了。

---

① Cole Blasier, *The Hovering Giant*: *U. S. Responses to Revolutionary Change in Latin America*, University of Pittsburgh Press, 1983, p.22.

② Walter Lafeber, *American, Russia, And The Cold War 1945—1975*, John Wiley & Sons, Inc, 1976, p.212.

美国对欧洲和拉丁美洲的经济和军事援助

（单位：10 亿美元）

	杜鲁门（1946—1953）	艾森豪威尔（1954—1961）
拉丁美洲	1.3	4.1
欧　洲	29.4	13.7

资料来源：洪育沂：《拉丁美洲国际关系史纲》，外语教学与研究出版社 1996 年版，第 231 页。

　　美国对拉丁美洲增加援助，就是为了稳定自己"后院"的秩序。艾森豪威尔政府的拉丁美洲政策在 20 世纪 50 年代后期面临着内外攻击的挑战，"拉丁美洲日益不满美国对其经济问题的反应以及美国显而易见只对与之合作的独裁者的偏爱"。[①] 民主党人也利用国会批评艾森豪威尔政府强调军事援助，忽视经济援助。艾森豪威尔政府面对内外压力不得不做出政策调整，而美国对巴蒂斯塔政府的关系也同样受到美国政策变化的影响。

　　美国承认巴蒂斯塔政权以后不久，就发现巴蒂斯塔政府的腐败程度超过其前任，这使美国财政部和国务院官员很担忧，然而美国在古巴的经济利益掩盖了美国对古巴经济政策的担忧，并且美国政府大部分人都愿意对古巴的堕落视而不见。[②] 随着古巴国内游击战争的日趋活跃，美国对来自革命者的日益增长的威胁感到忧虑。从 20 世纪 50 年代初期起，古巴国内小规模的反抗斗争在全国此起彼伏，游击战争持续不断，多种反巴蒂斯塔武装力量不断壮大。到 1957 年全国的反独裁战争已经深入展开。美国看到古巴的巴蒂斯塔政府已经摇摇欲坠，便对古巴采取了慎重方针。1957 年 5 月 15 日，艾森豪

---

　　① Jules R.Benjamin, *The United States and Origins of the Cuban Revolution*, New Jersey：Princeton University Press, 1990, p.125.

　　② Donna Rich Kaplowitz, *Anatomy of a Failed Embargo*, Lynne Rienner Publishers, Inc. 1998, p.24.

威尔召回了过分亲巴蒂斯塔的驻古巴大使阿瑟·加德纳,另派厄尔·史密斯取而代之。史密斯的使命是要改变古巴人的"美国大使以其干预使巴蒂斯塔独裁政权永久化的"普遍看法。一方面要保持美国使馆在古巴政治事务中的公正地位,另一方面是劝说巴蒂斯塔恢复立宪保证,取消新闻检查制。① 美国大多数政策制定者认为,巴蒂斯塔成为美国在古巴利益的负担,为了除掉巴蒂斯塔,同时阻止游击队胜利,美国想帮助古巴组成一个过渡政府,由反卡斯特罗和反巴蒂斯塔势力组成。然而,对于这个想法美国国内有很多争议,国务院对采取可能被认为是"干涉"古巴内部事务的行为犹豫不决。面对日益控制不住的古巴国内形势,华盛顿对是否对巴蒂斯塔政府实施武器禁运展开讨论,古巴军事长期以来一直依靠美国,到巴蒂斯塔任期结束时,古巴已经收到了美国价值1600万美元的武器和军事设备,古巴武装力量也受到来自美国军方的训练②。考虑到古巴的战略地位及巴蒂斯塔支持美国的地区和全球政策的程度,对古巴实施武器禁运,预示着两国关系的严重破裂的可能性。五角大楼认为要不惜任何代价维护两国关系。而国务院认为美国利益(主要是商业利益)被目前的形势严重威胁,最好通过避免"爆炸"来保卫美国利益。③ 1958年3月4日,美国国务院占上风,宣布对古巴实行武器禁运,以迫使巴蒂斯塔下台。美国政府的武器禁运政策是模棱两可的,以至在实施武器禁运后,在巴蒂斯塔与游击队决战时仍然帮助其训练军队,但武器禁运对巴蒂斯塔政府的影响重大,史密斯以后写道:

---

① Mecham, Lloyd J., *A Survey of United States—Latin American Relations*, Boston Houghton Mifflin press, 1965, p.308.

② Mark T.Gilderhus, *The Second Century*, Scholarly Resources, Inc. 2000, p.165.

③ Donna Rich Kaplowitz, *Anatomy of a Failed Embargo*, Lynne Rienner Publishers, Inc. 1998, p.26.

"美国不再支持巴蒂斯塔,产生了巨大的心理影响,武器禁运是国务院在促使巴蒂斯塔倒台上采取的最有效的措施。"巴蒂斯塔失去了美国的支持,维持国内独裁统治的能力也就进而削弱。由此可见,艾森豪威尔政府面对内、外压力不得不做出政策调整,而美国对巴蒂斯塔政府的关系也同样受到美国政策变化的影响。

古巴在巴蒂斯塔的专制统治下,阶级矛盾、民族矛盾非常尖锐,尤其是美国资本对古巴经济的控制导致了古巴的民族矛盾更为突出,卡斯特罗领导的古巴革命就是在这个前提下爆发的。

卡斯特罗,1926 年 8 月 13 日出生于奥连特省马亚里市比连村的一个甘蔗种植园主兼木材商家庭。1945 年进入哈瓦那大学学习,在此期间积极参与学生运动,立志投身于古巴的民族解放事业。1950 年卡斯特罗获哈瓦那大学法学博士学位,曾经幻想通过和平方式实现自己的政治理想,但随着对古巴社会的进一步认识,深感和平道路难以行通,遂决定采取武装起义的形式以推翻巴蒂斯塔的统治,在古巴建立平等公正的民主主义政权。1953 年 7 月 26 日,卡斯特罗率领一批志向相同的爱国青年,在圣地亚哥袭击了驻有 5000 名官兵的蒙卡达兵营。这次袭击由于寡不敌众结果遭到失败,多数起义者惨遭杀害。卡斯特罗率领一小批人转入山区,继续进行斗争,但不久被捕。1953 年 10 月 16 日,卡斯特罗在法庭上进行自我辩护,发表了后来名为《历史将宣判我无罪》的著名长篇辩护词,后来成为古巴革命者的行动指南。[①] 1955 年 5 月 15 日,卡斯特罗在大赦中获释。1956 年 3 月 19 日,卡斯特罗建立了革命组织"七二六运动"。1956 年 12 月,卡斯特罗率 80 余人从墨西哥乘游艇返回古巴,在与政府军

---

① A. G. Mezerik, *Cuba and United States*, Vol. Ⅱ, International Review Service, Inc. 1963, p.7.

激战后,率 10 余名幸存者转入马埃斯特腊山区,从此开始了以这里为中心的游击战争。在斗争中,卡斯特罗领导的武装力量逐渐壮大,并且不断取得胜利。古巴全国反独裁斗争的发展,要求反独裁斗争力量之间协调和一致。1957 年 7 月,反巴蒂斯塔的公民抵抗运动等组织同"七二六运动"签署了《马埃斯特腊山公约》,号召人民组成公民革命阵线,共同推翻独裁政权。1958 年,"七二六运动"同大多数的反政府武装签署了《加拉加斯协定》,建立了革命民主公民阵线,制订共同的战略,推举卡斯特罗为起义军总司令,从而出现了反独裁政府各派政治力量的联合。从此以后,革命形势发生变化,起义军向全国挺进,巴蒂斯塔政府在失去美国的支持后已无还击之力。1958 年 12 月,起义军攻克了中部重镇圣克拉拉,继续向西,直逼首都哈瓦那。1959 年 1 月 1 日凌晨,巴蒂斯塔出逃,起义军胜利进入哈瓦那,卡斯特罗领导的古巴革命宣告成功。

第二节　艾森豪威尔政府对古巴
新政权政策的转变

古巴革命胜利后,美国并没有立即对这个新政权公开采取敌视政策,而是试图引导古巴按照美国所设计好的方向发展,并希望古巴在温和派的影响下进行改革。美国国务院设想,古巴新政权在政治上是分裂的,由于温和派的影响举足轻重,卡斯特罗能被说服进行将不激烈改变美国在古巴事务中起重要作用的政治、经济和社会改革。美国密切注视着古巴革命形势的发展,尤其是把以下几个方面作为衡量古巴新政府与美国关系的标准:第一,古巴革命是否由共产党领导;第二,国家对经济的控制对美国利益的影响;第三,减少对泛美体系的支持;第四,在东西方冷战中持中立态度。艾森豪威尔总统把美国在古巴支持温和派的政治、经济和社会改革作为抑制共产主义的策略。在这种思想指导下,美国1959年1月7日在外交上承认了古巴新政府,并召回了对卡斯特罗怀有敌意的驻古巴大使史密斯,另任菲利普·邦斯尔出使古巴。选择邦斯尔意在证明美国期望最好的结果,因为美国担心卡斯特罗的政治敏感性和缺乏经验。最好的古巴政府应该是这样的:结合对与美国长期外交、经济关系进行必要的改革。邦斯尔曾成功担任过玻利维亚大使,他曾力促玻利维亚政府推行一项货币稳定计划,以阻止玻利维亚走向激烈改革的道路,在价格控制、外汇控制以及进出口控制上促使玻利维亚回到自由市场经济。从这一点上就使卡斯特罗可以确信新大使并不是改革的敌人,而邦斯尔也认为他对古巴的民主进程会更有帮助。[①]

古巴革命胜利后,古巴领导人即宣布,古巴革命并非共产党领导的。卡斯特罗说古巴革命政府是"没有专制和寡头的民主政府",人民享有"有饭吃的自由,而没有恐怖",革命的意识形态是人道主义。古巴外长劳尔·罗亚宣布,古巴革命"不是赤色的,而是绿橄榄色的"。[②] 卡斯特罗还宣布,随着古巴革命的胜利,使古巴处于从属于美国地位的"普拉特修正案终结了"。但卡斯特罗又表示,古巴将在美苏之间保持等距离,一旦发生世界大战,古巴将恪守中立,还说,在全世界的冷战中,他的心是同西方在一起的。[③] 1959 年 4 月,卡斯特

---

① Richard E. Welch, *Response to Revolution*, The University of North Carolina Press, 1985, p.29.

② 1959 年 5 月在联合国大会的演说,帕金森:《拉丁美洲、冷战与世界大国(1945—1973)》,贤人出版社 1974 年版,第 69—71 页。

③ 1959 年 3 月 22 日的讲话,见上书,第 70 页。

罗应美国报纸编辑协会之邀访问美国,艾森豪威尔总统不愿意会见卡斯特罗,借故离开首都。副总统尼克松与代理国务卿赫脱接待了卡斯特罗。4月19号尼克松与卡斯特罗进行了三个小时的谈话,最后他认为卡斯特罗有可能成为一个强硬的领导人,他要么是对共产主义抱有不可思议的天真,要么就是受到共产主义的熏陶。尼克松倾向前者,因此他建议除接受卡斯特罗之外别无选择,美国"应该努力引导他到正确的方向。"①而赫脱对卡斯特罗的评价不同于尼克松,他认为,美国期望卡斯特罗改变激进的革命过程纯属幻想,美国应采取一种理解性的态度能够潜在地缓和未来革命进程。因此,他建议,在古巴政府采取影响美国外交的具体行动之前,美国应该继续奉行"观望等待"政策。② 赫脱、尼克松都很奇怪卡斯特罗为什么没抓住访问华盛顿的机会要求美国的经济赠予,有证据表明,1959年春,艾森豪威尔政府至少准备讨论对古巴革命政府的经济援助,并期望卡斯特罗一揽子援助计划会打开讨论古巴政府的政治方向和卡斯特罗对外国投资态度的道路。③ 美国助理国务卿理查德·鲁博特姆在与古巴财政部部长鲁福·洛佩斯—弗鲁斯克特会谈时提出帮助古巴完成其经济发展计划,但遭到古巴的谢绝,当然卡斯特罗政府此刻不是完全要将美国的经济援助拒之门外,而是想既要得到美国的援助,又不损害他奉行的独立外交政策。其实,只要卡斯特罗坚持独立自主的外交政策,美国就不会对古巴提供经济援助。

----

① Jeffrey Safford,*The Nixon—Castro Meeting of Rabe*, 19 April,1959,P.114,载《外交史》第四卷,1980年秋季号,第425—431页。

② Welch,Richard E.*Response to Revolution*,*the United States and the Cuban Revolution*, University of North Carolina Press 1985. p. 199. Christian A. Herter *Memorandum to the President*, 23 April,1959,Declassified Documents 1976/58F.

③ Richard.E.Welch, *Response to Revolution*, The University of North Carolina Press, 1985,p.35.

　　综上所述,在古巴革命胜利后最初阶段,古巴与美国虽然互存戒心,但尚未出现对抗。1959 年 5—6 月,古巴开始其经济改革,古美关系开始明显紧张。

　　1959 年 5 月 7 日古巴政府颁布《土地改革法》及 5 月 13 日古巴政府宣布对美国国际电报电话公司的子公司古巴电报公司实行国有化,这一举措拉开了古巴政府的经济改革的序幕。《土地改革法》规定废除大庄园制和禁止外国人占有古巴土地。古巴政府接管土地,并分给农民及没有土地的农场工人。① 当时美国的糖业垄断公司在古巴拥有 200 万英亩的土地,按照《土地改革法》很大部分将被征收。因此美国对土地改革反应强烈,随即向古巴政府提出索赔要求。1959 年 6 月 11 日,美国国务卿照会古巴政府,按照 1940 年的古巴宪法,国家征用财产时,须以现款预付赔偿,数额应该公平合理。美国对其公民因古巴实行土地改革而被征用的地产的赔偿是否适当"深表关切"。同时,照会还说如果美国地产所有者得不到适当的赔偿,美国将进行报复,包括削减从古巴购糖的定额,禁止美国人对古巴的私人投资,停止对古巴的经济援助。② 此时,美国大使邦斯尔尽力调解已经出现紧张的美古关系,试图促使古巴政府尽快赔偿美国人在土地改革与国有化中的损失,以缓和两国关系。1959 年 6 月 12 日,卡斯特罗在与邦斯尔会晤后发表谈话,公开谴责美国对古巴内政的干涉。6 月 15 日,古巴政府复照美国,承认一般情况下赔偿须使用现款支付,但因为古巴前总统巴蒂斯塔盗窃了大量国家财富,古巴国库的大笔资金流入了外国银行,古巴政府现在无力用现款支付赔偿。

---

　　① A.G.Mezerik,*Cuba and the United States Vol.II*, p.5.

　　② Morley,Morris,*Imperial State and Revolution:The United States and Cuba,1952—1986*,Cambridge University Press,1987,p.83.

如果流入外国银行的古巴国库资金能够返回古巴,古巴土改就能以对原土地所有者更为宽厚的条件来进行赔偿。古巴政府宣布,其有权采取自己认为最恰当的措施来促进古巴经济的发展和社会进步,决不接受任何有损国家主权和荣誉的建议。① 美古关系趋于紧张。8月10日,美国政府宣布减少古巴食糖对美的出口份额。当时,美国是古巴食糖的主要出口国,此时又正值古巴食糖大量过剩,世界糖价下跌,这无疑是对卡斯特罗政权的一个极大威胁。8月12日,美洲国家外长在圣地亚哥举行会议,美国与古巴代表在会上交锋激烈。10月,美国宣布对古巴继续实行武器禁运,并向英国施加压力,不准其对古巴出售武器。古巴革命前,英国曾向古巴出售活塞式"海神"战斗机。古巴革命后,古巴政府认为那种飞机已经过时,要求更新,美国便向英国政府表示,美国对英国向加勒比海地区供应战斗机感到不快,促使英国拒绝了古巴的要求,并强调此举是在阻止可能增加这一地区紧张的军火运输。美国政府让它的欧洲朋友和盟国知道这种政策,以使这些国家完全保留自己做决定的权利。② 到1959年末,国务院已经充分认识到卡斯特罗政府对美国在拉丁美洲的影响及对拉丁美洲经济发展是危险的。艾森豪威尔政府给予古巴越来越多的注意力。1959年11月5日,赫脱在提交给艾森豪威尔的"美国当前对古巴政策"备忘录中强调推翻卡斯特罗的三点理由:第一,卡斯特罗将不愿采取与华盛顿最低安全需要和政策利益一致的政策与态度;第二,卡斯特罗政权在古巴以其现在的形势长此以往将对美国

----

① ［英］巴勒克拉夫:《国际事务概览(1959—1960)》,上海译文出版社1986年版,第475页。

② Department of State, *Current Documents 27 October, 1959*, Document No.100, pp. 377-378.Document of States, *Bulletin* 41, pp.715-718.

在拉丁美洲的地位产生不利的影响,而对国际共产主义提供了相应的有利条件;第三,只有通过在古巴内部形成一个凝聚力强的反对派,由希望在一个友好的美古关系框架内实现政治与经济进步的人组成,卡斯特罗政权才能受到牵制或被取代。这份备忘录谴责了古巴政府的各项改革措施,认为尤其在经济方面,"卡斯特罗政府的政策是极端的,目前朝向国家对古巴经济生活的控制,我们在古巴的商业利益不仅受到严重影响,而且美国也没有希望鼓励与支持其他拉丁美洲国家的可行经济政策和促进在拉丁美洲地区的必需私人投资"。[①] 赫脱的观点反映出当时美国政府对卡斯特罗政府改革的态度。他建议对古巴采取强硬措施:对卡斯特罗政府的做法不予以支持;在整个拉丁美洲地区加强宣传美国的民主观念;鼓励古巴国内、外的反对派反对卡斯特罗政府,同时又要避免给人以美国正在压制古巴的印象。[②] 1959 年 11 月 9 日,艾森豪威尔批准了这份备忘录,目的是"改变卡斯特罗政权或替换这个政权"。[③] 这时美国政府已经基本上确定了对卡斯特罗政权奉行的策略方针,即竭尽全力推翻这个新政权。此后,美古关系进一步恶化。

美古关系的恶化,为苏联发展对古巴关系提供了良好的机会。古巴革命胜利之前,苏联同拉丁美洲的关系并不密切,苏联同拉丁美洲国家的共产党保持联系,仅与很少的几个拉丁美洲国家有外交关系。苏联于 1942 年在古巴建立了公使馆,开始了两国间的交往,

---

① Alex R.Hybel,*How Leaders Reason:US Intervention in the Caribbean Basin and Latin America*,Oxford University Press,1990,pp.87–88.

② John Prades, *President's Secret Wars—CIA and Pentagon Covert Operations Since World War II*,William Morrow and Company,Inc,New York,1989 p.175.

③ Stephen.G.Rabe, *Eisenhower and Latin America*,The University of North Carolina Press,1988,P.125.Note 24,Herter to Eisenhower,Current Basic United States Policy toward Cuba,November 5,1959,Cuba.

1952 年巴蒂斯塔政府中断了与苏联的外交关系。古巴革命胜利后,苏联政府于 1959 年 1 月 10 日承认古巴政府,但两国间没有正式建立联系。古巴此时也并没有与苏联结盟的打算,但由于古巴的改革促使美古关系恶化,古巴和苏联的关系开始逐渐亲密起来。

1960 年 2 月,苏联在哈瓦那举办了苏联科学技术文化成就展览会。苏联部长会议第一副主席米高扬出席了展览会的开幕式,并对古巴进行了为期 10 天的访问。2 月 13 日,两国达成一项贸易协定:苏联在 1960 年购买古巴食糖 42.5 万吨,并在以后 4 年中,每年购买100 万吨。苏联保证以低于美国价格的 33% 提供古巴各类石油制品,并且向古巴提供 1 亿美元的信贷,供古巴购买机器和设备之用。苏联还将在 1960—1964 年内为古巴建设工厂提供技术援助。苏联开始变成古巴的最重要、最大的基本商品的供应国。①

1960 年 5 月 7 日,苏古互派大使,两国恢复了 1952 年巴蒂斯塔时期中断了的外交关系。6 月,两国又缔结了一项新的协定,据此苏联保证每年向古巴供应 500 万吨石油和石油产品,并购买 200 万—300 万吨古巴食糖。苏联同意购买因美国削减进口而积存的 70 万吨古巴食糖。除苏联对古巴的经济援助外,古巴还从苏联方面得到军事援助的允诺,这对古巴是一个非常重要的因素,这种允诺使赫鲁晓夫在 1960 年 7 月 9 日表示:"如果五角大楼的进攻力量敢于开始对古巴的干涉,苏联将用自己的火箭来支持古巴人民。"②1960 年 7月 23 日中国政府同古巴政府缔结贸易协定,中国政府决定在 5 年内每年向古巴购买 50 万吨糖,并将在可能的范围内以长期贷款方式为古巴提供设备,同时中古还缔结了科技合作和文化合作协定。苏古

---

① A.G.Mezerik, *Cuba and the United States*, Vol.II, p.11.

② A.G.Mezerik, *Cuba and the United States* Vol.II, p.12.

和中古关系的加强对美国来说将意味着苏联的影响进入美国的势力范围。战后美国决策者担心的"国际共产主义渗透"即将由可能性变成现实性。

古巴政府的经济改革、苏古关系的加强,使美国对卡斯特罗所抱有的希望荡然无存,同时也标志着美国"观望等待"政策的结束。从此,美国开始了推翻卡斯特罗政府的准备工作,美古敌对关系时代开始了。

美国对古巴政策转变其原因有以下几个方面:

第一,古巴的经济改革引起美国的仇视和不满。古巴经济改革,尤其土地改革和国有化改革,严重损害了美国在古巴的经济利益,动摇了美国在拉丁美洲地区的霸主地位。古巴革命前美国势力在古巴居于统治地位,美国垄断资本控制了古巴的经济命脉。然而,革命胜利后,古巴革命政府实行了一系列民主革命措施,如摧毁旧的国家机构;颁布石油法、土地法和矿业法;收回美国公司的一切租借地,把外国和本国大资本家的厂矿企业收为国有;接管全部私营银行,建立国家银行;要求企业给工人增加工资等等。在政治、经济、社会等各方面的改革引起美国的不满和仇视。

第二,古巴的政治倾向,导致美国的恐惧。古巴新政府成立后,卡斯特罗宣布将执行反对帝国主义干涉、维护国家主权的外交政策,宣告"普拉特修正案"终结了,古巴不会成为第二个危地马拉。① 他

---

① 1951年阿本斯当选危地马拉总统,阿本斯政府实行了维护国家主权、保护和发展民主经济的政策,对外采取独立的外交政策,反对外国干涉内政。艾森豪威尔政府把危地马拉的阿本斯政府所实行的政策看作是共产主义渗透的证据,并认为阿本斯是共产党,为了颠覆阿本斯政府,保卫美国"后院",1954年,艾森豪威尔批准了推翻阿本斯政府的计划,"普布瑟克赛斯行动"(Operation Pbsuccess)。最后,阿本斯总统被迫辞职。

还警告说,如果美国胆敢入侵古巴,就会有 20 万美国士兵丧命。①随着苏古外交关系的恢复,说明苏联的影响开始进入美国的势力范围,进一步证实了美国决策者所担心的在拉丁美洲的"共产主义渗透"问题,这不能不引起美国的恐惧。

第三,其他拉丁美洲国家的游击战争,引起美国的怀疑。

美国怀疑古巴在拉丁美洲输出其"游击战争革命"。在 1959 年和 1960 年之间,曾发生过多起小股武装分子侵入巴拿马、危地马拉和多米尼加的事件。这些事件与当年卡斯特罗从海外乘船回到古巴展开游击战的经过十分相似。尽管那些事件的武装分子都是上述各自国家中流亡海外的民族主义分子所为,但是,在美国看来,他们的行动无疑受到了卡斯特罗的煽动,并且有些确实得到了古巴的支持。②

第四,古巴对苏联关系的发展,促使美国转变立场。

1960 年初,美国政府举行会议讨论美国对古巴政策,艾森豪威尔对古巴的土地改革及国有化政策深恶痛绝,提出对古巴实行封锁,但邦斯尔和鲁博特姆强调,美国反对卡斯特罗的任何行为将只能加强他的权力,削弱古巴反对派东山再起的能力。赫脱在会上警告说,尽管许多拉丁美洲国家的首脑对卡斯特罗的行为深感遗憾,但他们将不愿意看到美国对古巴进行经济或其他方面的制裁。在这次会议上主张对古巴"宽容"政策占上风,会议决定采取美国驻古巴大使邦斯尔及国务卿赫脱的建议,对古巴采取谨慎行为。1 月 26 日,艾森豪威尔宣布美国将不对古巴进行报复,将尊重古巴进行一场社会革

---

① ［美］帕金森:《拉丁美洲、冷战与世界大国(1945—1973)》,贤人出版社 1974 年版,第 49 页。

② John Prados, *President's Secret Wars—CIA and Pentagon Covert Operations Since World War II*. William Morrow and Company, Inc. New York, 1989, p.175.

命的权利,美国愿意与古巴谈判解决由古巴对美国人财产国有化引起的所有争执。① 卡斯特罗对此没有丝毫反应。1960 年 2 月 4 日,苏联部长会议第一副主席米高扬访问古巴,并与古巴进行友好谈判,2 月 13 日双方签订贸易协定。2 月 17 日艾森豪威尔在华盛顿举行记者招待会,表示要修改美古之间关于购买食糖的条约,2 月 18 日,赫脱在一次记者招待会上暗示,"经济报复的问题"正在被审查,美国将改变古巴糖在美国市场的位置,虽然极不情愿,但是建议修改糖进口法案仍是必要的。②

由此可见,艾森豪威尔政府对古巴革命政权敌对政策的转变,并不是缘于艾森豪威尔的种族偏见及其对古巴历史的有限知识,卡斯特罗对苏联的主动外交态度是美国制定古巴政策的决定性因素。美国外交政策的目标就是消灭卡斯特罗。为了达到消灭卡斯特罗,扼杀古巴革命的目的,美国政府使用了各种手段,在经济上对古巴实行贸易禁运,封锁制裁古巴;在军事上,秘密训练流亡人士,准备入侵古巴;在外交上,则利用美洲国家组织集体制裁、孤立古巴。

第三节　艾森豪威尔政府对古巴 敌对政策的实施

一、美国对古巴的贸易禁运及经济封锁

美国对古巴经济封锁是从艾森豪威尔政府时期开始的。因为美

---

① Department of State, *Current Documents*, *26 January 1960*, Document No. 67, pp. 195-197.

② Department of State, *Current Documents*, *18 February 1960*, Document No. 70, pp. 198-199.

国对古巴的封锁成功地阻止了古巴的对外贸易,这个政策通常被认为是贸易封锁的榜样。然而,成功的执行并不意味着成功地实现其政策目标。

美国对古巴封锁的目标是随着时间的变化而不断变化。美国对古巴的封锁主要有六个外交政策目标:(1)推翻卡斯特罗;(2)对古巴的美国财产国有化进行报复;(3)限制古巴革命的蔓延;(4)打破苏联与古巴的联系;(5)表明美国的反对立场;(6)改变古巴的国内现状。封锁的主要目标是驱逐或消灭卡斯特罗,防止古巴革命继续扩散。

很难确定美国准备对古巴实行禁运政策的准确时间,但从1960年6月开始,美国对古巴实施越来越严厉的经济措施,同样,哪一个国家——古巴还是美国——发起螺旋式的对抗,并且导致了现代历史上最具有限制性、持续时间最久的禁运之一,这一点也不能确定。菲利普·布伦纳曾写道:"对于是否是美国将古巴推到苏联的怀抱或者长期以来是否革命的领导权掌握在马列主义手里仍有争议。"①

艾森豪威尔政府时期,美国对古巴外交政策占主要地位的是对古巴的贸易禁运和经济封锁。

美国政策策划者认为由于封锁导致的经济困难会煽动古巴国内对政府的不满情绪,从而推翻卡斯特罗。邦斯尔曾说:"美国政策……是美国在不想在古巴运用武装部队的情况下,用各种手段推翻卡斯特罗的方法之一。"②纽约时报通讯员赫伯特·马修斯报道说:"美国估计古巴在被封锁的情况下损失惨重,以致卡斯特罗政权

---

① Philip Brenner, *From Confrontation to Negotiation*, Westview press, 1988, p.11.

② Bonsal, Philip W., *Cuba, Castro and the United States*, Pittsburgh: The University of Pittburgh Press, 1971, p.135.

被致命地削弱。"①对古巴新政权来说,古巴经济似乎是一个明显的弱点,尤其是因为古巴在革命前,古巴与美国存在着广泛的经济联系。然而,封锁并没有煽动国内反叛,造成古巴国内危机,反而成为古巴人民的重整点,卡斯特罗责备美国使古巴人民遭受经济痛苦,因而赢得了古巴人民对他政策的支持。

美国对古巴实行经济封锁、贸易禁运的原因有以下两点:

第一,1959 年的土地所有制改革是美国对古巴实行经济封锁、贸易禁运的主要原因。

1959 年的土地改革法被认为是美古敌对关系的开始。土地法包括四点:(1)个人土地所有权限制到最多 995 英亩;(2)所有农场国有化(尤其是所有权从美国转到古巴公共和私人手里所有农场)(3)所有土地外国所有权被禁止;(4)对被充公财产的赔偿以政府的 20 年债券形式实现。

美国对土地改革法的反应是复杂的,美国官方强调美国接受古巴有这种改革的权利。另外,美国也质问古巴是否能充分赔偿其国有化土地,美国暗示如果不充足赔偿,它会考虑政策方案,包括降低糖的配额,禁止美国公民在古巴的私人投资,结束经济援助等。6 月 11 日,美国照会古巴,要求其就土地改革问题同美国"交换意见"。10 月 16 日,美国对古巴进行威胁,如果不停止土地改革,美国就要减少古巴蔗糖向美国市场的出口份额。1959 年 11 月,美国开始发起了降低或取消古巴糖配额的运动,同时,美国国务院和美国中央情报局(CIA)开始讨论对古巴进行秘密行动和经济破坏。从艾森豪威

---

① Donna Rich Kaplowitz, *Anatomy of a Failed Embargo*, Lynne Rienner Publishers, Inc 1998, p.5.

尔决定支持中央情报局对古巴进行行动开始,美古之间的敌意从来没有消除过。①

第二,美国实施封锁与禁运的另一个原因是对古巴对美国财产实行国有化进行报复。1960 年美国国务院宣布,实施封锁是为了保护美国公民合法的经济利益,反对卡斯特罗政权的侵犯性、不公平的歧视性的政策。②

然而,制裁并没有迫使古巴政府赔偿美国公司和满足它们的要求,最终也没有使美国公司获得赔偿。为了补偿被国有化的财产的原来主人,古巴本打算发行证券,用与美国出口获得利润来偿还;古巴政府估计用每年所得的 25%来偿还。③ 古巴准备就这些问题与美国进行谈判,但美国一直拒绝。

在经济上,美国在两个问题上对古巴施加压力。

第一,炼油问题。1960 年 2 月,苏古贸易协议最重要的方面是古巴能从苏联买到其进口石油的 1/3 到 1/2,古巴和苏联以糖和石油进行易货贸易,从而保护其危险的低外国货币储备。1960 年古巴花 7000 万美元进口石油。那时在古巴有三个主要石油公司垄断石油,德士古、美孚和英荷壳牌三大石油公司。这些公司供给几乎所有古巴的燃料,每天 9 万桶。2 月贸易协议后,古巴通知它的西方石油伙伴,希望他们每年加工苏联原油 200 万桶,通知一开始被接受了,正如一个石油公司官员所解释的那样,"如果我们不接受,我们的公

---

① Donna Rich Kaplowitz, *Anatomy of a Failed Embargo*, Lynne Rienner Publishers.Inc 1998, p.37.

② *The New York Times*, October 20, 1960.

③ *The New York Times*, August 8, 1960.

司就会被接收,而我们还能得到什么?"①然而,这些公司不久就让步
于美国国务院的指令,因国务院正在寻找其削减古巴糖配额的借口,
6月1日,三大公司代表同美国国务院官员商量,美国国务院认为
"如果作出不提炼俄国原油的决定,那是符合美国政府的政策的"。②
于是三大公司借口他们的炼油厂设备不适于提炼苏联原油,拒绝了
古巴政府的要求。1960年6月底,古巴国有化了这三个石油公司在
古巴的全部子公司。

针对苏联石油进入古巴,美国开始在全球范围内采取联合抵制
古巴石油政策,石油禁运的重要目标是使古巴炼油厂处于瘫痪状态。
7月初,美孚石油公司发出通知,所有油轮或者停止与苏联与古巴公
司交易,或者丧失与美孚石油公司及其子公司的进一步生意。美国
国务院也开始向其他国家施加压力,促使它们一起对古巴石油
禁运。③。

第二,购糖问题。

美国是古巴最大的糖消费者,古巴革命前,古巴最大的糖生产厂
和加工厂都归美国所有,被美国购买的糖的数量是由农业部部长所
规定的定量配额所决定的,而且由国会拟定的一系列规则所控制。

作为对古巴土地改革的报复,美国曾在1959年6月照会古巴对
其公民因土地改革而被征用的地产进行赔偿,如果美国得不到赔偿,
美国将进行报复,包括削减从古巴的购糖定额,禁止美国人对古巴的

---

① Donna Rich Kaplowitz, *Anatomy of a Failed Embargo*, Lynne Rienner Publishers, Inc 1998, p.99.

② Morley, Morris, *Imperial State and Revolution: The United States and Cuba, 1952—1986*, Cambridge University Press, 1987, p.110.

③ Donna Rich Kaplowitz, *Anatomy of a Failed Embargo*, Lynne Rienner Publishers, Inc 1998 p.39.

私人投资,停止对古巴的经济援助。8月美国政府宣布减少古巴蔗糖对美国的出口份额,美国参众两院要求艾森豪威尔削减乃至取消古巴食糖进口限额,企图挤垮古巴单一的蔗糖种植经济。11月美国开始发起降低或取消古巴糖配额的运动。

1960年6月22日美国国务卿赫脱对美国众议院农业委员会发表讲话,借口说,由于古巴实行土地改革和与其他共产党国家缔结了协定,古巴对美国供应的食糖的数量将变得不稳定,因此,美国应该减少对古巴食糖的依赖,使自己所需要的食糖的来源多样化。国务卿赫脱向国会提出立法,要求授权总统操纵古巴糖配额,该法案被国会通过,使总统有权取消1960年古巴糖配额的剩余部分,并可以"根据国家利益在任何水平上"决定1961年的配额。[1],6月30日,众议院通过了一项法案,将原来购买古巴食糖的定额大部分移到了其他食糖生产国。7月3日,国会授权艾森豪威尔在美国人民经济利益的要求下,可以把古巴进口糖的配额减到任一水平,艾森豪威尔获得授权后,于7月6日发表了总统第3355号声明,取消1960年剩余月份从古巴进口的食糖份额70万吨,并正式宣布对古巴实行经济制裁。尽管艾森豪威尔对新闻界声称这一法案不是针对古巴政府,而是美国内部对食糖的需求量要求有保障,最近古巴与东欧国家所签订的购糖合同使古巴对美国出口糖不能保证,这不符合美国消费者的利益。[2] 这一决定,不仅是破坏了古巴内部的经济平衡,更主要的是想给古巴政府施加压力,迫使其改变经济路线,使其经济逐渐瓦解崩溃。

---

[1] Donna Rich, *The U.S. Embargo Against Cuba*, Johns Hopkins University Cuba Studies Project, 1988, p.6.

[2] Department of State, *Current Documents*, *6 July 1960*, Document No. 77, p.205.

1960年9月,美国政府又发表一个禁止美国公民去古巴旅游的报告,并敦促生活在古巴的美国公民回家[①]。

古巴对美国经济制裁反应强烈。1960年7月6日,也就是艾森豪威尔总统宣布减少70万吨从古巴进口的食糖定额的当天,古巴政府指出美国采取了对古巴"进行经济和政治侵略的臭名昭著的态度",为了补救古巴国家在经济上所遭到的损失及巩固古巴的经济独立,古巴政府决定采取强制的剥夺方式,把26家美国公司在古巴的财产和企业收为古巴国家所有。这26家公司包括电力公司、电话公司、德士古石油公司等。还规定如果美国以每磅5分4厘美元以上的价格向古巴购买食糖,购买数额超过300万吨时,古巴将用超出部分食糖的1/4,作为支付基金,以为期50年的债券向被征收的公司提供赔偿。美国政府拒绝接受这一赔偿形式并拒绝同古巴就赔偿问题进行谈判。这时,苏联同意购买美国已取消的70万吨糖,古巴还从东欧获得大批陈旧武器。1960年10月19日,美国宣布对古巴实行海上封锁。[②] 古巴再一次颁布国有化法律,最终取缔了古巴的大规模私人企业,美属270万英亩的糖生产地被没收,置于国家土地所有制改革局(INRA)的管辖下,167家美国所有的企业全部收归国有,其中包括化学公司、冶金公司、造纸厂、食品、采矿等,美国在古巴的总资产12亿美元的全部企业都被收归国有。[③] 作为对古巴第二个国有化法律的回应,1960年10月20日美国总统艾森豪威尔根据1949年出口管制法令,全面禁止对古巴出口技术资料和商品(食品

---

① Smithe, *The Closet of Enemies*, p.57.

② A.G..Mezerik, *Cuba and the United States*, Vol Ⅱ, p.8.

③ Morley, Morris, *Imperial State and Revolution: The United States and Cuba, 1952—1986*, Cambridge University Press, 1987, p.113.

和药品除外），并禁止把美国人拥有的船只出售、转让或出租给古巴企业。① 因为古巴工业和运输系统的 90%都依靠从美国进口机器、设备和零件来运转，美国禁止向古巴出口的目的就是要造成古巴普遍停工停产，并产生滚雪球的效果。

发端于杜鲁门政府的出口管制政策是美国对苏联社会主义国家经济遏制战略的重要组成部分。美国从艾森豪威尔政府时期，1960年开始对古巴实行贸易管制，这属于在"国家安全保障上的管制"。美国在冷战时期的贸易管制分三种类型：国内短缺物资的管制、外交政策上的管制、进口抵制。在艾森豪威尔政府时期，美国开始设立"国家安全保障上的管制"，1960年对古巴的贸易管制就是在此项下说明的。② 这一政策自出笼以来，不断遭到来自英国、西德等巴统成员国的批评与反对。因为美国倾向于严格控制东西方贸易的发展，而其他国家倾向于发展东西方贸易，英国在1960年召开的巴统成员会上反对美国提出的增加禁运清单的建议。③

此外，禁运政策在美国国务院和财政部已经讨论很久了，在卡斯特罗掌权的初期，"经济战争"就被认为是一个重要的政策选择。美国政策制定者认为古巴极易受到制裁的攻击，因为制糖厂几乎每一样东西，从大锅炉到普通的电插座都是根据美国的设计和规格建造和工作的。1960年6月国务院给财政部一份报告，列出其考虑的一系列经济行动：（1）冻结古巴在美国的公、私财产；（2）禁止与古巴交易；（3）全面禁止古巴进口；（4）限制美国对古巴的出口；（5）援引巴

---

① Stephen G.Rabe,*Eisenhower and Latin America*,p.163.

② 崔丕：《美国的冷战战略与巴黎统筹委员会、中国委员会（1945—1994）》，东北师大出版社2000年版，第447页。

③ *FRUS 1961—1963*.Vol.IX,No.297（因特网）。

特尔法案禁止向古巴运输战略原料;(6)美国私人公司自愿对古巴禁运。①

与这些相关的是经济行动的法律基础。美国国家安全委员会同意起草一个专门指导古巴形势的声明,国务院强烈反对任何声明,国务院更喜欢将现在的法律扩展至包括古巴,或者是与敌国贸易法案或1949年的出口管制法案。② 当1960年10月20日白宫宣布禁运时,就是依据出口管制法案行事的。

1960年12月19日,艾森豪威尔政府取消了1961年第一季度古巴糖配额,同时美国商业部正在加紧实施新的禁运措施。

面对美国对古巴的经济制裁,社会主义国家纷纷声援古巴。1960年7月17日中国《人民日报》发表社论指出:"美国削减古巴食糖进口定额是金元帝国妄想挥动他的经济大棒,困死古巴的一个最毒辣手段。""美国企图用经济压力来给古巴造成困难和混乱,为他对古巴进行武装侵略进一步铺平道路。"1960年7月9日赫鲁晓夫发表讲话,谴责美国对古巴的经济封锁,表示支持古巴人民的正义斗争。1960年6月13日,赫鲁晓夫在记者招待会上说,我们认为门罗主义已经过时了,已经寿终正寝了。这个主义的遗体最好是埋葬十年,防止其腐烂而毒化空气。③

美国还加紧策划盟国及美洲国家组织对古巴经济加以制裁。

美国国务院利用古巴的经济弱点报复古巴,阻止西欧贷款流向卡斯特罗政权。1960年3月,华盛顿成功地阻止荷兰、法国、西德银

---

① Morley,Morris, *Imperial State and Revolution*;*The United States and Cuba*,*1952—1986*,Cambridge University Press,1987,pp.119-120.

② Ibid.p.120.

③ *New York Times*,13 July,1960.

行向古巴贷款 1 亿美元的谈判。① 而且在 1960 年早期美国驻北约代表团正式请求其成员国在政治上、经济上、道义上支持美国的古巴政策。② 许多西欧国家就禁止向古巴出售和运输武器可以提供完全保证,但是不情愿削减传统贸易。美国政府不但本身对古巴采取强硬的立场,对那些不愿参与对古巴实行经济封锁和其他敌对措施的拉丁美洲国家和美国盟国也是如此。艾森豪威尔政府对 1960 年 9 月 2 日通过的外援法案提出了一项修正,规定对任何在经济上和军事上帮助古巴的国家,停止"援助",对北大西洋公约组织的盟国,例如加拿大和日本,则要求它们考虑共同行动问题,即停止采购古巴食糖和向古巴提供"战略物资"。③ 美国政府则施加压力,通过通知那些受到美国互相安全法案援助的国家,援助以不购买古巴糖的协议为条件。

除欧洲盟国外,美国还对拉丁美洲国家施加压力和影响。由于日益增长的对古巴批评的压力及拉丁美洲国家的不满情绪,1960 年 7 月艾森豪威尔总统建议一个新的社会经济发展计划来援助拉丁美洲国家。这个计划的执行目的是改善拉丁美洲国家的生活水平和加强整个拉丁美洲地区的民主政体。美国国会同意拨款 5 亿美元用于这项计划。但这个援助计划排除古巴,因为其与美国的敌对运动,"除非它改变它的道路"。④

1960 年 8 月的美洲国家外长的圣约瑟会议,并没有满足美国在

① Donna Rich Kaplowitz,*Anatomy of a Failed Embargo*,Lynne Rienner Publishers,Inc 1998,p.39.

② Morley,Morris,*Imperial State and Revolution:The United States and Cuba,1952—1986*,Cambridge University Press,1987,p.122.

③ [苏]A.C.阿尼金,《外交史》,生活·读者·新知三联书店 1983 年版,第 748 页。

④ A.G.Mezerik,*Cuba and the United States*,Vol II,p.26.

美洲孤立古巴的愿望,美国便决定在美洲国家组织之外进行单方面的反对古巴。圣约瑟会议后,美国加紧对古巴的经济制裁。美国公民不允许去古巴旅游,除非有重要的事情要办,那些接受美国援助的国家没得到美国的建议,不会用与美贸易的基金购买古巴的蔗糖,美国还与其他盟国一起不承认古巴在各进口口岸的信用证;参议院通过提案,停止对那些向古巴提供军事、经济援助国家的援助。① 古巴对此反应强烈,卡斯特罗谴责美国禁止对古巴的出口,企图借此扼杀古巴经济,为了反击美国的经济封锁、保卫国家经济利益,古巴政府决定,将尚未收归国有的美国在古巴167家企业,全部收为国有。这样美国在古巴总值为12亿美元的全部企业已悉数被古巴收为国有。1960年11月,古巴派代表团访问中国,并缔结贸易协定。根据协定,中国将向古巴提供成套设备和技术援助以帮助古巴发展经济,并向古巴提供贷款。1960年12月,苏古缔结新的贸易协定,规定1961年苏联以每磅4美分的价格,购买古巴食糖270万吨,此外,苏联还承诺对古巴提供一系列经济技术援助。

以上可以看出,美国对古巴的经济政策目的在于使古巴屈服于自己的压力,以改变其发展道路。然而,美国对古巴的经济制裁,并没有达到限制苏联、扼杀古巴的目的,反而促使古巴加强了同苏联及中国的合作,使古巴能够在美国的经济封锁下得以生存。

二、中央情报局的"冥王星计划"

古巴革命胜利后,美国在加勒比海地区加强了军事存在,1959年1月1—2日,美国在"撤退侨民"的口实下派5艘军舰到古巴海岸

① Richard E. Welch, *Response to Revolution*, The University of North Carolina Press, 1985, p.57.

显示武力,在美国协助下,古巴原独裁者巴蒂斯塔家族和原独裁政府的政要 500 余人逃到美国。10 月 28 日,美国海军部宣布增派 1450 名海军陆战队员到关塔那摩基地,并在 11 月 4 日举行 24 小时的军事演习。此外,美国还在秘密准备对古巴的军事打击计划。

1."冥王星计划"的提出

随着美古关系的恶化,美国逐渐改变其对古巴政策。在对古巴采取经济封锁的同时,美国还在加紧准备对古巴的军事封锁及打击的秘密行动。

1959 年夏,美国中央情报局便开始商讨要消除卡斯特罗,但没有记录表明总统授权这个活动,因此白宫和国家安全委员会都没有同意中央情报局的行动方案。① 1959 年底,美国已经开始意识到古巴的"危险"。1959 年 11 月 5 日,国务卿赫脱向总统提出:"美国当前对古巴政策,建议美国应鼓励古巴境内和拉丁美洲各地来反对卡斯特罗政权的极端主义的反美方针,改变卡斯特罗政权,或替换这个政权。"②赫脱强调推翻卡斯特罗的理由有三点:第一,卡斯特罗将不愿采取与华盛顿最低安全需要和政策利益一致的政策与态度。第二,卡斯特罗政权在古巴以其现有的形式长此以往,将对美国在拉丁美洲的地位产生严重不利影响,而对国际共产主义提供了相应的有利条件。第三,只有通过在古巴内部形成一个凝聚力强的反对派,由希望在一个友好的美古关系框架内实现政治与经济进步的人组成,卡斯特罗政权才能受到牵制或被取代。

另外,他认为卡斯特罗政府的经济改革政策是极端的。目前古

① *Foreign Relations of the United States* (*FRUS*) Doc. 191, Vol. V, 1959 Washington, DC: U.S.Government Printing Office 1991.

② Stephen G.Rabe, *Eisenhower and Latin America*, p.125.

巴国家对其经济生活的控制日益牢固。我们在古巴的商业利益不仅受到严重影响,而且美国也没有希望鼓励与支持其他拉丁美洲国家的可行经济政策和促进在拉丁美洲地区的必需私人投资。赫脱的观点反映出此时美国政府决策层内对卡斯特罗政府改革的态度。其实,早在1956年,美国国家安全委员会NSC5613/1文件就宣称:"如果一个拉丁美洲国家同苏联集团建立起紧密关系,并具有了一种对我们的重大利益抱有严重偏见的性质时,(我们)就要准备减少与这个国家政府的经济与财务合作,并采取任何其他适当的政治、经济或军事行动。"[1]1959年11月9日,艾森豪威尔批准了国务卿赫脱的对古巴政策的建议。[2] 艾森豪威尔表示在对古巴政策上,美国不能仅仅对那里的炼糖厂耿耿于怀,而是要定出一套实际方案来对付卡斯特罗。1960年初,艾森豪威尔仍坚持对古巴或是实行经济制裁、或是实行秘密军事行动,但这两种政策却都处于认真考虑之中,而经济封锁政策是公开的,军事行动是秘密进行的。

1960年2月艾森豪威尔正式指示中央情报局长艾伦·杜勒斯为此制定一项方案。中央情报局5412委员会和国家安全委员会在经过讨论后,于3月17日提出了"推翻卡斯特罗政权的秘密行动计划"。该计划主要包括4点内容:(1)"政治措施",将把古巴境外的大约184个不同的反卡斯特罗组织统一起来,成立"民主革命阵线",以便统一开展反卡斯特罗行动;(2)"宣传攻势",利用电台、报纸、杂志和传单等媒体工具对古巴展开"攻心战",并将卡斯特罗政权"妖魔化";(3)"准军事行动",由中央情报局负责,秘密训练部分古巴流亡分子,并争取在1961年3月1日之前完成对古巴的登陆行

---

[1] Stephen G.Rabe,*Eisenhower and Latin America*,.p.91.
[2] *FRUS*.Doc. 191,Vol.Ⅴ,1959.

动,武装推翻卡斯特罗政权;(4)建立针对古巴的情报和反情报系统。该计划的代号叫"冥王星"。这个计划在一开始就阐明其目标是要"以一个符合古巴人民的真正利益并能够为美国所接受的政权取代卡斯特罗政权,同时又要避免给人以美国正在干预的印象"。①

2."冥王星计划"的实施

艾森豪威尔批准了"冥王星计划",并着重强调应物色一个组织流亡政府并领导反卡斯特罗政治活动的人物,他还命令五角大楼方面与中央情报局合作训练古巴流亡分子,但是艾森豪威尔反对任何美国军事人员直接投入战斗。从此"冥王星计划"开始正式实施。艾伦·杜勒斯为总指挥,中央情报局官员迪克·比斯尔具体负责。

"冥王星计划"的政治行动部分负责人是霍毕德·亨特和盖里·德洛尔两个人。由于卡斯特罗当政后不久就几乎清除了国内的所有反对派分子,因此,中央情报局只能在两种古巴流亡分子中招募反卡斯特罗分子,一种是此前与巴蒂斯塔有密切联系的人,一种是曾反对巴蒂斯塔,但后来又由于"七二六运动"趋于左倾而同卡斯特罗决裂的人。艾森豪威尔总统指示,"冥王星计划"中不得使用亲巴蒂斯塔分子。

宣传攻势是由戴维·菲利普负责,他的主要任务是必须在采取"准军事行动"之前,对古巴国内进行反卡斯特罗宣传。比斯尔要求他在一个月内就把电台建立起来。这时恰好在联邦德国有一台美军多余的功率为50千瓦的电台发射器。中央情报局便设法取得,并运到洪都拉斯附近的天鹅岛。5月17日美国中央情报局设在天鹅岛上的电台开始了反卡斯特罗的宣传。

---

① Department of State, *Foreign Relations of the United States.* (*FRUS*) *1961—1963*, V. X, Microfiche Supplement, Washington, U.S.GPO, 1998, Document 236.

"冥王星计划"的准军事行动要求中央情报局在迈阿密的古巴流亡分子中征募新兵,训练他们进行游击战争。6月间,美国中央情报局纠合一些古巴流亡分子头目人物,成立了"民主革命阵线",并招募古巴流亡分子到危地马拉的特拉古斯营地进行游击战训练。

这批古巴流亡分子组成的入侵队伍被称为"古巴旅",代号2506。这是一个在训练中死于意外事故的队员的编号。8月18日艾森豪威尔总统检查了方案的进行情况,批准向该计划拨款1300万美元,批准为执行这一计划可以使用五角大楼拥有的人员及装备,但他再次强调计划中的全部作战行动应由古巴流亡分子而不是美国人来实行。由于古巴流亡分子的反政府游击活动在古巴人民有效的治保工作下难以进行,美国中央情报局很快就放弃了游击渗透的方法,而开始组织滩头进攻。美国中央情报局组织一批美国教官进驻危地马拉,对古巴流亡分子进行两栖入侵作战训练。同时他还强调当美国政府准备武力进攻时,"必须确保所有参与者确保他们从未知道有关此事的一切事件"。①

11月29日,艾森豪威尔就"冥王星计划"的进展状况召开了会议,在这次会议上,大部分与会人员认为有必要把古巴旅扩大到两千至三千人的规模。中央情报局据此制订了新的计划,增加了流亡武装人员,配备了重火力武器,确定了在古巴登陆的具体方案。这一新计划也就是后来的猪湾登陆方案的核心内容。

三、美国利用美洲国家组织(OAS)孤立古巴

古巴革命胜利后,美国害怕古巴革命影响拉丁美洲各国,危及其

---

① *FRUS* Doc. 186, Vol. V, 1959.

在这一地区的统治。美国利用美洲国家组织,动员一些国家对古巴进行围攻,进而把古巴孤立于拉丁美洲的政治和经济体系之外,为美国对古巴的干涉披上合法的外衣。1959 年 7 月,美国总统艾森豪威尔就公开污蔑古巴革命引起了加勒比海地区的紧张局势,公然指出"指望美洲国家组织采取主动"进行干涉。1959 年 8 月在智利的圣地亚哥和 1960 年 8 月在哥斯达黎加的圣约瑟先后召开了第五次和第七次美洲国家外长协商会议,美国竭力拼凑反古巴统一阵线。尽管美国向拉丁美洲各国政府施加压力,其结果却不尽如人意。在圣地亚哥会议前夕,美国就宣布对拉丁美洲各国提供 4.5 亿美元的经济援助。① 借此向拉丁美洲国家施加压力,企图"证明"革命的古巴政府采取的把美国垄断组织的财产收归国有等措施会破坏美洲国家组织的根本原则,因而提出所谓的革命的古巴同泛美体系"不相容"的论断。

1959 年 8 月 12 日至 18 日在智利的圣地亚哥召开的美洲国家组织的外长协商会议。因为美国认为当时加勒比海地区"处于动乱状态",美国希望圣地亚哥会议会重新审察该地区形式并矫正行为。② 在美国操纵的这次会议上,美国为这次会议安排了两项议程:第一,加勒比地区的紧张局势问题;第二,代议制民主的有效实施和尊重人权问题。这是给革命的古巴设下的两个陷阱。美国蓄意利用这两项议程中的任何一项作为干涉古巴的借口。但是,古巴代表在会上同美国的反古阴谋进行了坚决的斗争,美国未能使会议通过公开谴责古巴的决议。对艾森豪威尔政府来说,圣地亚哥会议很令人失望,国

---

① Juluis W.Paratt, *A History of United States Foreign Policy*, New Jersey, 1965, P.535.

② Department of State, *Current Documents*, *13 August 1959*. Document No. 95 pp. 353–358.

务卿赫脱所希望的对古巴发出集体警告并未实现。

艾森豪威尔政府向美洲国家组织寻求帮助并没有停止,艾森豪威尔在 1960 年 1 月 26 日对一批白宫和国务院官员说,最好能通过美洲国家组织采取一些抑制古巴的措施,如果美国得不到美洲国家组织其他成员的支持,如果它们只不过是虚与委蛇的朋友,美国就采取新的行动。

处理美洲事务的美国助理国务卿鲁伯顿预计,要动员西半球的国家支持美国采取重大的反古行动,会遇到相当大的困难。许多拉丁美洲国家当时有两方面的考虑。首先,古巴问题只是美古双边关系问题,而不是与众多拉丁美洲国家利益有关的多边问题。其次,拉丁美洲人民普遍同情和支持古巴革命,各国政府不能不考虑人民的情绪。1960 年 2 月艾森豪威尔访问阿根廷、巴西、智利、乌拉圭 4 国时,谈起古巴问题,4 国元首都避而不谈。3 月初,艾森豪威尔对美国国家安全委员会表示,必须尽一切努力使美洲国家组织成员国都"认清古巴局势的危险性"。①

1960 年 4 月 23 日,美国国务卿赫脱承认,尽管美国在外交上作了努力,但尚未能指望拉丁美洲国家在美洲国家组织里采取美国所希望的行动。

1960 年 7 月 9 日,赫鲁晓夫公开宣布,要使用导弹来保卫古巴,形势开始变化。美国抓住机会,开始宣传古巴问题并非美古双边问题,而是西半球安全遭到来自西半球之外的苏联威胁的问题,借此影响拉丁美洲国家。1960 年 7 月 13 日,秘鲁政府建议,举行美洲国家外长紧急会议,以考虑"苏联对泛美团结和西半球安全的威胁问

---

① Stephen G. Rabe: *Eisenhower and Latin America*, The University of North Carolina Press, 1988, p.129. Note32.

题"。因为前不久,美国刚刚向秘鲁提供了5300万美元贷款,并增加了购买秘鲁食糖的定额。另外,阿根廷政府公布了给驻古巴大使的一份电报,该电报指示大使要求古巴政府"不赞成任何可能被解释为美洲以外的国家对西半球的干涉行动"。

1960年7月18日,应古巴外交部部长劳尔·罗亚的要求,联合国安理会举行会议。劳尔·罗亚一方面谴责美国削减古巴食糖份额是一种"专横的经济侵略行为";另一方面他控诉美国窝藏古巴战犯,鼓励他们对古巴进行破坏活动,谴责美国正在准备对古巴发动武装侵略。美国代表洛奇矢口否认美国对古巴怀有侵略目的,要求安理会对古巴的控诉不采取任何行动,而把美古争端提交给美洲国家组织。最后联合国安理会同意了阿根廷及厄瓜多尔代表提出的议案,即安理会在接到美洲国家组织的报告前暂缓考虑古巴对美国的控诉。

7月18日,美洲国家组织理事会一致决定,召开美洲国家外交协商会议,以考虑"西半球团结的危机"和"保卫区域体系和美洲安全原则以对付他们的威胁"问题。这样美国占据了外交的主动权。1960年8月16日至8月29日美洲国家外长会议在哥斯达黎加首都圣约瑟举行,会议的第一阶段讨论委内瑞拉对多米尼加共和国的指控问题,第二阶段讨论古巴问题。

在圣约瑟会议前夕,美国总统艾森豪威尔发表讲话,宣布美国对拉丁美洲国家提供6亿美元的经济援助,[1]并说美国的援助将只提供那些愿意同美国合作、以实现美国在西半球政策目标的政府。美国国务卿赫脱致电美国驻拉丁美洲各国使节,指示他们强调古巴问

---

[1] Juluis W.Paratt, *A History of United States Foreign Policy*, New Jersey: Englewood Cliff, Prentice-Hall, 1965, p.536.

题的多边性,劝阻拉丁美洲国家提出调解美古分歧的任何建议。显然,美国企图施加影响,促使圣约瑟会议的结果符合美国的意图。

在会议上,美国代表赫脱指控古巴训练游击队员,去拉丁美洲其他国家"传播共产主义革命",攻击古巴没有"个人自由"和"新闻自由",指责苏联对美洲事务进行干涉,并对古巴"鼓励此种干涉"表示关切,并呼吁美洲国家组织成员国进行合作,对所谓"来自美洲大陆以外的干涉"进行有效的抵抗。①

古巴外长劳尔·罗亚指出,美国对古巴的"指控"是诽谤古巴,其目的是企图把美国准备中的对古巴的军事侵略说成是正义的,并煽动拉丁美洲国家来反对古巴。劳尔·罗亚声明,根本不存在什么苏联进行干涉的问题,苏联只是在(古巴)面临美国侵略意图的威胁下自动表示愿意提供帮助。古巴的政策是同世界各国进行贸易,不管其政权性质如何。古巴要求圣约瑟会议谴责美国制造加勒比海地区的紧张局势,责成美国放弃对古巴进行干涉、挑衅和侵略的政策。

圣约瑟会议主席,哥伦比亚代表图尔瓦伊·阿亚拉发言说他在尊重古巴政府在国内进行改革的合法权利的同时,集中力量反对苏古合作,并认为古巴方面接受苏联的援助,是破坏了美洲国家体系的法律和政治基础。除危地马拉、尼加拉瓜等少数国家外,参加会议的大多数拉丁美洲国家的代表仍认为古巴问题是美古双边关系问题。针对苏古关系的指责,也没有得到普遍的支持。1960 年 8 月 28 日发表了《圣约瑟宣言》,该宣言内容主要有四点:一是谴责一个大陆外大国对美洲共和国事务的干涉和干涉的威胁,宣布任何美洲国家接受这种干涉及其威胁将危及美洲的团结与安全;二是以威胁本半

---

① 〔英〕巴勒克拉夫:《国际事务概览(1959—1960)》,上海译文出版社 1986 年版,第 496—497 页。

球的团结、和平与安全为由来抵制苏联利用任何美洲国家的政治、经济或社会局势的企图;三是重申任何美洲国家不得干涉其他美洲国家内外事务的原则,宣布泛美体系与"任何极权主义形式不能共存";四是宣布任何成员国服从该体系原则和遵循美洲国家组织宪章条款的义务。

整个宣言虽然没有点古巴的名,这是美国对拉丁美洲国家的让步,但它把矛头指向了苏联、中国。①

古巴强烈反对《圣约瑟宣言》。卡斯特罗指出,这次会议是鲨鱼和沙丁鱼之间的会议。美国希望古巴拒绝苏联人民的援助,以使古巴陷于孤立,于是美国这条鲨鱼就来吞噬古巴,但是古巴革命政府不准备落进这个圈套。

1960 年 9 月 2 日,100 万古巴人民在哈瓦那集会,并通过了《哈瓦那宣言》,强烈谴责美帝国主义对拉丁美洲国家各国人民的明目张胆的干涉。《哈瓦那宣言》宣布,古巴将接受苏联及中华人民共和国的援助以反对美帝国主义的侵略威胁。

《圣约瑟宣言》要比圣地亚哥声明更有力,但它还是缺乏令艾森豪威尔满意的因素。

圣约瑟会议后,美国总统艾森豪威尔表示,会议虽然没有关于集体行动的正式规定,但并不禁止任何政府"在不得已的时候"采取"单方面的行动"②。一些美国政府官员认为。美洲国家组织处理古巴问题还不够有效,美国必须更多地考虑在美洲国家组织之外的工

---

① A.G.Mezerik, *Cuba and the United States*, Vol.II p.22.
② 洪育沂:《拉丁美洲关系史纲》,外语教育与研究出版社 1996 年版,第 246 页。

作。① 此后,美国政府开始加紧制订、完善"冥王星计划"。

古巴政府和人民对美国和一些拉丁美洲国家在军事、外交、和经济等各方面的粗暴干涉进行了坚决的斗争与反击。古巴利用联合国对美国进行揭露,要求安理会讨论美国对古巴的干涉以及所造成的国际紧张局势。古巴人民积极行动支持政府所采取的政策。为了对付美国可能的侵略,古巴组织了百万民兵,加强军事训练。卡斯特罗说:"英勇的古巴人民决不允许别人夺取他们的胜利果实。古巴人民终于做了自己命运的主人,已经没有任何人阻挡他们了,威胁只能增加他们的力量。人民在威胁面前成长,古巴人民的革命更加坚定。"②古巴革命政府坚定推行社会政治、经济改革政策,进行土地改革。1959 年底土地改革委员会已接管了 575 个大庄园,1960 年为土地改革年;废除美国公司的一切租让权和限制美国资本,接管了美国钢铁等企业所霸占的土地;注意发展多种经济,发展民族工业和对外贸易。1960 年 9 月 2 日,卡斯特罗在哈瓦那的群众大会上当众撕毁圣约瑟宣言,并针锋相对地提出了哈瓦那宣言,强烈谴责帝国主义、殖民主义和寡头政治。卡斯特罗表示不管美国和美洲国家组织怎样反对古巴,"我们的人民已经全副武装,决心击败任何试图入侵的敌人"。他强烈谴责美国"攻击"和"打算毁灭古巴"。③ 此外,古巴政府还要求联合国采取措施制止美国对联合国成员国、主权的古巴的敌对行动。苏联坚决支持古巴的外交行动,苏联代表在安理会发言时,揭露了美国干涉古巴内政的事实,并揭露这是破坏古巴国家主权

---

① Morley,Morris, *Imperial State and Revolution : The United States and Cuba*, *1952—1986*, Cambridge University Press, 1987, p.118.

② 《人民日报》,1960 年 3 月 2 日。

③ [英]巴勒克拉夫:《国际事务概览(1959—1960)》,上海译文出版社 1986 年版,第 639 页。

的行为。① 苏联代表声明,苏联对古巴的政策是以不干涉和尊重其民族主权原则为基础的。虽然当时联合国把此事交付美洲国家组织加以讨论,但就安理会讨论古巴的控诉本身,意义重大,它有助于向各国证明美国对古巴的干涉行为。

通过以上阐述与分析可以看出:

艾森豪威尔政府的美国对古巴政策存在着两个教训:双边的恐惧与怀疑。到1960年夏,美古之间的互相恐惧与怀疑已成为永恒的动力。他们的最坏的怀疑最后都被证明了。古巴抱怨美国反对古巴土地所有制改革和国有化改革;禁止美国炼油厂加工苏联原油;消除古巴糖配额;美国没有阻止在迈阿密的难民空袭;对卡斯特罗的敌人实行特殊的移民对待;限制古美贸易,知道并怀疑中央情报局反卡斯特罗的间谍行为。

美国抱怨,共产党渗透进古巴政府;古巴承认共产党中国;与苏联贸易;资助加勒比海其他国家的叛乱;没收美国公民的财产但又不赔偿;镇压国内自由;诽谤美国政府。双方都有不满的原因,增强了恐惧,加深了怀疑,美古紧张关系持续升温。由此我们可以看出艾森豪威尔政府对古巴革命政府的敌视政策是逐渐产生的,它与美国国家安全在冷战时期逐渐受到的威胁相吻合。卡斯特罗对苏联的主动,更成为美国对古巴政策的决定性因素,消灭卡斯特罗成为美国外交政策的一个重要目标。从此美国开始了最初的对古巴遏制政策。艾森豪威尔政府一方面在寻找能够得到其他美洲国家支持干涉"理由",以求解决古巴问题"合法化""泛美化";另一方面公开对古巴进行经济制裁,实行海上禁运,力图造成古巴社会经济上的困难,使卡

---

① ［苏］A.C.阿尼金,《外交史》,生活・读书・新知三联书店1983年版,第749页。

斯特罗政权不攻自破,同时美国还继续在暗中加强训练古巴流亡分子,为他们重返古巴推翻卡斯特罗政权做准备。那么,对古巴采取更为"强硬"的政策的任务就留给了肯尼迪政府。可以看出,艾森豪威尔政府对古巴所采取的外交孤立、经济封锁和贸易禁运等遏制政策所产生的结果与其外交政策的目标正是适得其反,它们不仅没有削弱卡斯特罗的政治地位,反而加强了卡斯特罗的政治地位。

第三章　肯尼迪政府初期的美国对古巴政策

第一节　猪湾事件

一、政策的连续性

1960 年是美国总统的大选年,在美国,抨击古巴成为美国总统竞选的一个主要运动;在古巴,美国成为团结民族精神和支持革命的有利的敌人。民主党候选人约翰·肯尼迪利用古巴问题,谴责艾森豪威尔政府对古巴的政策。肯尼迪指责道,在卡斯特罗当政以前的那些年月,艾森豪威尔政府拒绝"帮助古巴满足它对于经济发展的迫切需要","在我们听任巴蒂斯塔把我们置于暴政一边的时候,我们却没有做出任何努力去使古巴和拉丁美洲的人民相信,我们是要站在自由一边的"。[①] 对于卡斯特罗,肯尼迪宣称卡斯特罗是"最大危险的来源",严厉责备艾森豪威尔政府允许一个"共产主义卫星国"出现在"我们的大门口",他要求对古巴发动"认真进行的攻势"。他说:"我们不愿意继续受人欺侮了,特别是不想被赶出我们关塔那

---

① [美]小阿瑟·施莱辛格:《一千天:约翰·菲·肯尼迪在白宫》,生活·读书·新知三联书店 1981 年版,第 149 页。

摩海军基地,或者遭到拒绝,不对被它夺走的美国财产进行应有的赔偿。"①

由此可以看出,艾森豪威尔政府在处理古巴问题上似乎表现出肯尼迪在大选中谴责的"软弱性",但这只是一个策略问题。艾森豪威尔政府一方面寻找能够得到其他美洲国家支持"干涉"的理由,以求解决古巴问题"泛美化",另一方面则公开地对古巴进行经济制裁,实行海上禁运,力图造成古巴内部混乱,使卡斯特罗政权不战自溃;暗中加紧训练古巴流亡分子,等待干涉古巴时机成熟。如果不是届满离任,艾森豪威尔会采取强硬措施,把暗中的军事行动表现出来,而这种强硬的措施则留给了肯尼迪政府。

1960 年 12 月 6 日,艾森豪威尔将《古巴与拉丁美洲备忘录》交给肯尼迪,该文件认为古巴是美国在拉丁美洲最大危险。② 此后,美古关系进一步恶化。1961 年 1 月 3 日,当卡斯特罗在哈瓦那的一个周年庆典上致辞时,人群中发生爆炸,卡斯特罗控告美国大使馆与爆炸事件有关,并命令其成员在 36 小时内减少至 11 人。在一份官方公告中艾森豪威尔声称卡斯特罗的命令"除了使正常的外交关系不可能外,没有其他目的"。因此,艾森豪威尔迅速断绝了与古巴的外交关系。1961 年 1 月中旬,国务院进一步加强总统的行动,发表禁止所有美国公民去古巴旅游的禁令。③ 1 月 19 日,在艾森豪威尔离任前,艾森豪威尔与肯尼迪进行会谈,他说,目前有小股亲美古巴军

① Welch,Richard E.*Response to Revolution*,*the United States and the Cuban Revolution*, University of North Carolina Press,1985,p.69.

② Stephen G. Rabe, *Eisenhower and Latin America*, The University of North Carolina Press,1988,p.171.

③ Telegram From the Department of State to the Embassy in Cuba Doc. 7 *Foreign Relations of the United States*(*FRUS*)*1961—1963*(因特网)*Vol.X*,*Cuba 1961—1962*.

事力量由中央情报局在危地马拉进行训练,并建议对这种训练给以加强。以他的观点,美国不能允许卡斯特罗政权在古巴继续存在。艾森豪威尔认为卡斯特罗政府是苏联的附庸,并带有一定的潜在的滋生共产主义势力的危险,为瓦解苏联在整个拉丁美洲的影响,建议肯尼迪继续物色领导古巴流亡政府的人选和制定入侵古巴的具体方案①。

肯尼迪上台后,基本上延续了艾森豪威尔政府时期的美国对古巴遏制政策,为了防止古巴革命向拉丁美洲扩散,准备武装颠覆卡斯特罗政府的步伐随即加快。

二、对中央情报局(CIA)计划的评估

肯尼迪 1961 年 1 月 20 日就任美国总统。肯尼迪上台后,他担心苏联在第三世界发动叛乱,肯尼迪召开的第一个国家安全委员会会议讨论了这个问题,发布的第二号国家安全行动备忘录(NSAM),指示国防部部长考虑如何加强反游击战能力。② 1 月 22 日参谋长联席会议(JCS)就向新政府介绍了中央情报局的古巴计划成员,参谋长联席会议主席莱姆尼兹将军向总统建议:时间对于在古巴反对美国起重要作用。在古巴卡斯特罗正加强政策控制古巴。1 月 28 日,以艾伦·杜勒斯为首的中央情报局再次向新任总统汇报了蓄谋已久的中央情报局竭力鼓吹的这个计划。七年以前,艾伦·杜勒斯曾策划过美国对危地马拉阿本斯政权类似的武装颠覆,并获得成功,现在认为古巴也可以照此办理,而且必须抓紧时间,不能拖延。理由是:

---

① Memorandum Prepared in the Central Intelligence Agency Doc. 22 *FRUS 1961—1963*, *Vol. X*, *Cuba* 1961—1962.

② 肯尼迪总统图书馆网站:www.Jfk:brary.org/images/nsam2.jpg.

（1）那些古巴人已经接受训练，焦躁不安，急于行动，已经难以控制，如果久置不用，必然滋事，而且4月以后危地马拉就会进入雨季，其基地将无法使用。

（2）危地马拉国内压力很大，不久就会不得不关闭这些基地。届时，这批古巴人如果还不能回古巴，就只好送到美国来。这样他们就会广为宣传、公开表示他们的不满。

（3）不久以后，古巴军队将取得苏联的装备，在苏联受训的古巴飞行员也将回到古巴；大批米格式飞机已经到达古巴。①

所以，中央情报局方面提出，最迟发动进攻的日期不得晚于1961年春天，否则古巴将更难对付，而那批古巴流亡分子对美国的不满情绪会日益强烈，也将更难驾驭。在会议期间国务卿腊斯克表示，如果肯尼迪政府支持公开的军事行动而没有得到美洲国家组织（OAS）的支持和批准，那么，美国在整个西半球的形势是处在严重的政治危险之中的。1月28日会议的结果，肯尼迪总统要求制定一个对现存推翻卡斯特罗政府计划评估，这是总统要求的几个评估方案的第一个。

1961年2月，肯尼迪通过国务院发言人林肯·怀特表明新政府对于美古关系的立场。怀特指出，美古斗争在古巴能够"自由决定其命运"之前不会停止，并指令执行计划。2月3日，肯尼迪总统下令中央情报局继续执行艾森豪威尔时期的"冥王星计划"。② 在随后的数月期间，肯尼迪与其顾问们数次开会讨论这一计划。肯尼迪无疑赞成采取非常措施推翻卡斯特罗政权，但不希望过多地暴露出美国的直接卷入，以避免造成舆论谴责美国武力干涉一个国家内政的口实。随着对这个计划的深入研究，肯尼迪发现了问题。国防部部

---

① Memorandum of Discussion Doc. 30 *FRUS 1961—1963*, *Vol.X Cuba.*
② *The New York Times*, June 13, 1961.

长麦克纳马拉和参谋长联席会议主席莱姆尼兹将军都同意对计划进行深入研究。同一天,参谋长联席会议向麦克纳马拉提出关于中央情报局准军事计划的军事评估,认为,"尽管计划中认为千里达岛海滩是完成陈述目标中的最好地区,但是,这次行动的成功应取决于当地古巴人的支持程度,这个因素应该是评估计划的一个重要问题。如果具有重要意义的对入侵部队的当地支持,能在最短两天之内得到发展,这个计划的执行,就有一个最终成功的公平的机会"。①

这份评估在2月8日被讨论,肯尼迪把焦点集中在与入侵计划相结合的后退选择。如果进攻行动在最初阶段不能使卡斯特罗退位,仍可使入侵者消失在伊斯西姆伯格山区,并加入当地游击组织中继续反对卡斯特罗。

肯尼迪在2月8日的会议上,既没从道德方面,也没有从外交上反对入侵计划,但是使事情处于等待状态。他同意鼓励在佛罗里达难民中的"军人团体"和"革命委员会",研究反卡斯特罗的可替换方案。但是决定在进一步研究时,不采取其他行动。② 有一点是清楚的,那就是肯尼迪认为那个具有威胁性的把美国拖入到公开的战争计划是不可行的。肯尼迪渴望看到卡斯特罗政权被推翻,他又不想面对美国的公开介入。不久,肯尼迪收到一系列要求迅速采取行动推翻卡斯特罗的报告,中央情报局给肯尼迪提供了两份备忘录,提出这样的问题:在古巴,时间在我们这边吗? 回答是"不"。卡斯特罗的立场日益强硬,他正在武装士兵,训练"安全力量"以保证对古巴

---

① Memorandum From the Joint Chiefs of Staff to Secretary of Defense Robert S.McNamara Doc. 35 *FRUS 1961—1963 Vol.X* ,*Cuba*.

② Welch, Richard E. *Response to Revolution* , *the United States and the Cuban Revolution* , University of North Carolina Press 1985,p.69.

日常生活的控制,虽然由于美国的制裁,他正经历一些经济困难,但是,是否会产生破坏他的政治控制的足够的反对派,还令人怀疑。卡斯特罗没有必要担心"反对古巴的有效的国际行动"。因为美洲国家组织的成员国有分歧,巴西、智利、墨西哥等国不情愿参加对古巴问题的集体行动。① 肯尼迪还收到了来自中央情报局每周情报报告的警告。卡斯特罗加速攻击国内反对派,古巴反革命力量正焦虑地等待外部的军事支持,古巴秘密反革命组织本身不能完成颠覆卡斯特罗的任务,但他们能够起到一个重要的辅助作用。② 2月底,参谋长联席会议派视察团前往危地马拉训练营进行视察,发现从军事设备、训练等方面都是值得肯定的,但后勤专家认为后勤准备不充分。③ 如果美国不亲自插手,雇佣军不可能战胜卡斯特罗的20万军队和民兵。而且卡斯特罗政权已经唤起古巴人民极大的革命热情,已得到大多数古巴人尤其是崇拜他的青年人的信任和支持。即使中产阶级对美国的干涉也不感兴趣,他们大都在观望。④ 针对这种形势,肯尼迪开始怀疑"计划"的可行性,已有放弃这次行动的心理,因此要求对入侵计划再次评估。

由于肯尼迪本人竞选时对选民许下的"援助""在古巴本岛以及流亡的非卡斯特罗力量"的诺言,迫使他不敢食言以引起公怒,影响

---

① Welch, Richard E., *Response to Revolution*, *the United States and the Cuban Revolution*, Sherman Kent memorandum to director of CIA, 27 January 1961, University of North Carolina Press, 1985, p.69.

② Welch, Richard E., *Response to Revolution*, *the United States and the Cuban Revolution*, University of North Carolina Press, 1985, p.70.

③ Memorandum From the Joint Chiefs of Staff to Secretary of Defense McNamara Doc. 56 *FRUS 1961—1963 Vol. X*, *Cuba*.

④ 施莱辛格:《一千天:约翰·菲·肯尼迪在白宫》,生活·读书·新知三联书店1981年版,第211页。

他的政治前途和声望。考虑到国内政治因素,肯尼迪认为如果不批准此计划,肯定会遭到共和党的攻击,说他破坏了原来共和党的计划,出卖了那些已经准备好"解放祖国,重返家园"的古巴人,放过了一个推翻卡斯特罗的机会。肯尼迪进退维谷,不得不铤而走险,做出强硬的姿态。当然美国军方上层的战争狂热也助长了肯尼迪这一倾向。参谋长联席会议主席莱姆尼兹和海军作战部部长阿利·柏克以及中央情报局负责人再三向肯尼迪保证,入侵一定能取得成功。国务卿腊斯克和国防部部长麦克纳马拉也表示了对该计划的支持。而且此时正值入侵者"士气"高涨,他们相信他们只是许多入侵队伍中的一支,并能得到所需要的一切援助。再者,中央情报局获悉古巴即将从苏联得到一批喷气式飞机。一旦飞机抵达将给登陆造成极大困难。这些因素促使美国政府做出迅速入侵古巴的决定。肯尼迪还提出另一个一定要搞下去的理由,就是那些古巴流亡人士已经甩不掉,美国要摆脱他们,"把他们扔到古巴,总比把他们留在美国好得多"。

其实这一计划的执行,在美国决策层内也存在着分歧。如总统顾问阿瑟·施莱辛格、助理国务卿切斯特·鲍尔斯和参议院外委会主席威廉·富布赖特提出不同意见。3月末的一次计划讨论中,国务卿腊斯克由于出席东南亚条约组织会议,改由代理国务卿鲍尔斯出席,当鲍尔斯听到猪湾计划时感到吃惊。3月31日,他递交给腊斯克的一份备忘录,强烈反对入侵,并且要求"如果腊斯克不同意他的看法的话,允许他把这件事上报给总统"。腊斯克要鲍尔斯放心,让他觉得这个计划已缩小成一种游击战式的渗入,并把这份备忘录归档了事。与此同时,参议员富布赖特于3月29日向肯尼迪递交了一份备忘录,他认为对古巴有两种可能实行的政策:要么推翻他,要么就容忍并且孤立他,实行前者势必违背美洲国家组织宪章的精神,甚至可能违背这个的宪章条例,也违背本半球签订的各项条约以及我们本国的联邦法律。这样做如果成功了,那么整个美国都将被斥为帝国主义的行径。在联合国也会给我们造成麻烦,还会使我们承担起在卡斯特罗被推翻后建设古巴的沉重责任。这样做如果看起来要失败,那么就可能诱导我们使用自己的武装力量;而如果我们这样做了,即使在薄薄的合法外表掩盖之下,我们三十年来企图把早年干涉别人的污名洗刷掉的努力也将付诸东流。① 富布赖特认为暗中支持这种活动是伪善的,因为美国经常在联合国和其他场合谴责苏联的这种行为。作为替代办法,富布赖特极力主张实行经济遏制政策,认为争取进步联盟计划已为本半球其他国家同卡斯特罗断绝关系提供了坚实的基础。施莱辛格在一份备忘录中也提到,强行干涉的方针将会毁掉美国的新形象,入侵活动将在法律和道义上受到谴责。但是他们意见未受到重视,古巴登陆计划的准备工作仍在如期进行。有鉴于此,肯尼迪要求再次修改计划,而且是一个美国很少明显帮助的计划。

在高强度压力下,中央情报局在 3 月 15 日,重新修订了该计划,并把目标定在一个人口稀少的古巴南部地沼泽地"猪湾"。目标是为了能有一个适合 B-26 轰炸机②的机场。这个计划依靠于在黑暗掩盖下,开始登陆,在黎明后的几个小时内完成。肯尼迪命令该计划在黎明前完成③,以使舰队能在黎明前撤出海岸。被修订的计划被命名为 Zapata(地名:萨帕塔沼泽地)。总统批准了这个修订计划,但

---

① Memorandum From the Joint Chiefs of Staff Doc. 80. *FRUS* 1961—1963 *Vol.* X, *Cuba*.

② 这些 B-26 型轰炸机是经过美国中央情报局油漆伪装的。之所以选用这种许多国家都拥有的老式、速度慢的第二次世界大战残剩物资,是因为中央情报局以为这样人们就不会认为它们是美国飞机。驾驶这些飞机的是古巴流亡者和美国出钱雇佣的志愿人员。

③ Memorandum From the Joint Chiefs of Staff to Defense McNamara Doc. 65 *FRUS* 1961—1963 *Vol.* X, *Cuba*.

保留直到登陆前 24 小时内有取消权。在肯尼迪建议下,3 月 22 日成立了由何塞·米罗·卡多那领导的"古巴革命委员会",这个组织的目标是打回古巴,推翻卡斯特罗。一旦入侵成功,将立即以这个组织为核心建立反对共产主义的自由主义的温和派政府。当时中央情报局还暗中制订了一个"第四十号行动"的绝密计划。根据这个计划一个任务是打算成立一个文职—军人政府,它将紧随入侵部队进入古巴,并在人们还没来得及弄清楚是怎么一回事前,就接管中央和地方各级政府。这个计划的另一个任务是暗杀那些妨碍他们行事的政治领袖。在混乱的战斗里,可以把这些受害者说成是共产党人。①与此同时,美国政府准备了一份为这一行动辩护的白皮书,主要说明美国"反对的不是古巴革命,而是使卡斯特罗断绝和国际共产主义运动的联系","渴望自由的古巴人民将继续为一个自由的古巴而奋斗"。当时,美国的不少刊物例如斯坦福大学的《拉丁美洲报道》及《纽约时报》《迈阿密先驱论坛报》等新闻媒体多次透露了美国正在危地马拉基地加紧训练古巴流亡者,实施入侵古巴行动的消息。

确定在猪湾登陆后,这个计划中的关键问题是,它既是美国一手策划,一手包办的,而美国又坚持不出面。美国在公开场合必须假装与此事无关。而那些古巴流亡分子都深信美国实际上决不会见死不救,在需要时会支持他们的。

4 月 7 日,参谋长联席会议向大西洋舰队总司令丹尼森发布命令,准备驱逐舰护航和空中巡逻,保护古巴远征军(CEF),准备航行到古巴。但驱逐舰将不被用于支持登陆行动,也不能在目标地区 20 英里之内靠近。古巴远征军必须独自战斗,仅有小部分的空军 B-26

---

① 戴维·霍罗威茨:《美国冷战时期的外交政策——从雅尔塔到越南》中译本,上海人民出版社 1974 年版,第 189 页。

轰炸机掩护,他们将从尼加拉瓜基地起飞支持登陆。入侵时间定为
4月17日,总统再次确保在登陆开始前24小时之内有取消权。①

三、猪湾登陆

4月3日国务院签署了由流亡分子"消灭"卡斯特罗,恢复"自由
制度"的白皮书,宣称卡斯特罗已经"背叛"古巴革命,并对整个西半
球形成威胁,因此古巴人民应该"为一个自由的古巴而奋斗",②公开
策动推翻古巴革命政府。4月4日,美国举行国家安全委员会会议,
总统、国务卿、国防部部长、财政部部长、参谋长联席会议主席、美国
国家安全事务助理以及中央情报局局长等参加。专门讨论与研究对
古巴采取军事行动的问题,会议围绕在雇佣兵登陆古巴时美国要不
要提供直接的军事援助以及如何有效提供各种支援进行讨论。美国
参议院外交委员会主席富布莱特持反对意见。

4月5日,肯尼迪又召集国务卿、国防部部长及中央情报局局长
会议,做出最后决定:美国军队不得介入,但可以由美国的古巴人驾
驶B-26飞机在登陆前进行两次空袭,其中一次是在入侵前两天,第
二次则定于入侵的当天上午。

4月12日,肯尼迪举行了记者招待会,保证美国军队在任何情
况下决不会插手推翻卡斯特罗政权,也不允许古巴流亡分子从美国
出发对古巴发动进攻,竭力把美国同古巴流亡分子的进攻拉开距离。
两天后的黎明,美国派遣了两架古巴也有的B-26型飞机用美国训
练的流亡古巴飞行员(实际上也有美国教练)驾驶,假装是叛变卡斯

---

① Discuss the Projected Zapata Operation Against Cuba Doc. 84 *FRUS 1961—1963 Vol. X*,*Cuba*.

② Editorial Note Doc. 79 *FRUS 1961—1963 Vol.X*,*Cuba*.

特罗的古巴飞行员,同时轰炸了哈瓦那、巴尼奥斯的圣安东尼奥和圣地亚哥的飞机场,目的是炸毁古巴飞机场和卡斯特罗总部。[①] 然而,古巴对空袭早有防备,正严阵以待。美国不仅损失了一架战斗机,而且还受到以苏联、中国和古巴为代表的世界舆论的强烈谴责。当时美国驻联合国代表史蒂文森正在就古巴对美战略意图的美国辩护。在全世界都知道是美国飞机轰炸了古巴的时候,他一口咬定是卡斯特罗的空军叛变,使美国在全世界面前成为说谎者而大丢其丑。在舆论压力下,原定的第二次空袭取消了。这样就使古巴政府保存了空中力量,增强了战斗力。

但是流亡分子入侵行动正在加紧进行。空袭后的第三天,美国海军把在危地马拉的雇佣军运送到古巴附近的猪湾地区,臭名昭著的猪湾入侵正式开始。4月17日凌晨,肯尼迪下达了执行猪湾登陆计划的命令。1400名古巴流亡者经过两年在美国中央情报局主持下的训练之后,全副美国装备,在美国策划和指使下,在美国飞机和军舰掩护下,乘美国运输船在预定地点古巴的拉斯维利亚斯省南部萨帕塔沼泽地吉隆滩(附近的海湾是"猪湾")登陆,美国飞机还空投了一批雇佣军。中央情报局雇用人员所驾驶的飞机予以掩护。雇佣军曾一度占领吉隆滩和长滩,并向北推进。企图推翻卡斯特罗政府,成立新的、美国支持的政府。但这支入侵武装遇到了早有准备的古巴部队的强有力的抵抗和反击,在短短的两天之内就被全部击溃。

四、猪湾事件的失败原因及评价

猪湾入侵的失败对肯尼迪总统是一个巨大的打击,几乎没人

---

① Memorandum for the Record Doc. 103 *FRUS 1961—1963 Vol.X*,*Cuba*.

对行动的细节进行分析。但有人称这次冒险行动是"一次完美的失败"①。4 月 22 日肯尼迪总统要求泰勒将军(已经从陆军参谋长退职)等人组成"泰勒研究小组",来调查失败的原因,并形成一份关于未来美国对于处理同类行动能力的建议。② 研究小组在 5 月 16 日会见肯尼迪总统,并交给他最初的报告,7 月 13 日交给总统一份正式报告,其结论是,总统对新闻界公开的声明对猪湾行动失败承担责任是矛盾的,这场失败事实上不是孤单的,有多种原因,小组认为,在这次行动变成肯尼迪政府的负担前,它就应该被艾森豪威尔政府或取消或改变成一个由国防部指导下的水陆两栖作战行动,当它被作为一个最好的计划而提出时,那些负责这个行动的人一直没有提出过充分的有力的明确理由。最后断定,华盛顿方面对卡斯特罗做出错误的估计,因而这次行动的冒险是错误的,而不是一个指挥官对战斗点的选择的错误。③ 在泰勒小组中对取消第二次空袭及情报的准确性存在很大的争议。当泰勒小组在进行猪湾失败原因的调查时,肯尼迪也对这次失败进行分析,他自己也认为猪湾登陆的决定和执行、计划和现实之间存在着很大的脱节。无论通过何种分析,1961 年 4 月古巴入侵都是一个失败的计划。猪湾入侵被定性为"太大而不能保住秘密,太小而不能成功"。④

猪湾入侵失败,肯尼迪继承了前任的行动计划,并不得不依靠其军事和外交政策顾问们。其失败有一种错误的判断:入侵会在古巴

---

① Welch, Richard E., *Response to Revolution, the United States and the Cuban Revolution*, University of North Carolina Press, 1985, p.77.

② Memorandum for the Record Doc. 151 *FRUS 1961—1963 Vol.X, Cuba*.

③ Memorandum. No. 3 From the Cuba Group to President Kennedy Doc. 233 *FRUS 1961—1963, Vol.X, Cuba*.

④ Welch, Richard E., *Response to Revolution, the United States and the Cuban Revolution*, University of North Carolina Press, 1985, p.84.

激起民众起义。熟知古巴政治现实的观察家们也不知道卡斯特罗远比美国中央情报局估计的更受欢迎。当时,在古巴卡斯特罗利用美国的经济封锁加强了古巴的团结和民族主义精神,巩固了古巴内部的凝聚力。猪湾入侵再一次加强了古巴人民对卡斯特罗政府的忠诚,破坏了古巴地下的反卡斯特罗组织。

猪湾事件后,推翻卡斯特罗政权的军事失败并不意味着美国放弃推翻卡斯特罗政府的目标,肯尼迪从这件事中吸取的教训是重新考虑美国对古巴的政策①。肯尼迪总统渴望一个新的途径来破坏卡斯特罗控制古巴,防止古巴革命扩散到拉丁美洲。5月5日国家安全委员会的一份报告《古巴和在西半球的共产主义》,记录了美国在猪湾失败之后,对古巴政策框架及其政策的基本目标。美国对古巴的政策目标还是促使卡斯特罗政权的灭亡。② 猪湾入侵后,美国政策的主要目标仍然是将卡斯特罗从古巴驱除,主要手段是秘密行动和禁运、孤立和限制古巴革命。孤立部分是削弱和颠覆古巴政府,部分是限制古巴革命对其他国家的影响。③ 为此美国不惜一切代价重新考虑推翻卡斯特罗政权的军事计划,1961年11月3日,美国批准了"猫鼬计划"(Operation Mongoose)军事行动计划。

猪湾事件,美国付出了高昂的代价,不但信誉扫地,外交上陷于被动,而且还在无形中加速了古巴新政权向社会主义阵营靠拢。总的来说,猪湾事件中美国的惨败是种种原因造成的。

---

① Morley,Morris, *Imperial State and Revolution:The United States and Cuba*,1952—1986,Cambridge University Press,1987,p.145.

② Notes of the 483 Meeting of National Security Counci NSC2420 America Policy to Cuba Doc. 204 *FRUS 1961—1963 Vol.X,Cuba.*

③ Brenner, Philip, *From Confrontation of Negotiation*, *U. S. Relations with Cuba*, Westview Press,1988,p.14.

首先,美国错误地估计了古巴所面临的经济和社会困难,发动的时机不对;

其次,美国对自己盲目乐观,而对对手则估计不足;

再次,尽管计划本身已经先天不足,但美国仍心存侥幸,没有进行很好的战前准备;

最后,从事件的发展看,美国由于战术情报失误,行动处处受制。

1959年古巴新政权成立后,美国视其为"异己",通过政治、经济、外交、宣传等渠道对其进行遏制,并且允许甚至策划小股古巴流亡分子依托美国为基地,频频对新政权进行骚扰和渗透,造成古巴社会动荡不安,经济几乎窒息,外交孤立无援,大批难民逃亡海外。基于此,诸如局长杜勒斯、负责计划行动处的副局长比斯尔等中央情报局的高级官员们认为:新政权不得人心,摇摇欲坠,入侵古巴时机已成熟,只要制订好入侵计划,部队一旦登陆,就会鼓舞古巴人民揭竿而起推翻卡斯特罗。尽管古巴困难重重,但卡斯特罗上台后采取的一系列改革措施符合了大多数古巴中下层人民的利益;他的反对者或身陷囹圄,或流亡国外,根本没有里应外合进行叛乱的可能性;另外新政权为了冲破美国的经济封锁,已于1960年初与苏联、东德等社会主义国家签订了经贸协定,摆脱了其对市场的依赖,经济形势逐步改观,外交逐渐向社会主义阵营倾斜。可以说,卡斯特罗事实上已基本牢固地掌握了政权,美国进行干涉的时机已逝。

在批准行动计划之初,肯尼迪就把该计划定性为准军事行动,即美国不公开干涉,美军不直接介入,只能由中央情报局幕后指挥。这样一来,与古巴正规军直接较量的只有那一支由中央情报局招募的古巴旅,这与古巴的武装力量相比,无异于以卵击石。因为古巴此时已拥有20万正规军和民兵,而古巴旅只有1400人,空中力量只有16

架二战时代的美制 B-26 轰炸机,没有战斗机护航,而古巴空军拥有千架 T-33 喷气式战斗机和英制"海神"战斗机。华盛顿对卡斯特罗做了错误的估计,忽略了卡斯特罗的空军,忘掉了他的 T-33 型飞机;从人员素质看,古巴的武装力量受过正规的军事训练;而古巴旅大部分成员是各类知识分子,军人出身的不满 1/10。

肯尼迪出于对美国外交战略的考虑,不愿为公开干涉古巴而背上沉重的政治包袱,损害其在拉丁美洲的外交利益和其"自由世界领袖"的名声。尽管肯尼迪入主白宫伊始,出于其欲有所作为和坚决反共的政治目的,批准了艾森豪威尔执政末期延续下来的由中央情报局策划的登陆行动。但他反复强调,在行动中,美军不得参与任何战斗行动;行动必须悄悄执行,美国政府可以否认与自己有关;必须引起对卡斯特罗的内部叛乱,并创立一个反对分子可以投奔的中心。这其实就为行动制订了总的原则和基本框架。

猪湾事件爆发后国际舆论对此反应强烈。苏联和其他社会主义国家当然强烈谴责美国,掀起大规模声援古巴的运动;拉丁美洲各国人民反美情绪高涨,纷纷举行示威游行;西欧对肯尼迪普遍失望,美国威望大大降低。猪湾事件是美国对拉丁美洲国家百余年来的侵略活动遭到的第一次惨败。美国在全世界面前大丢其脸,遭到广泛的强烈谴责。这是肯尼迪上台伊始批准的第一个重大对外行动,也是第一个重大挫折。猪湾战役的胜利使古巴新生的革命政权得以巩固。

对于这次失败美国政府内部及其谋士们事后进行了种种总结和检讨,但多在策略、情报分析、工作方法上做文章,很少对美国干涉一个主权国家从根本上提出疑问。而肯尼迪遭此失败后,则力图在其他方面表现强硬以挽回影响。

事后肯尼迪发表讲话承担了这次入侵失败的全部责任。4 月 20

日,肯尼迪对美国报纸编辑协会发表了一篇以"古巴的教训"为主题的声明。这篇声明一方面为美国的行为作掩护,仍强调猪湾事件是"古巴爱国者反对古巴独裁者的斗争",美国军队没有干涉。他说:"虽然我们不能期望隐藏住我们的热情,但我们再三清楚地表明,本国的武装部队将不以任何方式干涉。在没有对我们自己或一个盟国外部进攻情况下,任何美国单边干涉都是与我们的传统和我们的国际义务背道而驰。"肯尼迪的解释再次说明了美国对不干涉原则的"狭隘"理解。① 同时他又表明了决不放弃干涉古巴和阻止共产主义在西半球渗透的决心。肯尼迪又大唱高调,明确地把反对古巴列入在全世界反共事业的一部分。他说古巴虽小,不足以威胁美国的生存,但是其重要性在于它是一个"颠覆本半球其他自由国家的基地"。他耸人听闻地说,在"共产主义"威胁面前,"我们的安全可以在不放一枚导弹,不跨越任何边界的情况下,一块一块、一国一国地失去"。② 他还表示,对古巴的"克制不是无止境的","如果本半球的国家不能履行反对外来共产主义渗透的职责",那么美国将履行其义务,到那时,决不接受指责美国"干涉"的教训。③ 肯尼迪的讲话使人想起了杜鲁门发表"杜鲁门主义"的讲话,同样地视共产主义为洪水猛兽,同样地夸大渲染它的力量和对美国的威胁,而且强调同一个原则,就是只在反共名义下,美国就有权对他国进行任何形式的干涉。不过肯尼迪的声明主要指的是在西半球范围内。随后他下令对古巴实施全面贸易禁运,强使美洲国家组织开除古巴,同时加强了反卡斯

---

① President Kennedy Address Before the American Society of Newspaper Editors Doc. 158 *FRUS 1961—1963 Vol.X Cuba*.

② Under Secretary of State Bowles's Notes on Cabinet Meeting Doc. 159 *FRUS 1961—1963 Vol.X Cuba*.

③ *Public Papers of the Presidents of the United States:John F.Kennedy*,1962,p.306.

特罗的宣传,并且策划了一系列暗杀或伤害卡斯特罗的秘密行动。

虽然肯尼迪承担了全部责任,但他最关心的是在报界和国内政治中的影响。他也承认了美国在外交上的难堪。在联合国,美国代表团几乎毫不费力地推迟了古巴人支持的谴责美国侵略的解决方案的审议,但是,他努力将猪湾入侵的所有调查交给美洲国家组织和平委员会的努力并没有获得必要的多数票。最后的结果令肯尼迪政府不满,联合国大会通过了一个解决方案,规劝所有成员国"采取公开的行动来解决存在的紧张"。①

猪湾事件的一个结果就是加强了卡斯特罗的地位,卡斯特罗成功地挫败了入侵者,提高了他在拉丁美洲的地位,巩固了他在古巴的政权权力和权威。使古巴加快了革命的进程,促进了革命的彻底转变。在美国雇佣军入侵古巴前夕,1961 年 4 月 16 日,卡斯特罗发表演说,宣布古巴革命是社会主义性质的。他呼吁人民行动起来,准备随时打击美帝国主义的颠覆活动,同时宣布古巴正在进行着一场"由贫苦人进行的、为了贫苦人的社会主义民主革命"。

美国的军事干涉给古巴造成了很大困难,但不能消灭它,却使它更加反美。5 月 1 日,即猪湾事件刚刚结束之际,古巴正式宣布自己是社会主义国家。以后卡斯特罗又多次声称自己是马克思主义者,并积极寻求苏联保护。随着古美关系逐渐恶化,古苏关系则日益密切。猪湾事件后,古巴政府加快了组织建设、军队建设,进一步深入了经济改革,并公开任命了一些共产党员担任政府职务。1961 年 7 月 26 日,卡斯特罗提议把一切革命者组织起来,成立统一的革命组织。共产党员埃斯卡兰出面将古巴共产党、"三一三"革命指导委员会、"七

---

① *Department of State Current Documents* 21 April 1961 Document No. 103.

二六运动"等革命组织联合起来,成立古巴革命统一组织。12 月 2 日,
卡斯特罗发表演说,宣布自己终生是个"马克思列宁主义者"。

猪湾事件的另一个结果是强化了古苏关系,这正与美国的利益
和目标相反。苏联把卡斯特罗看成是永远的重要人物,卡斯特罗成
功地要求苏联增加援助,作为与美国敌对的手段。虽然苏联没有参
与对猪湾事件的反击,但苏联和卡斯特罗都从中受益。①

1963 年 5 月,古巴革命统一组织改名为古巴社会主义革命统一
组织。1965 年该组织改名为古巴共产党。1963 年 10 月,古巴土改
委下令,将拥有 167 英亩以上的私人地产收归国有,农业社会主义改
造基本完成。1962 年 12 月,通过购买方式将服装、纺织品、鞋和五
金等大中型企业收归国有,1968 年 3 月,古巴再次颁布法令,对全国
55636 家私人商业和手工业实行国有化,古巴工业国有化最终完成。
至此,古巴革命真正完成了由民族民主革命向社会主义革命的转变。

第二节　美国国防部的"猫鼬计划"
（Operation Mongoose）

一、"猫鼬计划"的提出

猪湾入侵后,肯尼迪决定对古巴执行比较谨慎的政策,他认为这
项政策的主要目的应该在于防止卡斯特罗的"共产主义颠覆活动"
在西半球蔓延开来,为此肯尼迪政府一面继续对卡斯特罗政权施加
压力,另一方面把他的希望都寄托于"猫鼬计划"军事行动上。它是

---

① Department of State, Current Documents 18 April 1961, Doc. 96 *FRUS 1961—1963 Vol. X, Cuba 1961—1962*.

1961 年末到 1962 年导弹危机前,美国对古巴军事遏制的重要部分。尽管"冥王星计划"彻底失败,但"冥王星计划"与其非常相似,它们都是在秘密中进行的。两者都是基于极大地反对卡斯特罗在古巴的领导地位并利用美国的优势为目的,两者最终目的都是推翻卡斯特罗政权,两者不同之处是"冥王星计划"是军事行动,而"猫鼬计划"是袭击古巴政府、蓄意对其经济进行破坏,同时采取直接军事力量在古巴发起反卡斯特罗的运动。

　　尽管猪湾登陆的惨败招致国内外不少人的批评,但是美国政府并未就此放弃对古巴的"秘密军事行动"。① 相反,这种图谋推翻卡斯特罗政权的努力加强了,早在猪湾登陆失败不久就开始了。1961 年 5 月 19 日,中央情报局就向肯尼迪总统提出一份计划"推翻卡斯特罗政府的秘密行动计划",这一计划的目的是要利用经济、政治和心理等方面攻击卡斯特罗政权,这一计划的任务是在军事上进行情报收集,对卡斯特罗政权进行蓄意破坏,支持当地的游击战等。② 6 月 13 日,泰勒小组给总统的报告中提到如果美国要想挫败卡斯特罗的阴谋,美国就必须扩展情报行动。③ 肯尼迪为此建立了对外情报咨询委员会,并将所有秘密军事行动从中央情报局转移到国防部。

　　1961 年 11 月 13 日肯尼迪批准了一项新的反对古巴的秘密行动计划"猫鼬计划"。这一计划包括:(1)在古巴地区获得较高级的情报;(2)通过其他政治、经济和隐秘的行动,在古巴引起叛乱,或发

---

① Memorandum from Secretary of Defense McNamara to Chairman of the Joint Chiefs of Staff Lemnitzer Doc. 160 *FRUS 1961—1963 Vol.X,Cuba.*

② Paper Prepared in the Central Intelligence Agency1 Doc. 223.*FRUS 1961—1963 Vol. X,Cuba.*

③ Memorandum No. 2 From the Cuba Study Group to President Kennedy Doc. 232 *FRUS 1961—1963 Vol.X,Cuba.*

展成为需要美国提供武力干涉的行动;(3)与美国公开的政策保持一致,极力减少美国的经济损失和名誉地位的下降;(4)继续进行中央情报局的行动计划和美国可能干涉的初步行动。这一计划的目标是要通过古巴流亡分子的"准军事行动",对卡斯特罗等领导人的暗杀,在古巴国内从事其他破坏活动等达到最终推翻卡斯特罗政权的目的。为了实施这一计划,重新组建一个特别小组(比 NSC5412 特别小组稍有扩大),其目的是监督秘密活动。肯尼迪任命泰勒将军为特别小组主席,罗伯特·肯尼迪是小组的主要活动力量,也是小组与总统之间的纽带。[1] 由于中央情报局所负责实施的"冥王星计划"使美国惨败,因此,这次是由美国国防部负责实施"猫鼬计划"。国防部的爱德华·兰斯德尔上校任总指挥,负责为该计划的执行提供必要的军事支持,并就执行情况向特别小组做不定期的汇报。

1961 年 12 月 1 日,总统召集国务院官员讨论"猫鼬计划",兰斯德尔报告说他已经考查所有这个项目的可获得的资源,并认为有相当大的积极的、有潜力、可获得资源,但有一个严重的问题,即在卡斯特罗政权之后未来的古巴达成一个协议的重要性,因此呼吁特别小组准备一个更有把握的长期计划。[2]

1962 年 1 月,兰斯德尔又提出在古巴建立一个政治行动组织有重要作用的建议。兰斯德尔注意到猪湾登陆失败后,削弱了在美国古巴抵抗运动的能力和目的、信心,他呼吁重新恢复那种信心。兰斯德尔设想,或是在古巴来自人民内部的叛乱或者来自领导组织的分裂,都可导致信心的加强,兰斯德尔认为这是一个主要的计划目标,他呼吁各机关包括国务院、政府、中央情报局等草拟计划,开始向这

---

[1] Editorial Note Doc. 270 *FRUS 1961—1963 Vol.X Cuba*.

[2] Draft Memorandum for the Record Doc. 280 *FRUS 1961—1963 Vol.X Cuba*.

个目标活动(在古巴挑起暴动)。①

2月20日,兰斯德尔发布了关于"猫鼬计划"的再次评估,他说时间正在远离我们,古巴人民感到无助,而且正在失去希望,因此他建议把原来计划的时间表提前。要求最初的计划应主要在3月,领导游击行动是在8—9月,而公开的暴乱是在10月以后,他再次强调,如果条件和资金允许在古巴完成暴乱,如果美国被要求支持暴乱,美国将迅速地扩大军事力量推翻卡斯特罗政权。② 这是肯尼迪政府在整个"猫鼬计划"中面临的基本问题。

二、"猫鼬计划"的实施

第一阶段:1962年3月,开始了"猫鼬计划"的第一阶段实施。3月14日,肯尼迪总统批准了"猫鼬计划"行动指导方针,确定美国在随后的几个月内的优先目标将是在目标地区的情报的获得,此后再根据情报结果对形势进行评估,再做下一阶段的计划。③ 美国设想在目标地区鼓励一次暴动,或是其他要求美国武装干涉的行动。尽管在指导方针上表明了这种态度,但总统一直没有决定美国是否使用军事力量推翻卡斯特罗政府。

3月21日,情报委员会发表了一份情报评估(NIE85-62)《在古巴的形势和前途》。这个情报评估认为:部分地区有积极的抵抗运动,但古巴政府拥有镇压权利,它有能力对目前的抵抗活动进行抑制。古巴大多数人民既不支持政府也不抵制它。他们有抱怨和不

---

① Memorandum Prepared in the Central Intelligence Agency for the Special Group Doc. 292 *FRUS 1961—1963 Vol.X*, *Cuba*.

② Program Review by the Chief of Operations, Operation Mongoose Doc. 304 *FRUS 1961—1963 Vol.X*, *Cuba*.

③ Program Review Doc. 309 *FRUS 1961—1963 Vol.X*, *Cuba*.

满,但在外表是消极的。① 为实施"猫鼬计划",中央情报局扩大了当初为执行"冥王星计划"而在迈阿密建立的指挥中心,这个中心建立在迈阿密大学南校区一幢具有殖民地建筑风格的大楼内,对外被说成是一家电子仪器厂。它的年预算资金超过了 5000 万美金,拥有3000 人以上的美国雇员,并掌握着几千名古巴流亡者。

兰斯德尔在 7 月 25 日给特别小组的一份备忘录中明确表示:"猫鼬计划"的第一阶段已经结束,号召进入第二阶段工作②。这份备忘录主要是对"猫鼬计划"的回顾,是第一阶段的行动报告的总结。在这份备忘录中他指出:

(1)情报方面。这一时期中央情报局承担了较高的情报任务,中央情报局总部及全体人员为了这一任务进行了有效的努力,建立了"加勒比海管理中心",目的是从拉丁美洲其他国家和欧洲收集古巴情报。尽管中央情报局作了最大的努力,然而在古巴的一些边远地区,那里的游击队不断出现,并且不断组织招募新成员,所有这些努力并未达到预期的目的,这种结果产生是由于社会制度的安全戒备措施所致。

(2)政治方面。美国派专门代表参与"猫鼬计划",开展所需的政治活动。在第一阶段,在政治方面作了两次努力:第一次,反击卡斯特罗共产主义者的"五一"宣传活动,第二次是对古巴政府 6 月的对卡地那斯军事镇压(古巴由于粮食供应不足进行的绝食游行),引起西半球内的强烈反响。美国要求驻拉丁美洲各国大使的帮助,做出特殊的努力,由于能力有限和受拉丁美洲各国国际态度的局限,在

① National Intelligence Estimate Doc. 315 *FRUS 1961—1963 Vol.X ,Cuba.*

② Mark J.White,*The Kennedys and Cuba:The Declassified Documentary History.*Ivan R.Dee,1999,p.123.

这两次活动中的影响几乎是负面的。另外,在美国的古巴难民问题是这一时期的主要目标所在,因为古巴难民已公开宣称,他们的目标是推翻哈瓦那共产主义政体,重新收回他们的祖国。美国政府公开支持他们,使他们继续留在美国,但要有限地参加秘密活动。在"古巴解放运动"中难民们刚刚开始他们的解放祖国运动,他们要为自己创造有利的政治环境,并发挥自己的能力。一切政治活动必须由古巴人民自己来完成。

（3）心理方面。"猫鼬计划"的心理战术利用了美国现行的任务分配制度,国家扮演政治角色,主持古巴心理战术小组。每周举行一次会议。美国新闻总署向美方新闻机构（美国之音）发布消息,包括非官方消息（在拉丁美洲已散发 500 万册关于古巴的卡通书刊）和上万册用西班牙文写的图书。然而,美国仍缺少有效地使古巴大部分人民获得信息的能力。在古巴很难收听到美国短波电台所广播的内容。美国中波广播对古巴信号很强,美国对古巴的中波广播将会导致美国商业广播对古巴的干涉,这种干涉是美国通过广播秘密发出的,这种广播形式仍处于初始阶段,要想使他们的消息在古巴人民中达到广为流传的程度还需要很长时间。在古巴境内用气球或飞机散播小册子和宣传资料,尚未得到同意。

（4）经济方面。美国对古巴的经济发展起决定作用,美国可以左右古巴经济。美国颁布了对古巴的禁运法令,拒绝提供船只、设备,提高港口安全及其运转,技术数据和海关检察中的控制程序。美国利用外交手段限制古巴与以色列、约旦、希腊及日本可能进行的谈判,并在美洲国家组织的第八次外长会议上建立了特别委员会研究扩大阻止和古巴进行贸易的其他项目的可行性和可取处。古巴经济处于窘境,缺少物资,受干旱影响,但由于与其他共产主义国家的商业往来,古巴经济仍缓慢前行,一些关键性物资到达了古巴,其中有来自英国和加拿大的船装货物,及在自由贸易区内租用的船只。这在古巴贸易中仍起决定作用。美国想要切断卡斯特罗生命线的希望还很渺茫。①

(5)游击队。中央情报局主要任务是估计古巴境内潜在的抵抗力量,并灵活地组织这些反抗力量。中央情报局已经通过将人员派遣到古巴乡村,通过船只送到海边驻扎等活动,开展建立小组计划。每一组的主要任务是在某一地区建立基地时如何存活下去。一旦能在这些地区存活,他们将开始对反对组织的潜在力量重新调查,新征入的人员的名单将被送到中央情报局核查。随着新增人员的加入,他们由小组在陆地上安排训练,然后继续这项调查,这是一项进程缓慢而且危险的工作。当时最大的希望是在 10 月初,能在所有抵抗地区都能成立小组,恶劣的天气、公海地区以及巡逻队员的增加,都会使小组的活动和船只的支援活动成为困难。

此外,兰斯德尔还就蓄意破坏、干涉计划、财力等方面逐一分析,并最后得出结论:在第一阶段结束时,情报搜集工作成绩并不明显。美国的忧虑很大,认为"猫鼬计划"的实施在很大程度上取决于古巴人民的愿望发生变化。为了更好实施第二阶段的计划,兰斯德尔向特别小组建议:美国方面有四种选择方案。

取消军事计划;视古巴为政治国;继续维持这一局面。

在美国没有公开使用雇佣军的前提下,使用所有外交的、经济的、心理的和其他压力以推翻卡斯特罗共产党政权。

美国有义务使用武力,使阶段性步骤取得成功,帮助古巴人民推

---

① Memorandum From Chief of Operations Lansdale to the Special Group Doc. 360 *FRUS 1961—1963 Vol.X , Cuba.*

翻卡斯特罗共产党政权。

使用挑拨手段,通过美国军事力量推翻卡斯特罗政权。①

第二阶段:由于兰斯德尔于7月25日的"猫鼬计划"第一阶段总结报告中,明确提出了第二阶段的四种选择,特别小组做出了反应,选择了第二种方案,要求在缺少美国军事干涉的情况下,采取所有行动破坏卡斯特罗政府。7月31日,此项计划被国防部和参谋长联席会议批准。8月8日,总统制定的"进入第二阶段的可行性报告"及8月14日制定的"第二阶段的替代品"构成了第二阶段主要设想。8月14日兰斯德尔对特别小组提供了第二阶段的基本轮廓。② 1962年夏,随着苏联军火进入古巴,美国中央情报局对苏联在古巴的利益进行评估,认为(1)苏联在古巴的最好的利益是在政治上,苏联想证明一种观念,即苏联可以使不发达国家摆脱帝国主义的支配,成功地让它们赢得独立。(2)苏联对古巴提供的经济援助,用来抵制美国期望的经济战,苏联的支持将阻碍美国借军事干预来推翻革命,(3)苏联认为古巴有价值,随着时间的流逝,苏联对古巴由防卫转入干涉,而且古巴被苏联当作军事基地,直接对抗美国的军事力量。③ 8月17日,泰勒小组向肯尼迪提出了第二阶段的指导方针,该方针首先回顾了特别小组在"猫鼬计划"第一阶段的成果,认为第一阶段主要目标是获得内部所需要的高科技情报,随之而来的是政治、经济、秘密行动。其中一部分用于激发古巴内部的骚乱。但特别

---

① Memorandum From Chief of Operations Lansdale to the Special Group Doc. 360 *FRUS 1961—1963 Vol.X,Cuba.*

② Memorandum of a Special Group(Augmented)Meeting on Mongoose Prepared by CIA Director McCone Doc. 374 *FRUS 1961—1963 Vol.X,Cuba.*

③ Memorandum From CIA Operation Officer for Operation Mongoose William K.Harvey and Acting Chairman of the Board of National Estimates Abbot Smith to Chief of Operations Lansdale Doc. 379 *FRUS 1961—1963 Vol.X,Cuba.*

小组认为这些信息不能被广泛用来正确评估古巴内部条件,可以看出通过内部手段而非直接使用军事力量是不可能颠覆一个政府的,以后将继续发布情报,企图尽可能地打击当地政府,无论是在经济上还是在政治上,"猫鼬计划"的第二阶段的指导方针是:

(1)一方面破坏和瓦解目标政权,另一方面要让其盟国孤立它。

(2)考虑到古巴国家经济增长缓慢,特别注意对其施加压力。

(3)优先权将给予情报收集部门,大量收集目标国家的正确信息情报。

(4)增加目标国家领导和集团间的摩擦,制造分裂。

(5)考虑其他拉丁美洲国家政府对"猫鼬计划"的支持行动。

(6)随时作好应付古巴发生叛乱的准备。①

8月31日兰斯德尔向特别小组再次提出第二阶段的行动方案:

第一,政治上,鼓励拉丁美洲国家及美洲国家组织安全理事会控制本国公民到古巴去旅游,限制古巴的宣传;第二,心理上,直接对苏联及其他在古巴的政治组织进行宣传,使他们对古巴的政策产生不满,美国之音也将继续在天鹅岛进行广播;第三,经济上,鼓励古巴人民进行适当的小范围的蓄意破坏,破坏古巴的工业命脉、公共事业、交通通信等,不鼓励古巴自由贸易,鼓励美洲国家组织特殊委员会进一步推出对古巴的贸易措施;第四,信息收集、招募新兵,训练有可能有合法身份的游客及第三国在古巴的居民;第五,准备制造叛乱,继续发展意外事故计划,建议保持必要的交流。②

---

① Memorandum From the President's Military Representative Maxwell Taylor to President Kennedy Doc. 380 *FRUS 1961——1963 Vol.X Cuba*.

② Memorandum From the Chief of Operations, Operation Lansdale to the Special Group Doc. 399 *FRUS 1961——1963 Vol.X , Cuba*.

根据"猫鼬计划",第二阶段任务,中央情报局多次制定方案图谋刺杀卡斯特罗。中央情报局还不断地策划破坏活动:向圣地亚哥、波多黎各和其他港口停靠的货船上的古巴食糖投毒,损坏开往古巴的货轮上的机器设备和零部件。古巴的道路桥梁、炼糖厂和油库等也经常遭到由古巴流亡分子组成的突击队的攻击,因为反卡斯特罗的一系列活动已经是有一定公开性质,在执行计划时中央情报局必须联合拉丁美洲各国、美国各州及许多部门,要求他们提供方便。实施"猫鼬计划"不仅使古巴与美国关系进一步恶化,同时促进了古巴与苏联关系的加强。

后来的事实证明,苏联在古巴部署导弹主要是苏联的战略利益所致,但是,如果不存在上述美国对古巴的威胁,卡斯特罗可能就不会同意苏联在古巴部署导弹。导弹危机开始,参与"猫鼬计划"的人也提出了他们的危机对策,国务院的古巴事务特别助理罗伯特·何魏奇建议由古巴流亡者驾机佯装袭击古巴炼糖厂,转道轰炸导弹基地。中央情报局官员比尔·哈维则提出派遣十个分别由六名古巴流亡分子组成的突击队去袭击导弹基地,甚至其中有三个已经到达古巴北部海岸。但是,慑于这种偷袭行动可能招致的可怕后果,罗伯特·肯尼迪加以了阻止。10 月 30 日,美国国家安全委员会命令停止所有"猫鼬计划"的活动。①

三、与"猫鼬计划"同时进行的"紧急情况计划"

猪湾入侵后,在与肯尼迪政府的对古巴的秘密军事行动"猫鼬

---

① Mark J.White,*The Kennedys and Cuba*, Memorandum for Attorney General Kennedy to Secretary of State Rusk Doc. 3 Part3 Before the Storm Autumn 1962, Lvan R.Dee 1999. p. 133.

计划"的同时,五角大楼也进行了应对古巴可能出现的特殊情况的
"紧急情况计划"。一般人们普遍把注意力集中在"猫鼬计划",而忽
视了国防部的军事行动。

据大西洋联合作战指挥部总司令(CINCLANT)的报告,在古巴
导弹危机前几周内,美国已准备了对古巴的两个主要的军事方案:空
袭或入侵,甚至也准备采取封锁的步骤。虽然这些文件标明"紧急
情况"计划,但是,它们清楚地表明肯尼迪政府准备选择军事打击卡
斯特罗,并且想要在 10 月末完成。① 政府不断研制对付古巴的军事
计划,这些计划与 1961 年末肯尼迪发起的"猫鼬计划"是相互协调
的。一份对于与"猫鼬计划"方案有联系的五角大楼措施的评论表
明:美国蓄意在古巴挑起事端,通过事端将会掩盖美国可能采取的
干涉。

猪湾入侵失败后,军方开始重新策划军事干涉。1961 年 6 月国
防部部长麦克纳马拉与参谋长联席会议开会,产生了一个由陆、空军
支持完成的大西洋军区司令部联合作战来承担的"迅速空袭"计划
(OPLAN312)或"真正入侵"计划(OPLAN314、OPLAN316)。②

1961 年秋,国内压力迫使肯尼迪总统加速准备对付紧急情况的
军事计划。1961 年 10 月 5 日,肯尼迪发布一个秘密指令,命令准备
实施推翻卡斯特罗计划。10 月末参谋长联席会议同意已经修改的
"军事行动计划"。③

1962 年 3 月份,参谋长联席会议发布命令向大西洋联合作战指

---

① Memorandum for the Record.Doc. 255 *FRUS 1961—1963* Vol.X.Cuba.

② James A.Nathan, *The Cuban Missile Crisis Revisited*, New York：St.Martins Press,
1992,pp.237-280.

③ James A.Nathan, *The Cuban Missile Crisis Revisited*, New York：St.Martins Press,
1992,pp.237-280.

挥司令部增派军队来执行"紧急情况计划"。① 国防部建立了一个古巴紧急情况计划工作组,由参谋长联席会议及国防部、中央情报局等组成,并指定一个全职人员与"猫鼬计划"进行联络(本杰明·哈里斯)。到 7 月末,哈里斯做出报告如下:(1)美国公开军事干涉古巴的紧急情况计划,是为了确保美国决定性的军事干涉能力,大西洋司令部总司令的常规紧急情况计划已被更新,正在试图减少执行这个计划所需要的反应时间。(2)替换美国公开武装干涉古巴的紧急情况计划。大西洋司令部已研制了一个可替换计划,该计划缩短了反应时间,但是需要军队逐一完成任务。为了降低这个行动中的风险,正在寻求削减反应时间,而不是逐一完成任务的方法。(3)空袭。这项计划后来被改为其执行是为了支持内部起义。②

在 1962 年苏联决定在古巴布置核导弹之前,美国针对古巴的军事准备在增长。苏联并不是毫无根据地怀疑美国一直考虑对卡斯特罗的军事打击。肯尼迪政府的敌意宣传,政治外交上孤立古巴的努力,以及"猫鼬计划"下的暗杀破坏和心理战,无疑引起了苏联的忧虑,另外,1962 年 4—5 月美国策划的大量的,引起公众广泛注意的军事演习,无意中加强了苏联领导人的担心:美国正在准备再一次入侵古巴。

第一个军事演习是从 1962 年 4 月 9 日到 24 日,涉及从北卡罗来纳州到加勒比海,包括 4 万名海军陆战队士兵和工作人员,成百的船只和飞机,代号为 Lantphibe1—62 的军事演习,这次演习以一万人

---

① Telegram From the Headquarters of the Commander in Chief, Atlantic to the Headquarters of the Commander in Chief, Atlantic Fleet. Doc. 306 *FRUS 1961—1963*, *Vol. X Cuba*.

② Memorandum From the Department of Defense Operations Officer for Operation Mongoose(Harris) to the Chief of Operations, Operation Mongoose (Lansdale) Doc. 358. *FRUS 1961—1963 Vol. X Cuba*.

的袭击力量在波多黎各登陆而结束。①

当第一次军事演习结束后,军方宣布另一次同样规模的军事演习(Quick kick)将在 5 月 7 日开始。② 与第一次一样,这一次也是由海、空军协调袭击。这些军事策略引起了苏联情报专家的认真研究,而且这些情报事实上强化了赫鲁晓夫和苏联军方的怀疑,怀疑美国对古巴的意图(1962 年春美国的军事演习引起了苏联在古巴部署导弹的决定)。

1962 年 8 月 23 号,肯尼迪政府的国家安全行动备忘录 181 号(NSAM181)给"猫鼬计划"和"紧急情况计划"以新的推动力。肯尼迪命令泰勒将军以最快的速度研究"猫鼬计划 B+"。这项计划需要美国的干涉以获得成功。③

肯尼迪 8 月 23 号的命令(NSAM181),要求国防部研制各种可替换的军事方案,在清除古巴的能对美国发射核袭击的设备所采取的方案。肯尼迪有双重目的,他一方面想继续"猫鼬计划",因为他明确表示,只有知道"猫鼬计划"的高级官员才能被指派起草"紧急情况计划"。另一方面他还想对增长的苏联对古巴的运输采取积极的反应。④

1962 年 9 月 7 日,大西洋司令部报告声明空军战略指挥部建立了一个策划组,以研究空中打击计划,其目标是实现完全摧毁古巴的

---

① *New York Times*,10 April,1962.

② *New York Times*, 29 April,1962.

③ National Security Action Memorandum No. 181 Doc. 386 *FRUS 1961—1963 Vol. X. Cuba.*

④ www.Jfk:brary.org/images/nsam181a\181b.jpg.

战时空中指令。① 在 9 月的最后一周,10 月的第一周,对古巴的军事行动的各种可替换方案的准备加速了,Oplan312 详述了空袭的指示说明;Oplan314、316 制定了大规模军事选择方案的要求,如全面入侵和占领古巴,入侵方案设想,海陆空军联合在古巴进行军事行动,同时水陆两栖和空中袭击哈瓦那……总之,美国军事力量会导致推翻卡斯特罗政府。②

1962 年 10 月 1 日,麦克纳马拉与参谋长联席会议开会讨论强化古巴"紧急情况计划",鉴于最新情报之后,空袭和入侵越来越被重视,并决定到 10 月 20 日达到"最大限度的准备空袭和入侵"。并命令舰队总司令为了执行大西洋司令部总司令的 Oplan312(空袭计划)采取所有可能的必要措施,来确保最大限度的准备,并命令做好必要的飞机、大炮和支持军需品的准备。③

10 月 1 日的会议最后也产生了一个决定,即由海军上将丹尼森做好对古巴封锁的准备。10 月 3 日丹尼森指挥他的下级做好封锁的准备。为了掩盖广泛的准备,丹尼森宣布:我们的部队正准备军事演习(PHIBRGIEX62)。一个大规模的两栖袭击演习给我们的加勒比海准备提供了一个掩护。④

PHIBRGIEX62 演习是 1962 年美国在大西洋地区第三个军事训练行动,时间定于 10 月 15 日,包括 7500 人的海军部队。1962 年 10

---

① Telegram From the Office of the Chief of Naval Operations to the Department of State Doc. 419 *FRUS 1961—1963 Vol.X.Cuba.*

② Telegram From the Headquarters of the Commander in Chief, Atlantic to the Headquarters of the Commander in Chief, Atlantic Fleet.Doc. 435 *FRUS 1961—1963 Vol.X.Cuba.*

③ Memorandum from Secretary of Defense McNamara to Chairman of the JCS Taylor Doc. 17 *The Kennedys And Cuba*,p.163.

④ James A.Nathan, *The Cuban Missile Crisis Revisited*, New York:St.Martins Press, 1992,pp.237-280.

月 2 日麦克纳马拉与军方领导人开会后,他向参谋长联席会议发出更坚决的命令,为执行任意一个或所有袭击古巴的紧急情况计划进一步强化准备。在麦克纳马拉的支持下,丹尼森于 10 月 6 日为执行军事行动计划 312、314 和 316,进行了最高状态的准备。参谋长联席会议也要求丹尼森扩大入侵古巴的紧急情况计划。

以上充分显示了在古巴导弹危机前,肯尼迪政府对改善美国对古巴采取公开、秘密行动的能力加强了。麦克纳马拉认为美国军事打击的目标:(1)清除在古巴的苏联武器体系对美国的安全威胁。(2)清除卡斯特罗政权,同时确保在古巴产生一个新的对古巴民族负责任的政权。

四、暗杀古巴领导人的计划

古巴革命胜利后,美国不仅对古巴在军事上进行入侵和威胁,在经济上进行孤立封锁,而且对古巴革命领导人经常施展恐怖暗杀手段。据美国参议院特别委员会的报告披露,从 1960 年至 1965 年,有中央情报局卷入的暗杀卡斯特罗的阴谋至少有如下几次,主要有:

1960 年 3 月至 8 月,中央情报局曾研制了一种准备向卡斯特罗经常发表电视演说的播音室里喷洒的化学药剂,这种药剂能产生类似迷魂药的作用,后因其效果不可靠而放弃这一计划。

1960 年 8 月 16 日,中央情报局医疗办公室行动处曾将一盒卡斯特罗平时最喜欢抽的那种雪茄给一名工作人员,指示他将烟进行剧毒处理。这名工作人员向雪茄里注射了肉毒杆菌毒素。1961 年 2 月 13 日,这盒烟被交给了一名没留姓名的人,但此人未能靠近卡斯特罗身边的工作人员。

卡斯特罗以长有一脸"大胡子"著称。为了破坏这一形象,中央情报局专门制订了一项计划。特工人员在卡斯特罗出国访问前,在卡斯特罗将要穿的皮鞋里撒上铊粉。铊粉是一种强脱毛剂,能使卡斯特罗的"大胡子"脱落。后因卡斯特罗临时因故取消这次出访,这项计划未能得逞。

1962年3月,中央情报局曾派人收买了卡斯特罗经常光顾的自由哈瓦那饭店的招待员,指使他在卡斯特罗喜欢吃的巧克力冰淇淋里下毒药。后因放在冰箱冷冻室的装有毒药的胶囊被弄破,毒药流出来没法再用了。

1963年初,中央情报局主管古巴秘密行动科制定了两项计划。一项计划是在卡斯特罗经常潜海捕鱼的水域放置一个带有爆炸装置的软体动物。另一项计划是在一件潜水服里喷洒可引起真菌皮肤病的真菌,并在潜水服的通气管里洒了结核杆菌,并设法将这件潜水服作为礼品送给卡斯特罗。

1965年初,中央情报局特制一只带有皮下注射针头的圆珠笔,针头蘸有毒剂,拟送给卡斯特罗。中央情报局特工向古巴持不同政见者提供一只带有望远瞄准器和消音器的来福枪和一只装有几枚炸弹的旅行箱,用来谋杀卡斯特罗。[1]

古巴革命后,尽管美国策划了多次暗杀卡斯特罗的阴谋,但都未能成功。这一方面说明这些暗杀阴谋不得人心,另一方面也充分证明了卡斯特罗政府的安全保卫部门尽职尽责和人民群众对他的拥护和爱戴。

---

[1]　[古]菲德尔·卡斯特罗:《在古巴共产党第一、二、三次全国代表大会上的中心报告》,第165—169页。

第三节 1961—1962 年美国禁运政策的形成

一、以立法为依托对古巴实施贸易禁运

猪湾入侵失败后,肯尼迪政府对古巴政策还是朝着遏制和消除卡斯特罗的目标前进。肯尼迪政府继承了艾森豪威尔政府的对古巴政策,连续在西半球孤立古巴、扼杀古巴经济、秘密进行对古巴的军事行动,并暗中破坏。他成功地将卡斯特罗驱逐出美洲安全体系之外,但是,他不能削弱卡斯特罗在古巴的领导地位。虽然苏古关系主要是在古巴导弹危机之后变得不愉快,但是肯尼迪时代,古巴对苏联和东欧国家的依赖增强了。古巴经济经历了外部依赖的新形式,它既没有窒息,也没有停滞。苏联在加勒比海的军事力量的加强,使这个地区的冷战形势也就固定下来。美国对古巴的遏制政策也需要经济制裁,尽力削弱古巴经济,从而减少卡斯特罗共产主义传播的危险。

肯尼迪为了扩大对古巴贸易和进口的限制,1961 年 1 月 30 日国会修改了 1951 的《共同防御援助管制法》即《巴特尔法案》,给予总统在运用经济手段时更大的自主权。[①] 根据修改的《巴特尔法案》凡是威胁美国国家安全的任何国家、国家集团输出美国禁运物品的国家,美国政府将全面停止对该国的经济援助、军事援助、财政援助。修改的《巴特尔法案》使政府在处理与共产主义国家贸易时有更大的灵活性,并把对古巴及中国的贸易看成是政治问题而不是贸易本

---

① *Foreign Relations of the United States, 1961—1963*, Volume IX Foreign Economic Policy, No 296.

身问题。① 1961 年 9 月美国国会通过了一项措施,禁止对古巴的任何援助,除非总统决定这样的援助是美国国家利益所在。② 这是关于古巴贸易禁运的第一个正式立法。1962 年 2 月 3 日,肯尼迪总统颁布第 3447 号行政命令,宣布禁止所有与古巴贸易,除了必需的食物和医药,对古巴实行贸易完全禁运。③ 肯尼迪一直到 1962 年 2 月才正式批准贸易禁运,因为直到那时肯尼迪的对古巴贸易禁运才获得国际支持。

1962 年 1 月 31 日,美洲国家组织投票表决将古巴排除在美洲国家体系之外。当时美国国务院正在考虑对古巴的经济制裁,美国财政部认为,传统的国际法和原则对美国单方面封锁古巴没有提供很多支持,因此,财政部建议白宫和国务院,对古巴经济禁运的决定能够基于法律。实际上,美洲国家组织将古巴驱逐出去后,美国对古巴禁运基本满足了这个前提条件。

美国根据《1949 年出口管制法案》,指示财政部部长执行对古巴进口贸易进行制裁,一周后,财政部制定了《古巴进口法规》,详细禁止所有起源于古巴的进口商品。财政部认为它管理贸易禁运或处理与古巴贸易问题的能力会被诉讼问题严重阻碍,因为立法缺少令人满意的调查和有关刑罚的条文,古巴专家会利用对外援助法案中的漏洞,除非更严肃地援引《与敌国贸易法案》(1917 年)。④ 国务卿腊斯克说,美国政府不愿制定更严厉的措施来强制执行禁运,因为那样

---

① 崔丕:《美国冷战战略与巴黎统筹委员会、中国委员会(1945—1994)》,东北师大出版社 2000 年版,第 385 页。

② *New York Times*,September 7,1961.

③ Donna Rich. Kaplowitz. *Anatomy of A Failed Embargo*, Lynne Rienner Publishers Inc. 1998,p.47.

④ US Code Title 50 Appendix Act Oct. 6,1917,Ch 106,40 Stat. 411

会与友国政府产生很多尖锐的矛盾,友国政府那时还缺少迅速遵从的立法来源。友国政府正在减少对古巴贸易的运输。国务院一开始对同意援引《与敌国贸易法案》犹豫不决,因为害怕以古巴为敌人会在拉丁美洲导致政治动乱,最后,财政部获胜,并在 1962 年 2 月,"与敌国贸易法案"被援引为《古巴贸易法规》的一部分,并用作禁运的法律依据。①

肯尼迪政府时期还采取了区别对待政策,在放松对苏联、东欧国家的出口管制的同时,肯尼迪政府却对古巴实行更为严格的出口管制。猪湾事件后美国立即终止对古巴的武器和一切作战物资的贸易,同时要求美洲国家组织成员国各自采取措施,把终止对古巴贸易扩大到其他项目,特别是战略物资。除粮食和药品外美国对古巴进行了全面的禁运,也禁止古巴货物进入美国。商务部在批准出口许可证的时候,要求出口商必须确保这些商品不运送到中国、朝鲜、北越和古巴。如果有证据证明批准的商品将运送到这些地区,将不批准出口许可证,并且要求出口商提供书面保证,这些产品不再被出口到上述地区。②

1962 年 3—9 月,美国对古巴禁运被系统的加强了,其中包括:

(1)禁止进口古巴产品,甚至部分起源于古巴的产品,无论产品在哪制造。

(2)依据关贸总协定相关条款,废除古巴贸易最惠国待遇。

(3)禁止美国港口向从事古巴贸易的中、苏集团的船只提供油

---

① Morley, Morris, *Imperial State and Revolution: The United States and Cuba*, 1952—1986, Cambridge University Press, 1987, p.195.

② *Foreign Relations of the United States*, 1961—1963, Volume IX: Foreign Economic Policy, No301.

料和补给。

（4）禁止美国旅游者将起源于古巴的产品带回美国。

（5）禁止古巴船只、飞机等获得储存在美国港口的石油。

（6）禁止在美国注册的船只向古巴运输美国禁运清单上的货物、美国军需品清单上的货物和原子能管制委员会清单上的项目。①

3月23日美国禁止向古巴进行汇兑，又把贸易禁运扩展到了从其他国家进口的包含有古巴原料的各种货物。1962年7月，肯尼迪政府修改了1949年出口管制法：扩大有重大经济意义和军事意义的产品和技术的管制范围；要求美国与盟国最大限度地合作，确立统一的贸易政策，加重对违反该法案的制裁等。9月，国务卿腊斯克要求北约国家的船只不要将商品运往古巴。1962年10月根据修改后的《巴特尔法案》，美国开始转向致力禁运的国际法规。12月22日肯尼迪政府决定对将商品运往古巴和将古巴商品运往国外的船只进行惩罚。②

二、说服美洲国家组织成员国及欧洲盟国支持美国对古巴的禁运政策

从美国对古巴禁运开始，美国就为其政策的实施寻求国际支持与合作。

猪湾事件失败之后，美国并不甘心失败，仍千方百计地孤立古巴并进而扼杀古巴革命。美国加强了在泛美体系中的反对古巴活动。

---

① Circular Telegram to all Latin America Posts Doc. 255 *FRUS 1961—1963 Vol. X*, *Cuba*.

② Donna Rich Kaplowitz, *Anatomy of A Failed Embargo*, Lynne Rienner Publishers Inc. 1998, p.49.

美国施加各种压力迫使美洲国家组织多数成员国(委内瑞拉、哥伦比亚、秘鲁、巴拉圭、危地马拉、尼加拉瓜、海地、萨尔瓦多、洪都拉斯、巴拿马和哥斯达黎加)同古巴断绝了外交关系,接着又召开美洲国家组织会议,企图强迫会议做出对古巴实行集体制裁的决定。

美国国务院在1961年10月和11月,先后指使秘鲁和哥伦比亚代表在美洲国家组织理事会中两次提出议案,要求根据里约热内卢条约第6条规定,召开美洲国家外长协商会议,来讨论古巴局势"对西半球和平的威胁"问题,以制造集体干涉古巴的借口。在拉丁美洲一些重要国家的反对下,提案曾经两度推迟表决。但在美国强大压力下,1961年12月4日美洲国家组织理事会会议通过了哥伦比亚的提案。在表决这一提案时,古巴和墨西哥投票反对,巴西、厄瓜多尔、玻利维亚、智利和阿根廷弃权。

第8次美洲国家外长协商会议于1962年1月22日至31日在埃斯特角举行①。美国根据1947年的里约热内卢条约(美洲国家间互助条约)和1948年的美洲国家组织宪章所规定的"当一个成员国受到武力攻击或他的独立与主权受到颠覆性的攻击时,可以采取集体行动""由于国际共产主义反民主的性质和干涉主义的倾向,它的政治行为与拉丁美洲的自由概念不相容",美国认为中苏集团在古巴成功地实行了一种颠覆性的干涉政策,因此,卡斯特罗政府威胁到了拉丁美洲的和平。会上,美国国务卿腊斯克在发言中要求参加会议各国"采取行动"以实现以下4个目标:

(1)宣布古巴政府"同泛美体系的宗旨和原则不相容";

(2)把古巴完全排除在美洲国家组织及其各项机构之外;

---

① A. G. Mezerik, *Cuba and United States*, Vol. Ⅱ, International Review Service Inc. 1963, p.136.

（3）停止拉丁美洲国家同古巴之间的贸易往来，特别是军火的贸易和运输；

（4）要求在泛美防务委员会下设一个特别机构，向美洲各国政府提出"单独的或集体的措施"以对古巴采取进一步军事干涉行动。

然而，由于一些重要国家的反对，美国的目的并未完全达到。会议通过的9项决议中，最重要的是关于把古巴排除在泛美体系的决议，其主要内容是：

（1）任何美洲国家组织成员依附马克思列宁主义都是与泛美主义不相容的，这样的一个政府与共产党集团的联系破坏本半球的团结一致。

（2）古巴现政府已经正式声明自己是一个马克思列宁主义的政府，它与泛美体系的原则和宗旨是不相容的。

（3）由于这种不相容的情况，古巴现政府不得参加泛美体系。

（4）美洲国家组织理事会和泛美体系的其他机构和组织应立即采取必要的措施来实施这项决定。

美国将古巴开除出美洲国家组织并不顺利，直到美国威胁从那些反对美国解决方案的国家中撤回进步联盟的资金，它才获得了必要的票数。[1] 美国既想把古巴开除出美洲国家组织，又想对古巴实施美洲国家组织的集体制裁。由于巴西、墨西哥、智利等拉丁美洲国家的反对，美国提出的包括美洲国家组织全体成员国同古巴断绝外交关系的"集体制裁"计划未获通过。在表决这项决议时，美国费了很大的劲才凑够三分之二的票数14票，除古巴投反对票外，有6票弃权，分别是：阿根廷、巴西、玻利维亚、智利、厄瓜多尔和墨西哥。会

---

① Morley，Morris，*Imperial State and Revolution：The United States and Cuba*，*1952—1986*，Cambridge University Press，1987，pp.155—158.

议通过了把古巴排除出泛美体系并对古巴实行武器禁运等项决定。美国国务卿腊斯克认为这次会议是美国外交的胜利,是其孤立古巴政策的胜利。卡斯特罗政权已被正式确认为"与拉丁美洲内部体系的目标和原则不相容"。[①] 然而,对古巴的孤立是不完整的,因为几个拉丁美洲国家仍与哈瓦那保持外交联系,美国政府在 1962 年 1 月后对美洲国家组织已失去信任,不再把它作为推进古巴政策的工具。把第 8 届美洲国家外长协商会议同第 7 届美洲国家外长协商会议相比,可以看出,美国通过美洲国家组织对古巴施加压力大大升级了,在政治、经济、军事等各方面采取公开具体的反古措施。

为了对埃斯特角会议进行反击,古巴人民于 1962 年 2 月 4 日发表了第二个《哈瓦那宣言》。宣言对美国的帝国主义侵略政策进行了详尽和深刻的揭露,对埃斯特角会议通过开除古巴的决议进行了猛烈的抨击。宣言强调指出,"古巴能够给予并且已经给予各国人民的是它的榜样"。宣言号召各国人民起来进行革命斗争,"所有革命者的任务是进行革命"。

随着 1962 年 1 月美洲国家组织认为古巴与国际共产主义运动的公开结合,它将被排除在美洲国家内部体系之外,一个月后,拉丁美洲自由贸易协会(LAFTA)也将古巴开除。

继美洲国家组织和拉丁美洲自由贸易协会开除古巴之后,美国又开始压制欧洲盟国支持美国对古巴采取禁运政策,虽然拉丁美洲组织的支持是美国将禁运国际化的关键因素,但是历届美国政府都更加重视与北约的合作。因为拉丁美洲各国与美国是相互依赖的关系,普遍尊重美国的要求,而北约国家则对美国存在很大怀疑。开

---

① Department of State, *Bulletin* 46, 19 February 1962, p.270.

始,美国用外交程序来阻止北约国家与古巴的交易,不成功后美国政府采取了严厉的步骤来遏制欧洲国家参与古巴贸易,美国经常对个别国家进行谴责,偶尔美国也会要求北约理事会来惩罚禁运违反者,无论它们是否是北约成员。1962 年 2 月 5 日国务卿腊斯克明确暗示:美国欢迎欧洲盟国支持美国遏制古巴。由于不见明显的反应。国务院顾问沃尔特·罗斯托亲自来到欧洲要求北大西洋公约组织常设理事会在制定对古巴政策时,考虑美国的决定,盟国被要求禁止与古巴在战略原料上的贸易同时普遍降低与古巴的贸易额。① 罗斯托欧洲之行并不成功。英国外交部 2 月 21 日宣布在限制英国同古巴贸易方面,英国不想采取任何新的措施。② 美国的压力收到了部分效果,西欧国家几乎停止了向古巴出口军事战略物资,但非军事战略物资的出口仍照常进行。

美国的经济压力使卡斯特罗政府与苏联的关系更为密切,1962年前六个月苏联与古巴之间的贸易额就达 3 亿 5000 万美元,1962 年 7 月古巴国防部部长劳尔·卡斯特罗访问苏联,与赫鲁晓夫进行了会谈,并签订一系列协定,"从 7 月底苏联的秘密军事技术部队和大量导弹构件来到古巴,16 艘客货轮运来 3000—5000 名苏联技术人员,8 月继续有苏联军火和技术人员运到"。③

面对苏联向古巴提供军火、技术专家和训练古巴武装人员的威胁,美国加紧对北约成员国施加压力,减少与古巴的货运问题。美国

---

① Donna Rich Kaplowitz, *Anatomy of A Failed Embargo*, Lynne Rienner Publishers Inc. 1998, p.60.

② A. G. Mezerik, *Cuba and United States*, Vol. Ⅱ, International Review Service Inc. 1963, p.22.

③ Public Papers of the President of the United States, *John. F. Kennedy*, *U. S. G. P. O.*, Washington, D.C., 1962, p.638.

对北约成员国对古巴的货运问题非常反感,1962 年 1 月到 8 月间,挂着希腊、英国、西德、挪威、意大利和丹麦这些北大西洋公约组织成员国旗帜的 300 艘船只分别开往古巴各个港口,总计近 400 航次。① 据说一家英国油船公司的 20 艘油船大部分同苏联订立了航运契约,如果没有他们把黑海石油运到古巴,古巴的经济就要搁浅,美国要说服北约盟国减少其对古巴的货运,几次都没完全成功。1962 年 9 月美国强迫北约盟国进一步孤立古巴,提出:

(1)不允许特许向苏联运送物资的商船再向古巴运送货物;

(2)禁止利用他们的国家向古巴间接运送美国禁运的货物;

(3)禁止出口对古巴有战略、经济、军事价值的项目;

(4)禁止向古巴扩展商业贷款。②

1962 年 9 月初,希腊、丹麦、土耳其、西德等国家同意劝它们的航运公司不要参与同古巴的贸易,而挪威政府拒绝干预此事,但是,10 月 2 日,挪威船舶所有人协会劝告它的成员不要把他们的船只开往古巴。英国则是更加抗拒,它的舆论和报纸对于美国的古巴政策是否明智表示怀疑。③ 这时,10 月 4 日美国国务院宣布,美国正在研究进一步限制自由世界与古巴之间的贸易措施,这些措施包括:禁止曾同古巴贸易的外国船只运送美国政府保证供应的货物;禁止美国船只同古巴进行贸易;任何在苏联集团港口和古巴之间继续航行的船只不允许进入美国港口;任何国家如其船只向古巴运送了军火,则

---

① A. G. Mezerik, *Cuba and United States*, Vol. Ⅱ, International Review Service Inc. 1963, p.63.

② *New York Times*, September 8, 1962.

③ A. G. Mezerik, *Cuba and United States*, Vol. Ⅱ, International Review Service Inc. 1963, p.22.

其所有船舶不许进入美国港口。① 10 月 10 日,英国在美国的压力下,外交部发言人宣布,尽管英国政府在现行法律下无权干涉商业合同,船舶所有者自己要决定,鉴于美国人的这种态度,是否值得冒着风险同共产主义集团国家签订商约。②

　　总之,在美国的压力下,西方国家完全停止了对古巴出口军事战略物资,输向古巴的非军事战略物资和从事对古巴贸易的西方国家船只也减少了。美国对古巴部分地达到了其经济封锁的目的,但是,西方国家的情况各不相同,它们听命于美国的程度并不一致,古巴尽量利用它们的分歧,以减少自己的孤立。

三、古巴对美国禁运的反应

　　毫无疑问,美国对古巴人民越来越苛刻的经济制裁措施确实给古巴经济带来了很大损失,然而,美国决策者们精心策划的进攻性政策却不知不觉地使卡斯特罗受益。有迹象表明,甚至在禁运发起前,在重整古巴人民对其经济改革政策的支持时,古巴政府就试图将美国说成是一个威胁。古巴政府团结公众舆论的努力一直是古巴国内政策成功的一面。禁运被熟练地用来解释古巴所面临的经济困难。例如卡斯特罗在 1962 年 2 月 4 日的哈瓦那的一个群众大会上发表讲话,他预言拉丁美洲即将发生一场革命,从事革命的是这个水深火热的大陆上由革命的工人和知识分子组织和领导的农民。卡斯特罗再次谴责美国计划对古巴进行侵略,并痛斥美洲国家组织是"美国

---

　　① Foreign Relations of the United States, 1961—1963, Volume IX: Foreign Economic Policy No. 296.

　　② D.C.瓦特:《国际事务概览 1962 年》,上海译文出版社 1983 年版,第 65 页。

的殖民地部"。① 2 月 22 日古巴向安理会控诉美国正在向他们进行侵略威胁,并唆使美洲国家组织的其他成员国对古巴采取非法行动。3 月 8 日古巴又在安理会控诉美国,要求安理会向国际法院提出关于美洲国家组织是否拥有排除古巴的宪法权利的问题。在两次安理会的表决中古巴的提议均告失败。

随着美国的欧洲盟国及拉丁美洲组织参与向古巴施加经济压力,古巴日益恶化的经济地位在不断下降的贸易数字上反映出来。美国与古巴的贸易从 1958 年的 10 亿美元下降到 1962 年前 6 个月的 37.8 万美元。英国对古巴的出口从 700 万英镑降到 130 万英镑;拉丁美洲的贸易从 8200 万美元下降到 2000 万美元。加拿大在同一时期从 2700 万美元降到了 700 万美元以下。卡斯特罗被迫实行粮食和肥皂的定量供应。② 卡斯特罗声明,消费品的短缺是由于美国对古巴残酷的经济封锁。在 1962 年 7 月的一次会议上,卡斯特罗说古巴面临唯一的危险是美国武装部队的直接入侵。然后他宣布定量供应将会扩展到生活用品。

古巴人民善于接受其政府的反美宣传,尤其是在古巴革命的初期,他们急于为他们的问题找到一个外部替罪羊,美国正好提供了那个替罪羊,尤其是禁运的实施,美国成为古巴人民团结起来共同对抗的一个敌人。

美国有些学者也批评禁运政策,美国新闻报道都承认禁运给卡斯特罗政府提供了群众支持。《芝加哥论坛报》的一篇文章指出"对卡斯特罗来说他不断地攻击'帝国主义者',既是一场个人圣战,也

---

① *New York Times*,February 8,1962.

② Donna Rich Kaplowitz,*Anatomy of A Failed Embargo*, Lynne Rienner Publishers Inc. 1998,p.49.

是提供其声望的关键,甚至美国禁运被看成是度过灾难的民族力量的源泉"。①

1992 年美国陆军学院发表一篇关于古巴的报道,集中说明禁运的反作用:美国政策作用适得其反,并且是使卡斯特罗掌权的因素之一,卡斯特罗极善于玩"对抗游戏",这些年来在操纵"美国佬威胁"来动员古巴人民方面,他一直很成功。实际上,无论是共和党政府还是民主党政府其政策的连续性使卡斯特罗始终处于在民族主义的幌子下,重复地让他受益。②

第四节　争取进步联盟计划

一、争取进步联盟计划的提出

争取进步联盟计划是肯尼迪执政后在拉丁美洲地区推行的一种政策,肯尼迪就任美国总统前,拉丁美洲各国的民族主义运动方兴未艾,反美情结日渐高涨,艾森豪威尔政府已经提出了政策调整的计划,并且部分付诸实践,例如:1960 年 7 月艾森豪威尔政府的援助拉丁美洲国家的 5 亿美元计划,这是一项援助拉丁美洲国家经济发展计划,目的是改善拉丁美洲国家生活水平和加强整个拉丁美洲地区的民主政体,并规定这个计划的实施排除古巴,因为它与美国的敌对

---

① Donna Rich Kaplowitz, *Anatomy of A Failed Embargo*, Lynne Rienner Publishers Inc. 1998,p.51.

② Ibid p. 51, U. S. Congress, House Committee on Foreign Affairs. April 2, 1992 (statement distributed at hearing),p.4.

运动,"除非它改变它的道路"。① 这一计划被认为是争取进步联盟计划的前身。因此,争取进步联盟计划是在前任政府政策调查基础上提出的一种更为巧妙和更为完整的计划。

肯尼迪上台后,为了缓和美国和拉丁美洲之间的尖锐矛盾,争取多数拉丁美洲国家对美国政策支持,必须考虑拉丁美洲地区所实际存在的如经济发展、民主化等问题。但是,防止古巴革命在拉丁美洲地区的蔓延则是这一计划的主要原因,这些是争取进步联盟提出的主要因素。古巴革命胜利后,打破了西半球意识形态铁板一块,向美国的地区霸权主义发出了第一个挑战的信号。其他拉丁美洲国家不是不存在着卡斯特罗革命的基础,阿根廷总统弗朗迪西在争取进步联盟提出之前就警告美国:"卡斯特罗并不是根本问题。铲除卡斯特罗并不能解决根本问题。需要加以打击的是产生卡斯特罗的条件。即使铲除了卡斯特罗,而这些条件却原封不动的话,新的卡斯特罗还会在整个大陆上到处冒出来。"②肯尼迪在一次私下谈话中说:"我深信是我们自己一手造成了卡斯特罗运动,从播下他的最初的种子开始。我也深信这些积累起来的错误已危及整个拉丁美洲。争取进步联盟的整个目的就是要扭转这个致命的错误。"③就美国政府而言,如何阻止第二个古巴在拉丁美洲地区的出现和按照美国欲要的变革模式进行,是他当时十分忧虑的一个问题。美国政府也认识到,拉丁美洲的变革不可避免,美国的政策必须将保证这种变革通过

---

① A. G. Mezerik, *Cuba and United States*, Vol. VI International Review Service Inc. 1963, p.26.

② Mark T. Gilderhus, *The Second Century: US—Latin American Relations since 1889*, Scholarly Resources Inc, p.171.

③ 戴维·霍罗威茨:《美国冷战时期的外交政策——从雅尔塔到越南》,上海人民出版社 1974 年版,第 194 页。

渐变而不是通过革命来实现,争取进步联盟就是在这种认识的基础上提出的。

1960年10月,肯尼迪在一次总统竞选演说中首次提到争取进步联盟,他说:"西半球的全体人民—南美洲和北美洲人,美国和拉丁美洲各个国家都团结在一个争取进步的联盟中。"争取进步联盟作为美国欲要奉行的一项政策正式提出则到了肯尼迪入主白宫之后。1961年3月13日,拉丁美洲国家的外交使团会集在白宫东厅,肯尼迪发表讲话,提出在拉丁美洲组织"争取进步联盟"。他在讲话中概括了这一政策的目的:"我们建议完成美洲的革命,建成一个所有人希望获得适当的生活标准和所有人都能过着体面和自由生活的西半球。为了达到这一目的,政治自由必须伴随着物质进步……这种政治自由必须与社会改革同时并举,因为如果包括税收和土地改革的必需社会改革没有大刀阔斧地进行,……我们的联盟,我们的革命,我们的自由将会成为泡影。让我们再次把美洲大陆变成革命思想和斗争的巨大熔炉。"后来,担任拉丁美洲事务特别顾问的阿道夫·伯利说:"这是为把目前正在拉丁美洲进行的革命的导向正确方向并阻止其为中苏集团所操纵而制订的计划。"肯尼迪提出争取进步联盟计划后,立刻向国会递交了一份特别咨文,要求对该计划予以拨款,同时派出政府许多要员到拉丁美洲国家游说,以获得拉丁美洲国家对这一计划的支持与合作。

二、争取进步联盟计划的实施

肯尼迪上台后,3月13日提出了建立争取进步联盟计划。肯尼迪认为争取进步联盟计划可以使拉丁美洲的注意力从猪湾事件中转移到经济发展上来,用发展经济防止卡斯特罗革命的扩散。参议院对外关系委员会认为,"如果反卡斯特罗力量迅速地、完全地崩溃,明智的政策是削减我们的损失,将注意力集中在争取进步联盟,作为唯一的、看得见的平衡物"。① 国务卿腊斯克也认为作为防止共产主义向拉丁美洲渗透的盾牌,争取进步联盟是与本半球共产主义势力对抗的基本措施。② 8 月 5 日到 17 日,泛美经济与社会理事会部长级特别会议在乌拉圭的埃斯特角召开,会议通过《埃斯特角宪章》,提出了争取进步联盟在实施后要达到的 12 个目标,这 12 个目标实际上就是拉丁美洲地区,当时迫切需要解决的问题。埃斯特角会议决定在 10 年的内筹集 1000 亿美元的资金以执行争取进步联盟计划。1000 亿美元筹集分配如下:"拉丁美洲国家通过公共和私人投资提供 80%。另外 10% 将来自欧洲国家和日本的私人资本。美国政府保证在 10 年期间每年投放 10 亿美元于这一地区。"美国还保证自争取进步联盟宣布之日起,"将立即为拉丁美洲经济和社会进步捐款 10 亿美元,其中大多数归入国际开发银行的托管基金"。拉丁美洲国家的代表在会上不仅同意接受绝大多数资金,而且同意进行某些基本改革,如改变土地占有和使用的不合理制度,改革现行税法,建立公正合理的税收结构等。③ 美国和拉丁美洲国家在这次会议上 就拉丁美洲地区未来 10 年的发展基本达成一致意见。因此这次会议后不久,拉丁美洲许多国家相继宣布接受会议通过的文件,争取进步联盟计划开始在西半球大规模地付诸实行。古巴虽然出席了埃斯特角会议,却被排除在联盟之外,以后也未能得到这一联盟的发

---

① Welch, Richard E., *Response to Revolution*, *the United States and the Cuban Revolution*, University of North Carolina Press 1985, p.92.

② Department of State, *Current Documents* 19 *June* 1961 Doc. 140, p.372.

③ A. G. Mezerik, *Cuba and United States*, Vol. VI International Review Service Inc. 1963, pp.132—135.

展基金。

美国主要通过国际复兴和发展银行、泛美开发银行、进出口银行和国际开发署等机构来执行争取进步联盟计划。从 1961—1962 年,由于肯尼迪的推动,争取进步联盟计划的执行情况还算顺利,但已经暴露出许多问题,1963 年 11 月肯尼迪遇刺身亡后,这一计划的实施开始从高潮趋向低落。约翰逊政府发动越南战争,经费开支巨大,相应地削弱了原来对拉丁美洲地区承诺的援助金额。尼克松上台后,在全球范围内实行收缩政策,争取进步联盟计划正式放弃。

总的来说,"争取进步联盟"政策是以失败而告终的,失败的原因是多方面的。西方学者认为有如下一些因素:拉丁美洲人口增长过快,抵消了发展经济的努力;这个地区经济基础太薄弱,美国的援助犹如杯水车薪;政治局势不稳定,吓跑了外国私人资本;中产阶级软弱、自私,没有发挥美国所期望的积极作用;一些拉丁美洲国家的政府对美国的动机持怀疑态度,担心美国是在推行经济帝国主义;等等。上述原因虽然都不同程度地起了作用,但造成"争取进步联盟"失败的根本原因,首先是这个计划本身的局限性,这种局限性是由肯尼迪提出这个计划的真实目的所决定的。肯尼迪的目的是想通过某种改革,来阻止古巴革命向拉丁美洲扩展,并非真正发展拉丁美洲国家的经济。其次是"争取进步联盟"既遭到拉丁美洲广大人民群众的反对,又遭到了在拉丁美洲拥有巨大经济利益的美国联合果品公司等跨国垄断资本的反对,特别是遭到了拉丁美洲大庄园主、大资本家和军人的抵制。

"争取进步联盟"虽然以失败而告终,但在初期,美国也达到了部分目的,例如,在宣传上和外交上,肯尼迪政府取得了一定成效。"争取进步联盟"的提出和推行,暂时缓和美国同拉丁美洲各国之间的矛盾,稳定了美国在西半球的阵脚,使美国能够拉拢一些拉丁美洲国家政府反对古巴革命,于1962年1月把古巴开除出美洲国家组织等。肯尼迪政府还利用拉丁美洲出现的对美国较为有利的政治形势,在1962年秋天的古巴导弹危机中,挡回了苏联在拉丁美洲地区对美国霸权提出的一次严重挑战,从而暂时稳定了美国在拉丁美洲开始动摇的霸主地位。

肯尼迪提出的争取进步联盟计划是美国战后对拉丁美洲政策的一次重大调整,肯尼迪政府确信进步联盟计划是其拉丁美洲政策的主要特征,但在本质上它也是其古巴政策的重要组成部分。虽然它与直接的内政干涉和经济渗透相比,无疑是一种进步。但这一政策,实质仍然是从美国的经济立场出发,为实现这一时期美国在西半球利益服务的。它采取的形式主要以美国的经济援助为主,在不太损害美国现行利益而有助于长远利益实现的基本前提下在拉丁美洲地区进行的一些有限的社会改良。虽然争取进步联盟在执行之初对缓和拉丁美洲国家的反美情绪起了一定的抑制作用,更重要的是我们应该看到争取进步联盟计划通过经济援助缓和拉丁美洲国家反美情绪,把它们紧紧地束缚在以美国为首的泛美体系之内,共同对付苏联在西半球的挑战,防止古巴革命向其他国家蔓延。

猪湾事件后到1962年10月古巴导弹危机前,美国为实现其遏制古巴的政策,实施了颠覆卡斯特罗政权的三条路线方案:从1961年4月到1962年10月美国指导了对古巴的贸易禁运;中央情报局发动了其历史上最大的秘密军事行动;美国政府仔细调整措施以增加与美国合作的国家。三条方案的实施并没有达到消灭卡斯特罗的目的,反而使古巴对苏联更加依赖,同时也加深了卡斯特罗政府对美国入侵古巴,扼杀古巴革命的恐惧,使古巴对苏联寻求更多的经济、军事援助。

第四章 古巴导弹危机:美国对古巴遏制政策的最终形成

第一节 古巴导弹危机

一、古巴导弹被发现

1962 年夏季和秋季,加勒比海的局势更为恶化。古巴沿海周围有多艘美国军舰在游弋、巡逻。古巴上空则有美国的 U-2 高空侦察机在侦察和监视。4 月下旬,美军还在加勒比海进行了大规模的军事演习。苏联和古巴的情报机构还获悉,美国征召了 15 万预备役军人,并允许古巴的流亡者参加美国的军队。此外,如前所述,在 1962 年 1 月底,五角大楼和中央情报局已经制订了旨在削弱和彻底推翻菲德尔·卡斯特罗政权的"猫鼬计划"。自 1962 年起,美、古特务针对古巴道路、桥梁、炼糖厂的破坏活动层出不穷。国会两院也通过联合决议,声称将继续援引门罗主义,准备在必要时刻以武力防止对西半球的所谓颠覆和侵略。美国媒体也发表了许多激烈地攻击古巴的文章,甚至公开讨论推翻卡斯特罗政权需要多少军队(结论是需要六个师)。总之,种种迹象都使苏、古两国毫不怀疑地认为,一场针对古巴的全面侵略将要开始。

如果说,美国人担心古巴将其他拉丁美洲国家引向社会主义,因此决不容忍社会主义古巴政权的存在,那么,苏联恰恰相信,它不能失去"作为一个社会主义国家而存在"的古巴,不能失去这个其他拉丁美洲国家的"现实榜样",不能丢失苏联在美国"后院"取得的这一战略基地。

为了"建立一种具体有效的遏制办法来对付美国对加勒比海的干涉",赫鲁晓夫决定采取"一些决定性的步骤来保卫古巴"①。合乎逻辑的选择就是在古巴部署导弹——既能对付美国入侵古巴的威胁,又可以在西方谋求战略均势的角逐中发挥作用。美国用军事基地包围了苏联,苏联的导弹却始终远离美国本土;苏联在古巴部署导弹,显然可以改变这种严重失衡的状况。赫鲁晓夫认为,在美国察觉之前将导弹部署在古巴,就会迫使美国不得不顾及对卡斯特罗"采取轻率的军事行动"将会造成的严重后果;即使美国采取了先发制人的打击,苏联在古巴的导弹也不会全部被摧毁,只要能保留 1/4 或 1/10,或者只留下一二个大的导弹,苏联还可以用这些力量袭击美国——"我们仍旧能够击中纽约,而纽约势将所剩无几"②。另外,赫鲁晓夫对肯尼迪的轻视也促成了苏联的这一冒险行动。他认为肯尼迪年轻、有知识,但没有经验,还不足以果断地处理危机或铤而走险。因此,在古巴部署导弹完全符合了赫鲁晓夫设想的"一种既能对付美国威胁又能避免战争的行动方针"。

实际上,1962 年 4 月,当赫鲁晓夫在保加利亚海滨胜地瓦尔那休假时,他就产生了上述想法。"在这段时间里,在古巴设置导弹的

---

① 扬存堂:《美苏冷战的一次极限——加勒比海导弹危机》,广西师范大学出版社 2002 年版,第 11 页。

② 《赫鲁晓夫回忆录》,东方出版社 1988 年版,第 698 页。

想法逐渐在我心中成熟起来。从保加利亚回到莫斯科后，我继续考虑此事的可能性。"①4 月底他首先同米高扬探讨了在古巴部署导弹的可能性，5 月初又与国防部部长马利诺夫斯基、外交部部长葛罗米柯等少数人进行了商议。随后，苏共中央主席团成员及驻哈瓦那大使亚历山大·阿列克谢耶夫等人就此事进行了正式的讨论，并取得了共识。5 月中旬谢尔盖·比留佐夫元帅在阿列克谢耶夫及几位导弹专家的陪同下，前往古巴向卡斯特罗通报了苏联在古巴部署导弹的建议。卡斯特罗表示，此举"是一个非常冒险的行动"，"我们可能是和美帝国主义摊牌的第一个受害者"；"但是，如果做出这个决定对社会主义阵营来说是十分必要的，我想我们会同意把苏联导弹部署在我们这个岛上"。②

6 月，古巴国防部部长劳尔·卡斯特罗及政府要员切·格瓦拉相继到苏联进行工作访问。在同赫鲁晓夫等人进行商谈后，他们与苏联国防部部长马利诺夫斯基元帅草签了关于在古巴部署苏联导弹的秘密条约。由于不久之后即由此引起了一场危机，这项条约并未得到双方正式签署和批准。它规定苏联在古巴部署地对空导弹和中程弹道导弹，并供应古巴伊尔-28 型轰炸机③。1962 年 6 月古巴国防部部长劳尔·卡斯特罗访问苏联，要求更多的军援。接着，赫鲁晓夫采取冒险主义政策，以保卫古巴为名，开始向古巴运送导弹，于是，苏美之间开始了一场核赌博。

从 1962 年 7 月到美国实施封锁之前，负责向古巴运送军备人员和物资的 80 多艘船只，经过伪装后从不同港口向古巴航行了 100 多

---

① 《赫鲁晓夫回忆录》，东方出版社 1988 年版，第 699 页。
② ［苏］阿纳托利·多勃雷宁：《信赖》，世界知识出版社 1997 年版，第 81 页。
③ 《赫鲁晓夫回忆录》，第 700 页。

次。大体可分两个阶段：

第一阶段,从7月到9月初,军火包括坦克、大炮、米格-21战斗机、地对空导弹(萨姆导弹);军事人员已达到4000人左右。不过苏联在此阶段运送武器表明,这仍然是一项旨在防御的计划,主要是为了改进古巴的防空力量和海岸防御力量。①

第二阶段,从9月初开始,苏联开始"秘密而迅速地"运送进攻性武器。9月2日,苏联与古巴发表联合公报,宣布苏联将向古巴提供武器和军事教官。9月8日、9月15日两艘苏联货船"奥姆斯克"号和"波尔塔瓦"号先后抵达哈瓦那,运来了第一批进攻性武器。以后,这类武器逐渐增加。其中包括:中程弹道导弹、能够携带核弹的伊尔-28型轰炸机及辅助设备。苏联对古巴的军运一直处于严格的保密之中。运送导弹的舰只以及担任保卫的特遣舰队也不知道航行的目的地。苏联国内的许多重要官员及外交机构都被蒙在鼓里,政府中也只限于10—15人了解此事,即使担任驻美大使的多勃雷宁和常驻联合国代表瓦列里安·佐林,也对此毫不知情。

然而美国人对苏古军事合作始终怀有高度的警惕。从1962年8月起,苏联军事装备及人员不断地进入古巴的问题成为白宫"一系列会议和汇报"的主题。在"猫鼬计划"中能够感觉到由于存在苏联急速向古巴提供军事舰队的迹象。② 在8月10日,特别小组会议上,中央情报局局长麦科恩表示了他的忧虑,他认为苏联在古巴的投

---

① [美]马克斯韦尔·泰勒:《剑与犁——泰勒回忆录》,商务印书馆1981年版,第337—338页。

② Memorandum for the Fole Doc. 382 *FRUS 1961—1963*, *Vol. X Cuba*. Memorandum From the President's Special Assistant to the President's Special Assistant for National Security Affaire(Bundy) Doc. 383 *FRUS 1961—1963 Vol. X. Cuba*. Memorandum From the Director of the Bureau of Intelligence and Research to Acting Secretary of State Ball Doc. 390.

资将是建立中程导弹基地。①

8月23日肯尼迪发布一系列政策指令作为对苏联在古巴建设军事基地的回应。认为：

（1）我们与北约联盟必须团结一致，尤其是在卡斯特罗服从于苏联这一新的证据之下，我们要采取紧急一致行动来限制他国与古巴的经济合作。

（2）"猫鼬计划"的方案应与时俱进。

（3）对于在古巴建设基地所引发的政治、军事、心理上的冲击需要准备一份分析报告（包括：地对空导弹和可能达到美国的导弹）

（4）要求国防部制定一个研究报告，关于我们将不允许一个可能会从古巴发射核弹来攻击美国军事基地的建议。② 从这里我们可以看出，从8月份开始，肯尼迪政府已经开始关注苏联对古巴运送武器的问题，另外它还要求从有利条件和不利条件，通过一项封锁、袭击或除了猫鼬行动之外的行动计划，以解放古巴的行动。③

尽管美国政府内部进行一系列的有关苏古军事基地建设的讨论，但是美国始终没有怀疑赫鲁晓夫对美国的承诺，认为苏联不会在古巴部署导弹的原因有三点：

（1）在1959年就开始出现了大量的有关苏联在古巴部署进攻性导弹的传闻和报道，但是经过核实，它们都是失真的，毫无根据的，当时情报的来源主要是难民。

（2）肯尼迪政府中有人相信古巴导弹传闻只是一些共和党议员

---

① Editorial Note Doc. 371 *FRUS 1961—1963 Vol.X Cuba*.

② *National Security Action Memorandum* No. 181 Doc. 386 *FRUS 1961—1963 Vol. X. Cuba*.

③ Memorandum of Meeting with President Kennedy, Doc. 385 *FRUS 1961—1963 Vol.X*. National Security No. 181 Doc. 386.

如基廷、巴里·戈德华等人用来进行政治煽动的口实。如基廷曾在
8月31日参议院的会议上宣称:进攻性导弹已经安置在古巴,要求
肯尼迪立即采取有力的报复行动,并谴责任何以"柏林交换古巴"的
企图。① 为此,9月13日肯尼迪总统在一次记者招待会上宣称美国
"不能根据未经证实的传闻和报道或是某一位国会议员拒绝告诉我
们他是从什么地方听到的东西,来决定战争与和平的问题……要说
服我们的盟国和我们并肩行动……要使自由世界和平与安全冒风
险,我们根据可靠的情报来行动"。②

　　(3)苏联的掩盖活动蒙蔽了美国的视线。首先,苏联从7月初
运送武器,9月2日才与古巴发表向其提供武器的联合公报。其次,
9月6日赫鲁晓夫给肯尼迪的信中明确表示:"在美国国会选举以
前,我们将不采取任何可能使国际形势复杂化的或加剧我们两国之
间紧张关系的步骤……只要对方不采取任何会改变现状的行动。"③
9月12日苏联报刊又刊登了《塔斯社声明》,直接否认向古巴运送可
携带核弹头的导弹的必要性。9月18日赫鲁晓夫强调苏联的清白
无辜,指责美国对苏联驶向古巴的船只进行检查。

　　美国对苏联的政策分析使美国确信苏联不敢在古巴部署导弹。
因为在此之前苏联从未在领土之外(包括东欧、中国)部署过导弹,
这些地方对苏联更有军事价值。肯尼迪政府始终认为苏联在向古巴
提供防御性武器,这既可达到帮助古巴提高国防能力,又不会导致美
国的反感。

────────────

① Mark J. White, *The Kennedys and Cuba*, Ivan R. Dee, 1999, p. 145. *Comments by Senator Kenneth B. Keating in the U.S. Senate* Doc. 8, part 3.
② Presidential News Conference Doc. 429 *FRUS 1961—1963 Vol. X. Cuba.*
③ [美]西奥多·索伦森:《肯尼迪》,上海译文出版社1981年版,第507页。

尽管如此,美国还是严密地监视苏联向古巴运送军火的进展,中央情报局建立了对古巴高空侦察每月两次制度。8月29日美国U-2高空侦察机发现了正在建造中的萨姆型地对空导弹发射场。[1] 9月4日肯尼迪总统提出警告,认为古巴引进进攻性武器将对美国是严重的威胁。[2] 10月14日,U-2侦察机首次提供在古巴确有苏联进攻性中程导弹存在的摄影证据。当时,苏联在公开场合一直否认在古巴拥有任何进攻性武器。10月15日经专家分析鉴定,对冲洗出来的胶卷予以肯定。10月16日早晨汇报到美国总统处。据说这些苏联中程导弹射程1100海里,从华盛顿到达拉斯都在其射程内,还包括美国所有战略空军基地。[3] 10月16日,肯尼迪总统成立由他最依赖的人士和国务院、国防部、中央情报局、司法部、财政部等有关部门组成的国家安全委员会执行委员会(ExComm执委会)开始研究对策,应付危机。其中包括国务卿迪安·腊斯克、国防部部长罗伯特·麦克纳马拉、中央情报局局长约翰·麦科恩、财政部部长道格拉斯·狄龙、总统国家安全事务助理麦乔治·邦迪、参谋长联席会议主席马克斯·泰勒将军、副国务卿乔治·鲍尔、负责拉丁美洲事务的助理国务卿爱德华·马丁、总统特别顾问索伦森、驻联合国大使史蒂文森等。根据中央情报局的估计,苏联设在古巴的导弹基地还需10天才能使用。美国政府还有一周的时间研究对策。肯尼迪要求执委会的讨论必须绝对保密,在导弹基地可以使用之前采取一种周密部署的行动,给苏联造成出其不意的威胁。

---

[1]　Editorial Note Doc. 395. *FRUS 1961—1963 Vol.X Cuba.*

[2]　News Conferce at the White House with Press Secretary Pierre Salirger Doc. 411 *FRUS 1961—1963*, *Vol.X Cuba.*

[3]　Editorial Note. Doc. 16 *FRUS 1961—1963*, *Vol.XI*, *Cuban Missile Crisis and Aftermath.*

对肯尼迪政府而言,从得知这一消息开始,古巴导弹危机便开始了。[1]

二、发现古巴导弹后美国的对策

10月16日国家安全委员会的执委会开始工作。对苏联在古巴导弹问题进行了紧急磋商,分析了苏联在古巴部署导弹的五点动机:[2]

(1)冷战策略。赫鲁晓夫想利用在古巴的导弹扼住美国的咽喉,以求在西柏林问题和美国海外基地问题上占据有利地位。

(2)转移注意力。苏联在古巴的行动是想引诱美国出兵,引起国际社会对美国的不满。

(3)为了保卫古巴。古巴是苏联在西半球的卫星国,在苏联推行对外扩张政策以及对抗中国等方面都具有特殊的价值。

(4)讨价还价的筹码。苏联利用古巴问题当作与肯尼迪进行交易的筹码,迫使美国同意签订对苏有利的柏林协定或撤出在苏联周围的海外基地。

(5)显示导弹实力。在古巴部署中程导弹无疑是一种可以弥补与美国之间存在的导弹差距最有效方法。

在上述五种分析之中,肯尼迪认为第一种可能最接近事实。执委会在讨论中最先决定必须对苏联在古巴的行动做出坚决的反应,迫使苏联撤出在古巴的导弹。这不仅是由于对这一部署完成后美苏

---

① 马克斯韦尔·泰勒将古巴导弹危机最严重的13天分两个阶段:第一阶段从10月16日到22日总统发表讲话为止,为白宫悄悄进行的"秘密危机"阶段;第二阶段从总统讲话到10月28日赫鲁晓夫同意撤走一切进攻性武器为止,为"国际危机"阶段。

② Transcript of a Meeting at the White House Doc. 18 *FRUS 1961—1963.Vol.XI.*

战略态势可能发生的变化担忧,而且是出于对美国国内的政治反应的考虑。

在猪湾事件中,美国的失败形象并没有对肯尼迪本人有太多的影响,但却成了共和党抨击民主党政府态度软弱的借口。倘若这次肯尼迪政府再无所作为的话,那就不仅会有损他在政府成员中的威信,削弱他在国会里的信誉,激起公众对他的不信任,助长政府内部不满分子抨击他所有政策,而且还有可能再搞一次"猪湾事件"。因此肯尼迪政府为了适应国际、国内需要,必须采取行动。

在 10 月 16—17 日期间,执委会对各种可能的行动方案进行了全面的讨论。第一,"执委会"对苏联的动机进行了猜测。从公布的材料来看,"执委会"当时提出三种看法:参谋长联席会议主席泰勒将军认为苏联在古巴设置导弹的目的在于增强苏联的战略力量,这样它会拥有更多直接威胁美国本土的导弹,国防部部长麦克纳马拉认为,除非苏联想警告美国它会同时使用全部导弹打击美国,否则,导弹运到古巴与在其本土没有多大差别。他提出赫鲁晓夫的主要意图在于柏林问题,因为这一问题是苏美近两年来斗争的焦点,邦迪提出第三个观点,他认为土耳其导弹基地问题是赫鲁晓夫的主要目的所在。他是想让美国品尝一直在其眼皮底下设置导弹的滋味,正如苏联已经感受到的土耳其导弹基地的威胁一样。① 但是,有一点执委会成员的认识是一致的,即他们都认为苏联这一行为的意图只是在于威慑美国,以便得到最大的政治、外交利益。

第二,探索外交途径解决危机。在 16 日的会议上,尽管"执委会"的主要精力放在军事行动方面,但他们对外交途径亦进行了不

---

① Memorandum for the File Doc. 23 *FRUS 1961—1963.Vol.XI Cuban Missile Crisis and Aftermath.*

懈的探讨,国务卿腊斯克提出两条外交途径。① 其一,联合"北约"和美洲国家组织,通过"盟国"的力量向苏联施加压力,但肯尼迪认为"盟国"不会很快作出反应,如果他们相互推诿,浪费时间,会使苏联趁机建成导弹基地,造成既成事实,那样问题就复杂化了。其二,与卡斯特罗单独联系,向他说明苏联的用意不在于"保卫"古巴,而是为了获取它在柏林或者其他地方的自身利益,如果卡斯特罗接受建议,美国会取得一箭双雕之利,既可撤除古巴的导弹基地,又可使刚刚建立起来的苏古关系破裂,但是,肯尼迪认为这个建议几乎没有可考虑的余地。

新任驻法大使查理·波伦在赴巴黎之前晋见了肯尼迪,他认为空袭不会"就像预料的那样对其基地进行单一的迅速的处理",而会导致与古巴的全面战争,苏联不可能袖手旁观,这样很可能导致世界大战,因此,他建议肯尼迪在对古巴采取军事行动之前先用外交手段与苏联秘密会谈,向赫鲁晓夫说清楚"我们不是开玩笑"。波伦的建议未被采纳,因为没有人能确保在与苏联会谈时,苏联会停止或拆除在古巴的导弹基地。与此同时,美国驻联合国大使史蒂文森又提出另一条外交途径,他建议美国与苏联交换军事基地。肯尼迪首先反对,认为这不是交换基地的时候,除非苏联撤除在古巴的导弹基地,否则美国不会单方面做出让步。②

通过对各种外交途径的讨论,肯尼迪对单纯的外交方式已不感兴趣,考虑到国内政治方面的要求和国际方面的影响,他认为进行一

---

① *The Kennedy and Cuba*, Memorandum of Excomm Meeting Doc. 3 Part 4 The Missile Crisis.

② Mark J.White, *The Kennedys and Cuba*, Memorandum of ExComm Meeting Doc. 3 Part 4 The Missile Crisis, Ivan R.Dee 1999, p.173.

次军事行动对他个人利益和美国国家利益都有利。因此,作决定放弃寻求外交途径解决。

第三,对军事措施的选择。外交途径搁浅后,"执委会"开始考虑采取何种军事行动。对此,"执委会"中分成"鹰派"和"鸽派"两种意见。"鹰派"的军事行动计划包括"外科手术式"空袭、大规模轰炸以及空袭与入侵相结合。"鸽派"主张实行海上封锁措施。最初,"鹰派"占了上风。10月16日,"执委会"会议伊始,麦克纳马拉和泰勒提出大规模轰炸建议,提出袭击导弹基地、飞机场和那些隐蔽的飞机以及任何可能的核储藏地,必要时还可两栖入侵。泰勒强调,袭击一定要取得100%的胜利。副总统林登·约翰逊积极支持泰勒的观点,他甚至主张采用"阻截飞机、轮船、潜艇及其他装备的措施"。这一建议很快遭到反对,邦迪认为大规模轰炸会杀死许多人和无辜的古巴人,引起苏联的核报复。因此,"外科手术式"空袭是十分必要的,它既能实现美国的基本目标——消除古巴导弹基地,又不至于引起苏联报复的巨大危险。17日,迪安·艾奇逊被召进执委会参加讨论,他强烈要求实行"有限的"空袭计划,认为这样既能消除导弹基地,又能实现最低限度的死亡,避免与苏联的核战争,李梅将军坚决反对"外科手术式"空袭计划。他认为,古巴拥有萨姆基地,要取得空袭的彻底胜利比较困难,美国空袭时很可能会受到反击,造成飞机和人员伤亡,而"有限"轰炸不能保证消灭苏联在古巴的全部军事力量,为此,他提出采取大规模轰炸与地面部队相结合的计划,但他没有考虑到大规模轰炸带来的后果以及苏联可能作出的进一步的反应。在口头争论时,一位"鹰派"成员承认苏联可能会对美国的袭击作出反应。肯尼迪问题道:"那时我们怎么办?"答曰:"按照北大西洋公约,我们有责任摧毁苏联本土上的一处核导弹基地。"肯尼迪接着反问："那时他们会怎么办?"答曰："噢,那时我们希望双方冷静下来进行对话。"①

　　认识到大规模轰炸的代价和空袭计划的危险后,执委会开始反对"鹰派"观点。这时,"鸽派"的建议受到重视,副国务卿乔治·鲍尔首先提到封锁计划,他说,空袭"与珍珠港事件相似……进行突然袭击……并不是结束,而是开始"。罗伯特·肯尼迪率先支持这一意见。在他的影响下,邦迪和麦克纳马拉等也趋于实行海上封锁。经过两天讨论,执委会大部分成员不再支持"鹰派"计划,转向了更具灵活性的海上封锁计划。最后提出六种可选方案。② (1)不采取任何行动,因为导弹并未真正改变双方战略力量的对比。正如五角大楼的一些(并不是全部)顾问向总统指出的那样,"我们已经长期生活在苏联导弹的射程之内……如果我们把他们这次在古巴部署导弹看得若无其事,我们就可以防止他夸大古巴导弹的重要性"。③ 国防部部长麦克纳马拉开始强烈主张这一"无所作为"的政策,但肯尼迪在执委会的第一次会议上就否决了这种对苏联行为一律加以接受的政策。(2)外交解决途径。这包括向联合国发出呼吁;建议美洲国家组织建立视察小组;通过美苏最高级会议,直接与赫鲁晓夫谈判;以拆除在土耳其的导弹基地为条件换取苏联在古巴采取相应行动。通过联合国、美洲国家组织来解决危机是国务卿腊斯克提出的。建议同赫鲁晓夫直接谈判则是美国新任驻法大使查理·波伦在赴巴黎之前向肯尼迪提出的,他认为空袭很可能最终导致世界大战。用

---

　　① Off the Record Meeting on Cuba Doc. 21 *FRUS 1961—1963.Vol.XI.*

　　② Minutes of ExComm Meeting Doc. 8 *The Kennedys and Cuba*, Ivan R. Dee. Chicago 1999. p.187.

　　③ Transcript of a Meeting at the White House Doc. 18, *FRUS 1961—1963.Vol.XI.*

土耳其的导弹基地为诱饵是在 10 月 20 日下午召开的国家安全委员会的会议中,由美国驻联合国大使史蒂文森提出来的。他立即受到一些与会者的强烈指责,被称为"想搞慕尼黑"的人。尽管如此,由于其他方案所带有的风险和障碍,通过外交途径解决的方案总体上仍然具有很强的吸引力。但肯尼迪从开始就反对这个方案,因为它同古巴对美国造成的重大威胁相比显得过于软弱,且拖延时日,而苏联的导弹在此期间或许已经可以使用。(3)劝说卡斯特罗。这是腊斯克所提出的又一外交解决途径。他主张同卡斯特罗进行秘密接触,一方面,对之进行诱惑,使古苏军事合作松懈乃至瓦解;另一方面,警告卡斯特罗:他若一意孤行,则古巴安全将无法得到保障。这一方案虽多次被考虑,但却最终遭到搁置。肯尼迪认为,不应回避由苏联在古巴设置导弹而引起美苏两大国对抗的事实而将注意力集中到古巴;实际上,卡斯特罗恰恰是受苏联控制的。(4)入侵古巴。这意味着或者是摧毁古巴的导弹基地,或者是推翻卡斯特罗的政权。此方案是受执委会成员支持最少的一种,大多数成员相信入侵所涉及的风险太大——"入侵比其他任何一种方案都更易冒一场世界大战的风险、冒苏联在柏林和其他地方进行报复的风险、冒破坏我们的拉丁美洲政策的风险,以及冒在历史上被控进行侵略的风险。"因此,他们觉得这一方案只应作为不得已而为之的最后一步被加以考虑。(5)空中袭击。即在事先发出警告或不发出警告的前提下袭击古巴的导弹基地或者其他军事目标。在执委会讨论的初期阶段,不少人认为只有对古巴导弹基地进行一种"外科手术式的袭击"才能解除眼前的威胁。持这一观点的人包括参谋长联席会议主席马克斯韦尔·泰勒将军、助理国防部部长保罗·尼采、财政部部长道格拉斯·狄龙等。到 10 月 17 日,邦迪和前国务卿艾奇逊也表示支持这一观点,艾奇逊最后竟成了"鼓吹空中袭击的主将"。他们认为,空中打击可以迅速而有效地摧毁中程导弹基地和有关的导弹。他们不赞成封锁的做法,认为此举难以迫使苏联人撤走导弹,甚至也无法使他们停止在导弹基地的工作。尤为严重的是,封锁还有可能引发与苏联的对抗,促使苏联人在柏林或世界其他地区采取相同的行动,并以此要挟美国拆除那些部署在苏联周围的导弹,正如美国以苏联撤走在古巴的导弹为条件才停止封锁一样。① 在执委会讨论的最初阶段,进行空中袭击的方案得到了广泛的支持,肯尼迪最初也对这种立场怀有强烈的兴趣。但是,随着讨论的不断深入,到了星期三,空袭方案也暴露出越来越多的缺陷。鲍尔第一个提出反对意见,而后麦克纳马拉和吉尔帕特里克也表示反对空袭,支持进行封锁。其原因是,第一,空袭的范围很大,除导弹发射基地之外,还要包括古巴的若干军事设施,这就需要大规模的轰炸,从而肯定会引起古巴的抵抗和报复,乃至袭击关塔那摩军事基地甚至美国东南部。而且,大规模的空袭并不能保证所有导弹都被摧毁,也不能保证仅余的核弹头不会被打向美国。总之,空袭不能彻底达到希望的目标,反而会由于引起古巴的抵抗和报复而最终又使入侵古巴成为必要的解决方案。第二,空袭无法解决预先警告的矛盾。不发出警告,就违反了一种道义原则,用司法部部长罗伯特·肯尼迪的话来说,就成了"珍珠港事件"的重演;而事先发出警告,又会使苏联获得时间进行掩盖,从而获得外交上的主动权。第三,在古巴正是苏联人控制了导弹,空袭并不能保证只杀死古巴人,因此,就更有可能引起苏联的强烈反应,而且苏联在那样的情况下是绝对无法退却的。最终的结果将是美苏之

---

① Jeffery Porrooed, *The Nuclear Age Reader*, New York: Affred A Knopt, 1989, p.151.

间的军事对抗以及对抗之后的谈判。(6)封锁。既然空中打击的种种缺陷无法被克服,于是国防部部长麦克纳马拉所极力主张的封锁就成了唯一的选择了。封锁可采取多种形式,并可辅以空中监视及间接的军事行动。在 10 月 16 日下午和晚上的讨论中,封锁作为一种选择已首先被副国务卿乔治·鲍尔提了出来,他说空袭"与珍珠港事件相似……并不是结束而是开始"。① 到 17 日,麦克纳马拉已成为这一设想的"最坚决的鼓吹者"。"他争辩说,封锁是一种有限的压力,可根据情况需要而逐步增加;不仅如此,它还是一种引人注目而强有力的压力,这种压力能为对方所理解,但是,最重要的是,仍然可以由我们来控制事态的发展。"罗伯特·肯尼迪也从一开始就支持封锁。"我支持麦克纳马拉赞成采取封锁的立场。这并不是因为我深信它就是一种成功的行动方针,而是感到它比起军事袭击来具有较多的灵活性和较少的不利条件。最重要的是,我像别人一样,不能接受这样一种主意,即美国将大规模轰炸古巴,在一次突然袭击中杀害成千上万平民……不管宁愿主张袭击而不主张封锁所提出的军事和政治的论点多么正确,美国的传统和历史决不允许采取这种行动方针……如果我们想在国内外保持美国的道义立场的话,我们就不能这样做。我们在全世界范围内进行反对共产主义的斗争,这不是为了求得肉体上能够生存下去——这种斗争是以我们的传统和理想作为精髓的,而这些正是我们万万不能破坏的东西。"②

当然封锁本身也并非是完美无缺的方案。例如,它侵犯了公海

---

① Mark J.White, *The Kennedys and Cuba*, Memorandum of ExComm Meeting Doc. 3 Part 4 The Missile Crisis, Ivan R.Dee 1999, p.173.

② Mark J.White, *The Kennedys and Cuba*, Memorandum of ExComm Meeting Doc. 3 Part 4 The Missile Crisis, Ivan R.Dee 1999, p.173.

航行的自由,违背了联合国宪章和国际法,并几乎肯定会引起苏联对西柏林实行同样的行动。封锁也同样具有空袭的一些的缺点:倘若苏联船只拒绝停航,双方可能要海上进行交火,乃至在其他地区引起更为严重的军事对抗。此外,封锁也可能使事态拖延,引发一系列不良反应,最后甚至会失去进行空袭的时机。然而与封锁的缺点相比,它的优点却显得更为突出。封锁是比空袭"更为有限、更为低调"的有节制的军事行动。对苏联来讲,封锁给赫鲁晓夫留下退却的余地,他可以选择让苏联舰只离开的做法,从而也就避免了军事交锋。对美国来讲,封锁只是最初的一步,根据需要美国可以逐步或迅速使军事行动升级,这就给自己留下了选择的空间和时间。万一出现了双方间的军事冲突,美国也在加勒比海占有军事上的优势。并且,对于其他国家来讲,封锁是一种比直接的军事行动更易接受的方式,如此,美国也可以不必承担空袭所带来的道义负担。在讨论实施封锁问题时,肯尼迪决定使用"隔离"这一说法,从而规避了破坏公海航行自由的责任。从形式上说,"隔离"的法律根据主要是根据美洲国家组织宪章的规定,即成员国有权利采取"集体措施以保卫美洲的安全",这就使美国的行动在法律上更加具有合理性。

到 10 月 18 日晚上,执委会的多数成员都已接受了封锁这一方案。

其理由为以下三点:第一,空袭的范围很大,除导弹发射场外还包括古巴的若干军事设施,这就需要大规模的轰炸,从而肯定会引起古巴的报复。空袭不能彻底达到希望的目标,反而会引起古巴的抵抗和报复而最终又使入侵古巴成为必要的解决方案。第二,空袭无法解决预先警告的矛盾。第三,在古巴是苏联人控制导弹,空袭并不能保证只杀死古巴人,因此就更有可能引起苏联的强烈反应,最后国防部部长麦克纳马拉所极力主张的封锁成为唯一的选择。① 10 月 19 日肯尼迪接受封锁政策,为使封锁更加合法化,10 月 20 日肯尼迪批准了封锁政策,但保留随时有空中打击的权力。② 10 月 22 日晚,肯尼迪总统发表电视演说,提出 7 项初步措施:

(1)对一切正在驶往古巴的装有进攻性军事装备的船只实行海上"隔离";

(2)加强对古巴本土的监视;

(3)从古巴发射的任何核导弹将被认为是苏联对美国的攻击,需要对苏联作出充分的报复性的反应;

(4)加强美国在关塔那摩基地的力量;

(5)立刻召开美洲国家组织会议,讨论对西半球的威胁;

(6)召开联合国安全理事会紧急会议,审议苏联对世界和平的威胁,提案"将要求在联合国观察员的监视下迅速拆除和撤退在古巴的一切进攻性武器,然后封锁才能解除";

(7)呼吁赫鲁晓夫放弃这种"统治世界的方针",共同做出历史性的努力。根据肯尼迪的命令,美军海军部派遣 40 艘军舰和 2 万名海军士兵支持封锁古巴的行动。美国在世界各地的三军部队也进入戒备状态,形成战争一触即发之势。③

宣布隔离行动前,美国做了一切准备性措施:

首先,美国得到了美洲国家组织的支持。

由于肯尼迪在演说中声称苏联在古巴部署导弹,目的是要对西

---

① Memorandum of Excomm Meeting at 11:00 am on October 18, 1962 Doc. 28 *FRUS 1961—1963. Vol. XI Cuban Missile Crisis and Aftermath.*

② Minutes of Excomm Meeting Doc. 34 *FRUS 1961—1963. Vol. XI.*

③ Alternative Draft of President Kennedys, Speech on October 22 Doc. 44 *FRUS 1961—1963. Vol. XI.*

半球进行核打击,因此,他将要采取的行动就要取得西半球的美洲国家的支持和认可。美国要在加勒比海对古巴进行封锁,同时还准备对古巴采取军事行动,如果得不到拉丁美洲国家的支持,美国就会遭到谴责,成为侵略者。得到拉丁美洲国家的支持,他就能把侵略的标记加到古巴身上。因此,美国极力寻求美洲国家组织通过一项决议,给自己的行动制造合法的外衣,也利用美洲国家组织给古巴、苏联施加压力。为了使隔离行动有充分的理由,美国对拉丁美洲国家进行拉拢。10 月 23 日美洲国家组织召开会议讨论美国提出的决议草案:

(1)要求从古巴撤出一切导弹和其他进攻性武器;

(2)建议美洲国家组织成员国个别地和集体地采取措施以保证古巴不再得到进攻性军事设备,并防止导弹成为对美洲和平与安全的威胁;

(3)请求联合国接受美国的决议草案并派遣联合国观察员前往古巴。

美国国务卿腊斯克和美国驻美洲国家组织大使莫里森在会上进行了大量的拉票活动。在墨西哥和巴西的坚持下,会议对决议草案进行了分别表决,会议表决投票的结果通过了支持美国对古巴实行封锁的决议案,使美国实施的隔离具有"集体制裁"的色彩。

其次,美国竭力寻求联合国及欧洲盟国的支持。

10 月 23 日美国代表史蒂文森向安理会提出决议草案,要求在联合国观察员的监督下撤走在古巴的苏联导弹以及其他进攻性武器。美国利用联合国进行外交斗争是肯尼迪政府为解决古巴导弹问题而制定的整个斗争策略的组成部分。10 月 23 日,安理会在佐林的主持下召开。会议除了美国的要求外,还有苏联关于美国破坏联合国章程和威胁和平的问题以及古巴的关于美国对古巴的侵略问题。10 月 25 日美国在安理会同苏联进行了公开辩论,史蒂文森向苏联驻联合国大使佐林提出在古巴是否拥有苏联进攻性导弹的质问。① 最后迫使安理会休会。在欧洲,作为美国代表,艾奇逊将美国要采取的行动通知了戴高乐、阿登纳,并向北约组织做了汇报。阿登纳、戴高乐和麦克米伦迅速表示了公开支持美国的立场,北约组织通过了要求苏联撤出导弹的决议。

再次,在军事上美国也采取了一系列的准备措施。

肯尼迪发表电视讲话前,整个美国进入了"三级戒备状态"。100 枚宇宙神、50 枚大力神和 12 枚民兵洲际弹道导弹可随时被发射;500 架轰炸机装好了炸弹,而且分散部署;90 架 B-52 轰炸机携带核弹在大西洋上空等待命令;海外基地、航空母舰、核潜艇也都做好战斗准备。

肯尼迪政府为实施隔离政策而采取的准备性措施,不仅显示了美国为实现封锁而具有的能力,也表明美国不惜一战的决心。然而,肯尼迪相当谨慎,给赫鲁晓夫留下了足够的回旋余地。

苏联政府于 1962 年 10 月 23 日发表声明指出,美国进行这种冒险,就是朝着热核战争走去。声明警告美国政府:如果实行肯尼迪总统宣布的措施,他就要对世界的命运承担严重的责任,他就是轻率地玩火。声明表示,要按苏、古协议继续用武器援助古巴,坚决拒绝美国拦截,对美国的威胁将进行最强烈的回击,并建议安理会立即召开

---

① SDO26 苏联档案选录,参见扬存堂:《美苏冷战的一次极限——加勒比海导弹危机》,广西师范大学出版社 2002 年版,第 49 页。

会议讨论"关于美国破坏联合国宪章和威胁和平"的问题。①

三、隔离行动的实施

10月24日上午9时,隔离生效。美国在古巴领海周围设置了警戒线,近百艘舰艇在空军和航空母舰护卫下,驶入警戒线海域,拦截和搜寻驶往古巴的船只。刚过一小时,就有2艘苏联船只"加加林"号和"科米莱斯"号距离障碍物只有几海里之遥。一瞬间,战争似乎就要降临了。但到了10时25分,苏联船只停止不前了。又过了7分钟,报告说驶向古巴的20艘苏联船只都在拦截线旁边停了下来,或者掉头回去了。这一天只放行了苏联油轮"布加勒斯特"号和民主德国客轮"人民之友"号。

在联合国,加纳和阿联②这两个不结盟国家代表亚非45国提出决议草案,要求联合国代理秘书长吴丹同争执双方进行磋商,并要双方暂时不使局势恶化。吴丹接受此决定草案,立即向美苏双方发出同样内容的信件,建议停止向古巴运输军火三个星期,同时暂停封锁。他还向卡斯特罗发出信件,要求停止任何可能使局势恶化的措施。

10月25日,赫鲁晓夫表示接受吴丹的建议。肯尼迪则重申"答案"在于"撤走"苏联武器,但又说美国驻联合国大使史蒂文森准备进行商谈。在联合国安理会上,史蒂文森尖刻地逼着苏联驻联合国大使佐林当场承认或者否认在古巴有苏联武器,并出示有关导弹设施的照片。这使得安理会不得不休会,直到危机过后才复会。

---

① Telegram From the Embassy in the Soviet Union to the Department of State Doc. 48 *FRUS 1961—1963.Vol.XI.*

② 阿联即埃及。1958年2月,埃及共和国同叙利亚合并,成立阿拉伯联合共和国,简称阿联。1961年9月28日,叙利亚脱离阿联,埃及仍保留阿联的国名。1971年9月1日改名为阿拉伯埃及共和国。

与此同时,古巴人民发出了与美国斗争到底、誓死保卫祖国的呼声。10月23日,卡斯特罗通过电视谴责"这种国际少有行动",声明"我们将购买任何我们要买的武器,不需要告诉任何人我们要做什么",完全拒绝对古巴进行国际调查的任何主张。10月26日,卡斯特罗宣布总动员。劳尔·卡斯特罗则宣布,进攻古巴将意味着世界大战。

形势日趋严重。10月26日早上7时,美国强行检查了第一艘船只,这是由苏联租用的"马卢克拉"号,正从波罗的海驶往古巴。结果没有发现载运武器,被美方放行。肯尼迪总统还命令国务院着手准备一项应急计划,以备在入侵和占领古巴后建立一个文官政府。美国司法部部长、肯尼迪总统弟弟罗伯特·肯尼迪私下向苏联驻美大使多勃雷宁表示,总统至多只能再克制两天了。

危机终于出现了转机。26日下午1点半,苏联使馆的参赞亚历山大·福明找到美国广播公司电视台采访国务院消息的记者约翰·斯卡利,要他向腊斯克国务卿试探一下,是否可能以答应撤除导弹并保证不再把进攻性武器运进古巴来换取美国不侵入古巴的保证。①肯尼迪总统得知后,表示可以接受。当晚6时,肯尼迪接到赫鲁晓夫一封冗长的亲笔信。因为时间太紧的缘故,该信是破例由苏联外交部送到美国使馆的,最后一页尚未盖章,其内容包含福明所言的同样建议。赫鲁晓夫第一次承认古巴有苏制导弹,表示决不再向古巴运送武器,已在古巴的则可加以撤除或销毁,美国应以解除封锁和同意不入侵古巴作为交换。②

---

① Memorandum From ABC Correspondent John Scali to the Director of The Bureau of Intelligence and Research(Hilsman)Doc. 80 *FRUS 1961—1963.Vol.XI.*

② SDO5238.扬存堂:《美苏冷战的一次极限——加勒比海导弹危机》,广西师范大学出版社2002年版,第178页。《赫鲁晓夫回忆录》,东方出版社1988年版,第698页。

然而,10 月 27 日,赫鲁晓夫再次给肯尼迪写信,信中提出要以美国撤出在土耳其的"丘比特"导弹作为撤走苏联在古巴导弹的条件。①

根据罗伯特·肯尼迪的建议,肯尼迪总统决定避开 27 日的信件不答,直接就 26 日的私函作出答复。答复提出:第一,苏联在联合国适当的监督和核查下从古巴撤走进攻性武器系统,并保证不再把类似武器运入古巴;第二,美国方面迅速撤销隔离措施,保证不进攻古巴。② 与此同时,罗伯特·肯尼迪私下里告诉多勃雷宁大使,肯尼迪总统早就急切地希望从土耳其和意大利撤走导弹,并将在危机过去后不久就会采取行动。

赫鲁晓夫在 28 日的回信中,一笔勾销了以撤除土耳其的导弹为对等条件,表示将下令撤除苏联在古巴的导弹,并同意让联合国代表核实导弹的撤除,要求美国就解除对古巴的封锁迅速达成协议。他请求双方要"谨慎、克制,不可把事情搞到致命的地步"。③ 肯尼迪当即于 28 日复信发表声明,欢迎赫鲁晓夫的"这一具有政治家风度的决定"。11 月 2 日,美国国务院发言人宣称,美国不仅要求苏联撤除在古巴的导弹和导弹发射架,并且要求撤走在古巴的伊尔-28 型轰炸机。11 月 21 日,赫鲁晓夫同意在 30 天内撤走这些飞机,美国也宣布取消海上封锁。至此,古巴导弹危机基本平息。

四、危机的余波

导弹危机的高潮已经过去,但还留下了几个有待解决的问题:

---

① Message from Chairman Khrushchev to President Kennedy Doc. 84 *FRUS* 1961—1963, *Vol. XI*.

② Message from President Kennedy to Chairman Khrushchev Doc. 95 *FRUS* 1961—1963, *Vol. XI*.

③ Message from Chairman Khrushchev to President Kennedy Doc. 130、131. *FRUS* 1961—1963. *Vol. XI*.

对苏联撤出在古巴的导弹的国际核查问题。当赫鲁晓夫在未和卡斯特罗商量的情况下于 28 日致肯尼迪的公开信中擅自答应由联合国负责核查武器后,卡斯特罗提出强烈的抗议,卡斯特罗表示不反对苏联运走战略性武器,但坚决反对联合国就武器的拆除和撤走、对古巴进行视察。卡斯特罗认为视察是对古巴主权的侵犯。11 月 2 日苏联派米高扬去古巴做卡斯特罗的工作。11 月 5 日美国向苏联施压,两国就撤走导弹问题达成协议:苏联把导弹作为舱面货物放在甲板上,在不侵犯苏联主权的条件下,美国的封锁船只可以清点导弹数目。① 11 月 26 日卡斯特罗才最后原则上同意联合国观察员到古巴进行实地视察,但他只接受由在古巴的中立国的大使们担任的观察员,而且以美国全部接受他提出的五项条件作为交换。

关于撤走伊尔-28 型轰炸机的问题。卡斯特罗声明这些飞机的所有权属于古巴,不允许苏联将它们撤走,而美国则坚持这一要求。11 月 6 日肯尼迪致信赫鲁晓夫,坚持伊尔-28 型轰炸机必须撤走。11 月 19 日在与米高扬进行 11 天谈判②后,卡斯特罗最终同意,苏联在拆除部署在古巴的 42 个导弹发射架的同时,撤走伊尔-28 型轰炸机,同意美国在这些飞机离去时对它们进行观察和点数。③

关于拆除土耳其的丘比特导弹的问题。1959 年艾森豪威尔政府曾在土耳其部署了 15 枚丘比特导弹,作为对苏联的导弹威胁的回

---

① Telegram From the Department of States to the Mission to the United Nations Doc. 147. *FRUS* 1961—1963 , *Vol. XI*.

② Memorandum of Telephone Conversation Between the Under Secretary of State(Ball) and Chairman of the Coordinating Committee Doc. 193 *FRUS 1961-1963 Vol. XI*Summary Record of the 27th Meeting of the Execitive Committee of the National Security Council Doc. 192. *FRUS* 1961—1963. *Vol. XI*.

③ Message from President Kennedy to Chairman Khrushchev Doc. 169. *FRUS* 1961—1963. *Vol. XI*.

应。在古巴导弹危机期间拆除美国在土耳其的丘比特导弹成了美苏交易的一部分,肯尼迪与赫鲁晓夫就此达成了秘密交易。1963 年 4 月,部署在土耳其和意大利的丘比特导弹终于被拆除了。

关于美国不入侵古巴的承诺。在 1962 年 11 月 20 日以后,古巴导弹危机还剩下一个重要的问题:苏联要求美国正式保证不入侵古巴,为此又折腾了一个半月。双方无法达成协议。1962 年 10 月 27 至 28 日,肯尼迪和赫鲁晓夫交换过信件,最后肯尼迪又作了口头保证,这件事当时就搁下来了。美国本来愿意保证自己无意入侵古巴,但不愿意给古巴和苏联开出空白支票。假如情况有变化——比如说古巴被用作侵略某一领国的基地——那么,根据联合国宪章第 51 条以及美洲国家组织的里约热内卢条约关于集体自卫的权利与义务的规定,美国有权对古巴采取军事行动,因此美国坚持保留自己这一权利。① 从实际上看,情况是否变化因而是否采取军事行动,都要由美国单方面作出决定,所以,作出空洞的保证没有意义。最后,苏联无可奈何,只好满足于肯尼迪总统信件中作出的含糊保证了。

第二节 国内政治对古巴导弹危机中 美国政策的影响

1962 年,随着美国中期大选的逼近,共和党人抓住古巴问题,对肯尼迪政府发起咄咄逼人的攻势,谴责政府对古巴"太软弱"。8 月 29 日,U-2 飞机获得苏联正在古巴构筑萨姆防空导弹基地的情报,

---

① [美]雷蒙德·加特霍夫:《冷战史——遏制与共存备忘录》,新华出版社 2003 年版,第 175 页。

共和党加紧了对肯尼迪政府的攻击。8 月 31 日，共和党参议员基廷在参议院会议上声称他有证据证明苏联在古巴有"火箭装备"，要求肯尼迪立刻采取有力行动，并要求美洲国家组织派遣调查团前往古巴调查此事。① 其他共和党人，诸如巴里·戈德沃特和霍默·凯哈特等声称古巴有苏联的战斗部队，进一步指责政府在反对苏联军队集结古巴问题上的失败，参议员托姆·瑟蒙德再次建议入侵古巴，推翻卡斯特罗政权，至 9 月初，共和党活动更加频繁，9 月 7 日，参议员埃弗伦特·德克森和众议员查理斯·哈里克特联合起草了一份参众两院联席会议决议案，要求肯尼迪动用武力入侵古巴。②

为了应付这场国内政治危机，肯尼迪认真研究了中央情报局提供的情报，于 9 月 4 日和 13 日连续发表两个声明。肯尼迪声称，迄今还没有发现苏联在古巴部署地对地导弹及其他"进攻性"武器的证据，不过，"如果任何时候共产党在古巴的军事集结以任何方式危及或妨碍到我们的安全……或者如果有一天……成为具有相当重要地位的苏联进攻军事基地，那么，美国将采取任何必要的措施保护盟国及其自身的安全"。③

这两个声明是肯尼迪和他的高级顾问罗伯特·肯尼迪和西奥多·索伦森反复协商后签署的。他在言辞上模棱两可，肯尼迪希望既以所谓强硬态度消除共和党指责他过于"软弱"所造成的国内影响，同时，又不致加剧与苏联的紧张关系。在此期间，他同苏联方面秘密接触，以期暂时改善美苏关系。9 月 4 日和 6 日，罗伯特·肯尼迪与苏联

---

① *The Kennedy and Cuba*, Comments by Senator Kenneth B.Keating in the U.S.Senate Doc. 8part3.

② James A.Nathan, *Anatomy of the Cuban Missile Crisis*, Greenwood Press 2001, p.83.

③ Presidential News Conference Doc. 12 part 3. *The Kennedys and Cuba*, p.154.

驻美大使多勃雷宁两次会晤,多勃雷宁向美方保证,苏联援助卡斯特罗只是出于防御目的,不会在古巴部署地对地导弹。他声称,赫鲁晓夫想告诉肯尼迪总统在美国 11 月中期选举之前,苏联"不会采取任何可能使国际形势复杂化或加剧两国紧张关系的行动"。苏方的保证使民主党政府确信,共和党的指责只是出于政治目的,没有可靠的证据。

但是,苏联并没有像多勃雷宁所保证的那样行事,而是置美方的声明于不顾,已经开始并加速了其在古巴部署导弹的工作。当年 10 月,苏方的这一行动为美国情报部门查明证实,这就使肯尼迪政府陷入了十分被动的境地,因为他在声明中许诺要采取必要的手段消除在古巴岛上发现的任何"进攻性"武器,如果不这样做,势必会授人以柄,迫于国内政治压力,肯尼迪不得不考虑对苏联采取强硬政策。

9 月初,共和党人为了攻击肯尼迪政府,提出一份措辞十分偏激的国会议案,夸张卡斯特罗的胜利对整个拉丁美洲的影响,建议政府"运用任何必要的手段,包括使用武力,阻止马列主义通过武力和武力威胁在古巴的扩散,阻止他对本半球任何地区的侵略行为"。[①] 肯尼迪担心,一旦真的发现苏联在古巴部署导弹,共和党人自恃言之有据,对他的攻击会更加升级。因此,肯尼迪在主观上并不积极安排U-2 飞机的侦察任务。

10 月 16 日,古巴导弹危机被发现后,肯尼迪总统认为,在猪湾事件中,美国的形象已经受到影响,而且成了共和党抨击民主党政府态度软弱的借口。倘若这次肯尼迪政府再无所作为的话,那就不仅会有损他在政府成员中的威信,削弱他在国会里的信誉,激起公众对他的不信任,助长政府内部不满分子抨击他所有政策,而且还有可能

---

① Comments by Senator Kenneth B.kEeating in the U.S.Senate Doc. 8 Part 3 *The Kennedys and Cuba* p.149.

再搞一次"猪湾事件"。因此肯尼迪政府为了适应国际、国内需要，必须采取强硬政策。

10月22日，肯尼迪正式宣布对古巴实行军事封锁，并要求苏联在联合国观察员的监督下，迅速撤除和撤退在古巴的进攻性武器。

美国从10月14日获得苏联在古巴部署导弹基地的情报以后，他所采取的政策策略都是经过再三权衡才决定的，特别是对封锁政策的选择，更是执委会成员反复论证的结果。这一政策的优越性在于封锁是军事行动的第一步，一方面不会过于激怒苏联，另一方面，如果赫鲁晓夫对此无动于衷，仍不撤除导弹，美国还可以采取更加强硬的措施，使美国从战略被动巧妙地转变为战略主动，把"烫山芋"扔给赫鲁晓夫，迫使他陷入维谷，骑虎难下，最终不得不做出让步。因此，封锁政策是一项攻守兼备，以退为进的妙策。后来事态的发展表明，虽然苏联强烈谴责美国的封锁措施为海盗行为，但他始终未越雷池一步，而是在封锁线前停航或返航。美苏的这一轮较量最终以美国的胜利而告终。

总之，通过这次事件，肯尼迪在国内提高了威望。这件事的处理被认为是他"最美好的时刻"。当时，多数共和党议员也拥护肯尼迪的决策。

第三节　国际因素对古巴导弹危机中
美国政策的影响

一、苏联的反应对古巴导弹危机中美国政策的影响

在导弹危机中，美苏双方剑拔弩张，战争大有一触即发之势。美

国在其他美洲国家的支持下,对古巴采取了军事封锁,以战争要挟苏联,强迫苏联拆除与撤出了在古巴部署的进攻性武器。随后美苏双方开始谈判,达成协议,苏联撤出在古巴的数千名军事人员,美国宣布将采取一切必要措施,保证美国不被古巴流亡分子用作入侵古巴的基地。古巴虽然像插在美国安全地带的一把匕首幸存下来,但从此以后美国开始了对古巴的长期封锁与孤立。

苏联在古巴导弹中的反应,经历了从硬到软的变化过程。

在美国方面,肯尼迪讲话后,不仅有准备地向联合国安理会提出了召开紧急会议的建议,按计划召开了美洲国家外长会议,执委会还在不断地研究应付紧急情况的各种对策。

在苏联方面,苏联在古巴及世界各地的部队没有进入全面戒备,苏联领导甚至没有把有关导弹问题告诉苏联驻联合国大使佐林和苏联驻美国大使多勃雷宁等一些重要的外交官。致使这两位大使在美国已发现了古巴导弹危机后还在美国官员面前否认事实,造成难堪和被动。

10月22日晚上,美国驻联合国大使史蒂文森向作为安理会主席的佐林递交了美国因古巴导弹而要求召开安理会的信件。佐林不得不连夜致电向政府请示,并且在电报中称,美国提出来自古巴和苏联的威胁是"无中生有",其目的在于掩盖美国对古巴实施军事封锁的侵略行动。[①]

10月22日晚上,多勃雷宁把腊斯克交给他的肯尼迪致赫鲁晓夫的信及讲话稿转交政府时,才了解导弹问题,并建议政府"保持必要的谨慎态度,同时考虑采取某些显示苏联下决心给予美国相应回

---

① SDO6317,p.148.

击的步骤,使美国感到确有可能受到反击"。① 赫鲁晓夫并没有采纳这一美国担心的建议。因此,可以看到苏联这时缺乏应变方案,在外交上处于被动。

1962年10月23日,苏联政府发表声明,称苏联对古巴的援助,"只是为了加强古巴的防御能力","美国要求将古巴自卫所必需的军事技术撤离古巴,对于这点……凡是珍视自己独立的国家都是不会同意的"。声明谴责美国对古巴海岸实行实际上的封锁,是对国际法的破坏,是向爱好和平人民的挑战。声明呼吁一切国家的政府和人民抗议美国对古巴和其他国家的侵略行动,阻止美国政府发动热核战争。随着美国隔离封锁政策的实施及古巴的军事压力逐渐加强,美国政府表现出不惜一战的决心,使赫鲁晓夫态度有所改变。从10月26日下午1时30分,苏联使馆参赞亚历山大·福明找到美国广播公司电视台采访国务院消息的记者约翰·斯卡利,让他暗中向国务卿腊斯克试探一下,是否能以答应拆除导弹并保证不再把进攻性武器运进古巴来换取美国不入侵古巴的保证。同一天,苏联的佐林大使同联合国代理秘书长吴丹在联合国也进行了类似的会谈。同时赫鲁晓夫写信给肯尼迪,宣布苏联同意在联合国观察和监督下把美国称为进攻性的武器撤出古巴,并在适当的保证下肯定不再把这种武器系统运入古巴。赫鲁晓夫要求美国马上取消对古巴的隔离措施,并提供美国和其他西半球国家不进攻古巴的保证。10月27日上午,莫斯科电台广播了赫鲁晓夫给肯尼迪的另一封信,要求在苏联从古巴撤出导弹的同时,美国也从土耳其撤出导弹。②

---

① SDO6320.p.150.

② Message from Chairman Khrushchev to President Kennedy Doc. 130、131 *FRUS 1961—1963.Vol.XI.*

1962年10月27日,肯尼迪给赫鲁晓夫写回信,表示10月26日赫鲁晓夫信中的建议"看来一般地是可以接受的",并称美国和西半球其他国家不会进攻和入侵古巴。①

同日,白宫发表声明,强调当前首要的任务是解除苏联在古巴部署进攻性武器对西半球的威胁。只有解除这一威胁,才能考虑有关本半球以外的国家的安全问题。显然,肯尼迪是拒不同意对等地撤出美国部署在土耳其的导弹。

1962年10月28日,赫鲁晓夫给肯尼迪写信,只字不再提土耳其导弹问题②。赫鲁晓夫宣布,苏联政府已下令在古巴停止美国所称的进攻性武器的施工,拆除这些项目并把它们运回苏联。信中表示,苏联愿意同美国达成协议,让联合国代表能够核实这些手段的拆除。信中表示尊重和信任肯尼迪在10月27日信中的声明,即美国和西半球的其他国家不会进攻和入侵古巴。赫鲁晓夫表示,如果以肯尼迪的保证和苏联关于拆除的指令为依据,"那么消除目前冲突的一切必要条件就都具备"。

苏联既已大步退却,美苏妥协就有可能实现了。一场迫在眉睫的武装冲突得以避免。

另一方面,在导弹危机期间,美苏两个超级大国各自为了自身的利益,无视甚至任意践踏古巴的主权。它们背着古巴进行核武器交易,这激起了古巴人民的强烈不满,古巴人民在卡斯特罗的领导下,为捍卫国家主权,对美国的侵略行径进行了针锋相对的斗争。当肯尼迪于10月22日下令对古巴实行封锁后,古巴政府于10月23日

---

① Message from President Kennedy to Chairman Khrushchev Doc. 95. *FRUS 1961—1963. Vol. XI.*

② SDO5238. p. 178.

清晨发表一项官方公报,指出"全国已经起来,进入战争状态,准备回击任何进攻"。同天,卡斯特罗发表电视讲话,列举大量事实,揭露美国的侵略罪行,逐条驳斥肯尼迪 10 月 22 日晚上电视演说中提出的 7 条措施,戳穿其侵略实质。卡斯特罗在讲话中表示,古巴人民决定打退美国的一切进攻,卡斯特罗断然拒绝对古巴进行检查和视察。

当美苏两国通过秘密交往达成协议的时候,卡斯特罗提出强烈抗议,他说,两个大国又一次决定一个小国的命运,事先并不征求这个国家的意见,卡斯特罗在 1962 年 10 月 31 日给赫鲁晓夫的回信中说:"我无法相信您的决定(指关于撤走在古巴的战略导弹的决定)是与我们商量过的。"①他断然拒绝联合国的观察员进入古巴领土,认为这是对古巴的侮辱。1962 年 10 月 28 日,卡斯特罗就美苏关于古巴问题的协议发表声明,要求美国对解除对古巴的封锁之外,还须做出下列保证:

(1)停止经济封锁;

(2)停止一切颠覆活动;

(3)停止从美国和波多黎各的基地上进行的海盗攻击;

(4)停止侵犯古巴领海、领空的行动;

(5)撤除关塔那摩海军基地,归还美国占据的这块古巴领土。②

美国拒不考虑卡斯特罗提出的条件,赫鲁晓夫对此进退两难。事情一度陷入僵局。直到 11 月 19 日,即在和被派到古巴去的苏联领导人米高扬进行了 11 天的谈判之后,卡斯特罗才同意拆除 42 个发射台和撤走伊尔-28 型飞机。但是他仍然拒绝联合国观察员

① SDO8991,p.254.
② 《卡斯特罗言论集》第二册,人民出版社 1963 年版,第 434—435 页。

入境。

古巴导弹危机是美苏两个超级大国争霸世界的产物,也是两个超级大国在拉丁美洲的第一次直接的较量。美苏两国为了扩张或保护自己的势力范围,不惜进行核赌博。美苏在加勒比地区的这场争夺,几乎把世界推进一场热核战争。只是在全世界爱好和平人民的强大压力下,美苏两国领导人才不得不有所收敛。双方都采取了比较克制的态度,最后使这场危机得以和平解决。但却严重损害了古巴的国家主权。当然,作为苏联撤回导弹的交换条件,美国向苏联作了如下保证:今后美国和其他国家不再对古巴发动武装进攻,美国也不再支持古巴的反革命流亡分子武装进攻古巴。这在客观上对古巴是有利的。因为在导弹危机之前,已经预谋组织一次反对古巴的军事行动。哥斯达黎加政府曾提议,在美国、哥伦比亚、委内瑞拉、中美洲和安地列斯国家间建立一个反对卡斯特罗社会主义政权的"北约式联盟"。美国曾采纳这个计划,1962 年 10 月初,在华盛顿召开的一次非正式外长会议上还讨论过这个计划。但在导弹危机结束后的11 月,肯尼迪对哥斯达黎加人说,必须放弃任何这种性质的行动计划。然而,尽管美国作出了不武装进攻古巴的保证,美国仍通过其他手段继续进行反对古巴的活动。

二、北约盟国政策变化对危机中美国政策的影响

长期以来,美国的战略重点始终在欧洲。在古巴导弹危机爆发之前,美国方面主要重点在柏林。实际上美国也不敢对古巴轻举妄动,重点是遏制与孤立它。国会再次授权肯尼迪在必要时可动员预备役军人,也是针对柏林而言。面对共和党要求对古巴采取军事行动的压力,肯尼迪在 8 月 24 日和 9 月 13 日两次记者招待会上都表

示,美国在全世界所承担的义务是"全面的",迄今为止,苏联向古巴运送的武器尚不足以构成对美国的严重威胁。[1] 他还表示,关于美国应该采取单方面行动的"过分随便的谈话",是足以为共产党指责美国威胁的宣传"披上一层薄薄的合理外衣"。[2] 不过他表示美国将对古巴"密切监视",一旦有必要,立即行动。

在危机来临之时,美国仍十分强调与盟国的协调。美国对古巴实行"隔离"以前,美国外交家在美洲组织、北约以及联合国内的亚非集团中积极开展活动,企求取得世界舆论的支持。美国担心西欧国家是否支持美国在古巴采取冒险行动,从而把它们置于受苏联攻击的危险之中。22 日早晨,国务院与西方各国的驻美大使联系,安排与西方主要国家召开特别会议,并拟定召开美洲国家组织和联合国安理会紧急会议的计划。国务卿迪安·腊斯克和负责拉丁美洲事务的助理国务卿埃德温·马丁联络拉丁美洲各国外长,准备次日召开美洲国家组织会议。美国驻联合国大使阿德莱·史蒂文森在小阿瑟·施莱辛格的帮助下积极准备在安理会上的发言稿,迪安·艾奇逊乘专机赴欧向法国总统戴高乐、西德总理阿登纳解释美国的决定。他途中先驻足伦敦向驻美国大使大卫·布鲁斯传达美国将要采取的行动,由大使转告英国首相麦克米伦。加拿大总理约翰·迪芬贝克亲自与华盛顿联系,主动为美国游说。[3] 法国总统戴高乐坚决支持美国的决定,表示一旦发生战争,法国将和美国站在一起,不过他认为不会发生战争。[4] 西欧国家普遍支持美国的"隔离"决定。可以看

---

① *The Kennedy Presidential Conference* ,New York,1978,pp.380-384.

② Presidential News Conference Doc. 12 part 3 *The Kennedys and Cuba*,p.155.

③ 韩洪文:《论古巴导弹危机及其后果》,《聊城师范学院学报》1997 年第 2 期。

④ 资中筠:《战后美国外交史——从杜鲁门到里根》,世界知识出版社 1994 年版,第 397 页。

出,在冷战时期,面对共产主义的威胁,西方资本主义国家的利益是一致的。

但是,古巴导弹危机的后果却是,危机大大增加了美国与其盟国之间业已存在的矛盾。在古巴危机中,美国的外交战略思想的演变刺激了各盟国中对抗理论的发展。美国外交战略的制定主要是根据美国自身利益及其与苏联关系的现实,特别是在古巴危机中,苏联的中远程导弹的力量得以展现,使欧洲在军事上的重要性对于美国而言已退居第二位。正如戴高乐将军所说的:"古巴危机的经过表明,美国为了保卫自身,已经准备不考虑它的欧洲盟国对于苏联的还击,将首当其冲而使用核武器,更谈不上与盟国商量了……因此,我们要有法国自己的核力量。"①所以,美国在欧洲的三个盟国英、法、西德都对美国在古巴危机中的表现十分不满,并清醒地意识到,在军事、外交上完全依赖美国是危险的,必须有自己独立的外交与军事,不再甘心充当美国的附属国。

第四节 美国对古巴遏制政策最终形成

一、美国强化对古巴的经济封锁和贸易禁运

1962 年 2 月 3 日,肯尼迪总统颁布第 3447 号令,宣布除食品和药品之外,对古巴实行贸易完全禁运。同年 3 月,美国财政部宣布禁止任何在第三国加工生产、含有古巴的原料和零部件的产品进入美国。5 月,美国政府单方面取消对古巴的"最惠国待遇"。9 月,美国

---

① [英]瓦特:《国际事务概览》1962 年卷,上海译文出版社 1983 年版,第 218 页。

国务卿腊斯克要求北约国家的船只禁止对古巴进行货运。10月3日,美国国务卿腊斯克和拉丁美洲国家外长在华盛顿召开会议,讨论古巴问题。会上腊斯克向与会代表通报了美国起草的最大限度地停止使用各国船只同古巴进行贸易的单方面措施:(1)任何一个国家,只要有一艘船只向古巴运送武器,美国的港口就不对这个国家的所有船只开放。(2)如果某一个国家曾从"苏联、中国集团"国家向古巴运送货物,这个国家的全部船只就不得进入美国港口和从那里装载任何货物返航。无论运送的是军用物资还是民用物资,均一样看待。(3)如果某一个外国船主曾有船用于向古巴运送货物,那么美国政府的任何货物均不得使用其所有船只。(4)任何一艘悬挂美国国旗的船只或船主是美国公民的船只,均不得向古巴或从古巴运送货物。① 由此,可以看出美国继续寻求加强对古巴的经济封锁。

古巴导弹危机后,美国加强了对古巴的经济压力,12月22日肯尼迪政府决定对将商品运往古巴及将古巴商品运往国外的船只进行惩罚(包括任何国家的船只)②。1963年,为了进一步在经济上孤立古巴,美国对其他国家施加压力,白宫签署了第220号国家安全行动备忘录(NSAM220)。③ 不允许从事古巴贸易的商船运送美国政府出资购买的货物。这比1962年的巴特尔法修正案更加严厉。

到1963年4月,美国降低盟国向古巴运输的努力是成功的。利比里亚、土耳其、洪都拉斯和巴拿马政府都已正式禁止它们的船只与古巴贸易;西德发布命令,禁止在该国注册的船只参与苏联集团和古巴贸易;希腊、黎巴嫩政府也同意修改运输法,以适应美国政策的

---

① SDO6310,p.124.

② Circular Telegram to all Latin America Posts.Doc. 255.*FRUS 1961—1963.Vol.XI*.

③ http://www.jfklibrary.org/images/nsam220.jpg.

目标。

1963 年 6 月 4 日,美国公布了《古巴资产控制法规》(CACR),[1]它是美国对古巴禁运最重要的法规,它规定:

(1)禁止古巴政府和古巴公民或其代理人与美国的所有交易;

(2)禁止任何个人、合作团体和公司在美国和古巴之间从事信贷、外汇买卖、金银交易和资金支付等项业务;

(3)禁止任何美国法人团体和个人从事与古巴有关的金融和商业交易;

(4)冻结古巴在美国的所有资产;

(5)除非特别允许,否则禁止美国与古巴之间的人员往来;

(6)禁止古巴商品的进口。

古巴政府随即照会美国,指责美国这种"愚昧、卑鄙和徒劳的做法",粗暴地践踏了联合国宪章的原则和国际法的起码准则。1963 年 11 月 22 日肯尼迪遇刺身亡后,副总统约翰逊继任总统。约翰逊总统对古巴继续执行敌视政策。1963 年 12 月,美国国会修改了对外援助法案,以进一步降低与古巴的国际贸易。修正案授权总统有削减或清除对一些国家的经济、军事援助的权利。[2] 1963 年 12 月,约翰逊政府还修改了关于盟国与古巴贸易的法规。根据新规定,如果违反规定的船主同意撤出与古巴贸易的船只,在许可证到期时,他们的船只就会从美国的"黑名单"上消除。另外,如果他们不撤出与古巴的贸易,他们的整个船队,包括从没进入古巴港口的船只,都将

---

① Morley, Morris. *Imperial State and Revolution*: *The United States and Cuba, 1952—1986*. Cambridge: Cambridge University Press, 1987, p.195.

② Donna Rich. Kaplowitz. *Anatomy of A Failed Embargo*, Lynne Rienner Publishers Inc. 1998, p.67.

被列入"黑名单"。① 在美国政府这种强大的压力下,西方国家向古巴的货运明显减少了。例如,英国商船的航行次数从 1964 年的 180 次降到 1967 年的 62 次,希腊和黎巴嫩到访古巴港口的船只也从 1963 年的 163 次降到了 1968 年的 23 次。② 1964 年 5 月 14 日,约翰逊政府决定完全禁止向古巴销售药品和食品。美国这种做法在国际上是绝无仅有的,按照日内瓦国际公约,即使在战争时期也不能禁止销售药品和食品。③

二、美洲国家组织对古巴的"集体制裁"

古巴导弹危机后,古巴觉得苏联并不可靠,于是便致力于发展与拉丁美洲各国的关系,努力通过用大陆革命来巩固自己的地位。卡斯特罗对拉丁美洲地区的革命运动给予更多的关注,加强了对拉丁美洲革命运动的支持。随着古巴对拉丁美洲游击政策的加强,拉丁美洲一些国家同古巴的关系日趋紧张,尤其突出的是委内瑞拉同古巴关系的恶化。

古巴革命胜利之初,古巴与委内瑞拉的关系相当友好。但随着古巴革命深入发展,两国领导人的政治思想分歧日益加深。古巴对委内瑞拉游击队的支持使古巴与委内瑞拉两国关系的正常发展受到影响。1963 年 12 月委内瑞拉向拉丁美洲国家组织理事会提出控告,谴责古巴政府给委内瑞拉游击队提供武器,干涉委内瑞拉的内

①　Rich Donna.*The U. S. Embargo Against Cuba：Its Evolution and Enforcement*, Washington, D.C.：Johns Hopkins University, Cuba Studies Project. 1988. p.67.

②　Morley, Morris, *Imperial State and Revolution：The United States and Cuba, 1952—1986*, Cambridge University Press, 1987, p.208.

③　徐世澄:《帝国霸权与拉丁美洲——战后美国对拉丁美洲的干涉》,世界知识出版社 2002 年版,第 210 页。

政。美洲国家理事会成立了一个调查委员会,其成员是阿根廷、哥伦比亚、哥斯达黎加、美国和乌拉圭。这个委员会在 1964 年 2 月发表的报告中,声称古巴犯有运送武器、训练游击队和企图推翻委内瑞拉政府的罪行。1964 年 7 月 21 日至 26 日在华盛顿召开了第 9 次美洲国家外长协商会议,会议的目的是"研究面对古巴政府的干涉和侵略活动应采取的措施"等问题。① 由于在会议召开之前,同年 3 月 31 日巴西发生了亲美军事政变,同古巴保持友好关系的古拉特总统被推翻,政变后的巴西军政府断绝了同古巴的外交关系,这使会议通过反对古巴的决议可能性增强。同时,这次直接同古巴对抗的是委内瑞拉,表面上,拉丁美洲国家支持的是委内瑞拉,而不是美国。在美国压力下,会议终于通过了对古巴进行"集体制裁"的决议。决议的主要内容是:

(1)美洲国家政府不保持同古巴政府的外交和领事关系;

(2)美洲国家政府中断同古巴进行的一切贸易往来,食品、医药医疗设备除外;

(3)美洲国家政府中断它们和古巴之间的一切海运,出于人道性质的原因必要的运输除外。

然而,在投票表决时,这项决议仍然遭到玻利维亚、智利、墨西哥和乌拉圭的反对。当时,只有这 4 个国家同古巴保持着外交关系。通过这次会议,美国基本上达到了孤立古巴的目的。这次会议后约两周,智利断绝了同古巴的外交关系。此后,玻利维亚和乌拉圭也同古巴断交。至 1964 年 9 月,拉丁美洲国家中只剩下墨西哥一国同古巴保持着外交关系。这次会议美国基本上达到了孤立古巴的目的。

---

① Donna Rich Kaplowitz, *Anatomy of A Failed Embargo*, Lynne Rienner Publishers Inc. 1998,p.69.

这种状况一直延续到 20 世纪 60 年代末 70 年代初才有所改变。

　　为了回击美洲外长会议对古巴采取的"集体制裁"措施,在卡斯特罗倡议下,1966 年 1 月在哈瓦那召开了亚洲、非洲、拉丁美洲革命力量会议(简称"三洲会议")。会议做出了支持对全世界帝国主义进行武装斗争的决议。会议还决定成立亚洲、非洲和拉丁美洲人民声援组织和拉丁美洲地区的拉丁美洲声援组织,协调这一斗争。

　　通过以上分析可以看出,艾森豪威尔政府初期美国开始对古巴采取敌视政策。为了达到消灭古巴政权,遏制古巴革命的目的,实行了最初的经济制裁(贸易禁运)、外交孤立(美洲国家组织)、军事打击(策划"冥王星计划")。肯尼迪上台后为实现相同的政策目标,继续加强在经济、外交、军事等方面的措施。古巴危机后,美国对古巴实行完全禁运,并实现了其梦寐以求的对古巴的"集体制裁",最终形成了遏制政策。古巴革命后四十多年来,美国历届政府对古巴一直采取这种遏制的敌视政策,以最终达到消灭卡斯特罗的目的。

第五章　1964 年以后美古关系

第一节　1964 年以后美国对古巴政策概述

1964 年以后,美国继续从经济、政治、军事、外交等方面对古巴推行霸权主义与强权政治,强化业已形成的对古巴的遏制政策,使美古关系进一步恶化。但同时我们也应该看到,在多种因素的作用下,美古之间也一度出现过缓和,而且这种趋势在 20 世纪末还日趋明显,美古关系出现了新的转机。

一、美国不断强化对古巴的遏制政策,美古关系不断恶化居主流

1964 年以后的美国历届政府继续对古巴推行霸权主义与强权政治,全面强化与巩固业已形成的对古巴遏制政策,具体表现如下:

(1)经济上继续实行严密封锁和贸易禁运

继肯尼迪之后继任美国总统的约翰逊,在 1964 年 5 月 14 日决定完全禁止向古巴销售药品和食品,使美国对古巴的经济封锁和贸易禁运政策发展到了极点。① 虽然在福特政府与卡特政府执政期

---

① 　徐世澄:《帝国霸权与拉丁美洲——战后美国对拉丁美洲的干涉》,世界知识出版社 2002 年版,第 210 页。

158

间,美古关系一度有所缓和,但该政策并未发生太大的变化,并为里根以后的美国几届政府所强化,尤其是"托里切利法案"与"赫尔姆斯—伯顿法案"两部法案的出台。

20 世纪 80 年代末开始,东欧剧变和苏联的解体,使古巴无论从政治上还是从经济上都遭受到了前所未有的打击。美国布什政府趁古巴陷入困境之机,加大了对古巴的压力,妄图在短期内一举搞垮古巴社会主义政权的险恶用心十分明显。1990 年 2 月底,美国国会参众两院分别成立了对古巴加强经济封锁的领导小组。1992 年 2 月 27 日,布什在《迈阿密先驱报》上公然宣称,美国政府的目标就是要"结束"卡斯特罗政权,并在而后的竞选演说中多次予以强调。布什宣称,只要卡斯特罗的专制统治仍然存在,美国就不会同古巴有正常的对话,并重申"我们将对这个非法政权保持巨大的压力,我们将严格保持我们对古巴的禁运"。

1992 年 2 月 5 日,新泽西州众议员、民主党人罗伯特·托里切利向众议院提出了旨在加强对古巴全面封锁的《1992 年古巴民主法案》,即通常我们讲的"托里切利法案",简称"托法"。其内容主要有三项:禁止设在第三国的美国公司的子公司同古巴做生意;禁止任何进入古巴港口的船只在六个月内进入美国港口;对任何向古巴提供经济援助和开展贸易的国家进行制裁。① 由上述内容可以明显地看出,美国企图通过全面的经济封锁从经济上扼杀古巴革命政权。

1992 年 9 月,美国参众两院先后通过了"托法"。总统布什为迎和部分民众的心理、争取连任,也于 1992 年 10 月 23 日在迈阿密签署了该法案,并声称该法案的实施"将加速卡斯特罗独裁统治不可

---

① http://www.state.gov/www/regions/wha/cuba/democ_act_1992.html.

避免的灭亡"。

1993 年 1 月布什竞选连任失败后,民主党候选人克林顿就任美国总统。同前几任总统相比,克林顿政府在古巴政策上,有着一些区别和不同,一方面,克林顿政府继续对古巴采取"以压促变"的政策;另一方面,也开始了对古巴禁运政策适度放开的尝试。① 1995 年 2 月 9 日和 14 日,美国参议院对外关系委员会主席杰西·赫尔姆斯和共和党众议员丹·伯顿分别向参、众两院提交一项内容相似的提案,分别被称为"赫尔姆斯法案"和"伯顿法案",通常合称为"赫尔姆斯——伯顿法案"。其内容主要有:要求古巴赔偿 1959 年革命胜利后被没收的、后加入美国国籍的古巴人的企业和财产;不给购买或租借古巴没收的美国企业和财产的外国公司发赴美签证;禁止海外的美国公司向上述公司提供信贷;美国有权拒绝向与古巴有信贷关系的国际金融机构支付债务;美国公民有权向法庭起诉与古巴没收财产有牵连的外国政府或个人;美国政府必须定期向国会报告对古经贸关系的状况等等。1995 年 9 月和 10 月,美国国会众、参两院分别通过了"伯顿法案"和"赫尔姆斯法案"。但克林顿政府鉴于种种原因,并没有马上对这两部法案做出表态。

1996 年 2 月,两架古巴流亡者飞机侵入古巴领空遭击落后,为了表明美国政府的态度,克林顿政府决定对古巴实施一系列报复性制裁措施。同年 3 月,美国参、众两院分别通过了经过精心修改的、试图进一步对古巴实行经济封锁的"赫尔姆斯—伯顿法案",并很快得到了克林顿总统的签署。②

修改后的"赫尔姆斯—伯顿法案"其锋芒直指在古巴的外国投

---

① http://www.fas.org/news/cuba/980325-cuba.htm.

② http://www.state.gov/www/regions/wha/cuba/helms-burton-act.html.

资,打击的范围几乎涉及所有与古巴保持经贸关系、尤其是保持投资关系的国家,因而遭到国际社会的强烈反对。加拿大外长阿克斯沃西警告美国:美国政府如不收回该法案,很有可能激怒部分加拿大人,并会起而抵制。墨西哥外交部 7 月 11 日照会美国说,该法案违背了国际自由贸易准则和北美自由贸易协定原则,它不仅同尊重别国主权的原则背道而驰,而且还损害同古巴保持贸易关系的其他国家的利益,因此,墨西哥政府强烈要求美国政府立即停止实施这项法令。欧盟委员会主席桑特致函克林顿总统,要求他延缓执行该项法案。随后,欧盟执委会又在欧盟外长特别会议提出的四项反制裁措施的基础上出台了 12 项反制裁措施。所有这些,都给美国"赫尔姆斯—伯顿法案"的实施以迎头打击,使克林顿政府不得不做出一定程度上的让步。1996 年 7 月,克林顿总统决定在以后六个月内暂不实施该法案第三章有关在美国法院起诉外国公司的规定。实际上从后来的情况来看,该章约定的内容形同虚文,并未付诸实施。

(2)政治上积极策划颠覆破坏和恐怖暗杀活动

古巴革命政权建立后,一直被美国历届政府视为眼中钉、肉中刺,时刻意欲拔之而后快。因而在 1964 年以后,继续积极策划颠覆破坏和恐怖暗杀活动,仍是美国政府一贯使用的伎俩。

20 世纪 70 年代初主要发生了两次古巴民众被射杀事件。1971年 10 月 12 日,两艘从美国开出的船只开枪袭击古巴东方省北部博卡德萨玛镇,打死两人,打伤数人。1973 年 10 月 4 日,两艘恐怖分子的炮舰袭击两艘古巴渔船,打死渔民一人。1976 年,美国中央情报局的特务还策划了一系列颠覆破坏活动。如 4 月 6 日,从美国佛罗里达驶出的海盗艇袭击了两艘古巴渔船,打死渔民一人;6 月 5 日,古巴驻联合国代表处被炸,损失严重;7 月 9 日,埋在古巴航空公司在牙买加金斯敦机场行李车集装箱的一枚炸弹爆炸,好在这一集装箱还没装上飞机,否则后果不堪设想;8月9日,古巴驻阿根廷使馆两名外交官被绑架;10月6日,古巴航空公司一架DC-8客机在巴巴多斯国际机场起飞10分钟后在空中爆炸,机上73人全部遇难,其中57名是古巴人,该事件令人发指。1980年9月11日,古巴驻联合国代表团一名外交官在纽约街头被恐怖组织"奥米茄7"的一个小分队暗杀。

1998年11月8日,古巴《格拉玛》周报公布了古巴内务部关于美国美古基金会所雇佣的中美洲人是如何潜伏到古巴进行恐怖活动的详细报告。报告说,20世纪90年代以来,总部设在迈阿密的旅美古巴侨民极右组织美古基金会,通过其准军事小组,在中美洲建立了以中央情报局的老牌特务路易斯·波萨达·卡里雷斯为首的中美洲恐怖小组。该小组网罗了一些为了金钱可以干任何坏事的中美洲国家亡命之徒,在古巴的一些公共场所制造了一系列恐怖活动,均造成了一定程度的死伤。

在积极策划颠覆破坏活动的同时,美国还处心积虑、想尽一切办法企图谋杀卡斯特罗等古巴主要领导人,想以此达到推翻古巴革命政权的卑劣目的。

1965年初,中央情报局特制一支带有皮下注射针头的圆珠笔,针头蘸有毒剂,拟送给卡斯特罗。中央情报局特工向古巴持不同政见者提供一支带有望远瞄准器和消音器的来复枪和一只装有几枚炸弹的旅行箱,用来谋杀卡斯特罗。

1976年卡斯特罗出访智利时,一名中央情报局的特工人员装扮成记者,企图用一架假照相机真手枪刺杀卡斯特罗。另据古巴新闻局1988年出版的《美国中央情报局在古巴》一书揭露,1976

年卡斯特罗访问牙买加时,美国中央情报局曾试图让一名间谍暗杀他。①

世界上最大的朗姆酒公司巴卡第公司(法国)也曾提供资金,企图除掉卡斯特罗。20 世纪 60 年代,当时巴卡第的掌门人、已故的琼·P.波奇曾计划炸毁古巴的炼油厂,希望能造成混乱,从而达到颠覆古巴政府的目的。波奇的计划和他打算使用的一架轰炸机的照片后来被《纽约时报》披露出来,炸毁古巴炼油厂的企图最后没能得逞。一份 1998 年才被美国国家安全委员会公布的文件显示,1964 年,美国中央情报局曾密谋"暗杀卡斯特罗,其中主要由美国黑手党执行,并由琼·P.波奇提供资金"。根据这份文件显示,黑手党开价 15 万美元,作为暗杀卡斯特罗和他的弟弟以及切·格瓦拉的条件,而波奇为此"贡献"了 10 万美元。② 结果没有成功。巴卡第公司之所以这样做,是因为在 1959 年古巴革命胜利后,古巴政府将该公司在古巴的所有资产都收为国有。1960 年很多国家和私人企业都和古巴政府达成和解,但美国和巴卡第公司却没有。

20 世纪 90 年代以后,卡斯特罗曾多次出国参加美洲首脑会议,美国中央情报局都曾派人意图杀害他。美国中央情报局还多次阴谋杀害劳尔·卡斯特罗、切·格瓦拉、布拉斯·罗加等古巴其他主要领导人。尽管美国想尽一切办法、甚至不惜采用任何手段企图谋害古巴主要国家领导人,达到倾覆古巴革命政权的目的,但每一次阴谋都获得了失败的可耻下场,使美国妄图从政治上遏制古巴的计划破产。

---

① 〔古〕乔斯·卢斯·莫尔拉、拉菲尔·卡耳辛斯:《CIA 在古巴》,时事出版社 1990 年版,第 107—123 页。

② http://www.china.org.cn/chinese/2001/Sep/56602.htm.

（3）军事上不断进行威胁、挑衅和侵略

1961 年美国雇佣军入侵古巴虽然惨遭失败，但美国并不甘心，仍然不断地对古巴进行军事威胁、挑衅和侵略，企图达到从军事上遏制古巴的险恶目的。

美国继续派遣飞机侵犯古巴的领空和领海，肆意践踏古巴主权。

从 1959 年 2 月 2 日美国人阿洛·罗伯特·梅勒驾机非法入侵古巴领空开始，美国飞机就没有停止过对古巴的侵犯。1995 年 6 月 13 日和 1996 年 1 月 9 日、13 日，由流亡美国的古巴裔美国人驾驶的飞机多次侵犯古巴领空，在哈瓦那上空散发煽动推翻古巴政府的反动传单，古巴政府多次照会美国政府，要求美国政府阻止这种侵犯活动，并及时警告这种飞行活动可能带来的严重后果。

1996 年 2 月 24 日，三架来自美国佛罗里达州的美国"海盗"飞机再次侵入古巴领空和领海，在古巴空军两次发出警告后，仍置之不理，而且又有两架飞机第三次侵入古巴领空。在忍无可忍的情况下，古巴军方被迫命令古巴空军米格-29 飞机起飞，将入侵的两架飞机在古巴领空范围内击落。

美国还利用其在古巴的关塔那摩军事基地对古巴进行军事上的挑衅。据古巴官方统计的数字显示，从 1962 年起至 1994 年，美国对古巴一共进行了 5236 次挑衅，侵入古巴领海、领空甚至领土多达 8262 次。1964 年 7 月和 1996 年 5 月，美国军队从基地先后开枪打死两名古巴边防士兵。据统计，美国军队从该基地向古巴军民开枪共打死军人和渔民共 8 人，打伤 15 人。

（4）外交上竭力孤立古巴

美国在经济、政治、军事等方面强化对古巴遏制政策的同时，还不遗余力地谋求通过外交的途径来达到不可告人的目的。

1964年7月21日至26日,第九次美洲国家外长协商会议在华盛顿召开。[①] 在美国的授意下,由委内瑞拉出头,指责古巴给其境内的游击队提供武器、训练游击队、干涉委内瑞拉内政。会议在美国的高压下,通过了对古巴进行"集体制裁"的决议。其主要内容有:第一,美洲国家政府不保持同古巴政府的外交和领事关系;第二,美洲国家政府中断同古巴进行的一切贸易往来,食品、医药和医疗设备除外;第三,美洲国家政府中断它们和古巴之间的一切海运,出于人道主义的必要运输除外。

这次会议后不久,同古巴曾保持外交关系的智利、玻利维亚和乌拉圭先后宣告同古巴断交,使美国基本上达到了在外交上独立古巴的目的。此时,在美洲只剩下墨西哥一国仍同古巴保持着外交关系。

20世纪80年代末布什总统上台以后,利用国际形势的巨大变动,继续设法从外交上寻求独立古巴的各种途径,1992年签署"托法"即是明证。但最终布什孤立古巴的政策却在国际方面遭到了失败。

继布什之后上台的美国总统克林顿虽然在对古巴政策上有所松动,但是仍在外交上千方百计地企图孤立古巴。

1994年12月和1998年4月先后在迈阿密和智利圣地亚哥召开了第一届和第二届美洲国家首脑会议。由于美国的强硬阻止,古巴国家元首卡斯特罗主席被拒绝于会议之外。其用意可窥见一斑。

克林顿政府既阻挠古巴重新回到美洲国家组织中来,还试图在国际上扩大孤立古巴的范围。在日内瓦召开的联合国人权委员会上,克林顿政府年年提出谴责古巴"侵犯人权"的提案。克林顿政府

---

① Donna Rich Kaplowitz, *Anatomy of A Failed Embargo*, Lynne Rienner Publishers Inc. 1998, p.69.

签署恶名昭著的"赫尔姆斯—伯顿法案",给国际金融机构施加压力,不让该机构贷款给古巴,使古巴不得不背负高额的短期贷款利息。美国还不允许古巴在对外贸易中直接使用美元,使古巴增加了许多额外的费用。

针对美国政府不断强化对古巴遏制政策的做法,古巴人民在以卡斯特罗为首的古巴国家领导人的率领下,进行了持续的、有策略性的抗争,并取得了阶段性的、局部的胜利。但由于美国的一意孤行,使美古关系基本上保持着恶化状态,这是自 1964 年以后美古关系的主流。

二、缓和趋势的出现与明晰,美古关系的新转机

虽然 1964 年以后由于美国强化对古巴遏制政策的推行,使美古关系基本上处于恶化状态,但这一期间两国关系也曾出现过缓和的迹象,并在 20 世纪末日趋明显,也是值得我们认真分析对待的现象。

美国因仇视古巴卡斯特罗革命政权而采取的遏制古巴政策,事实证明是不智之举。因而在 20 世纪 70 年代初,随着美国霸权地位的不断衰弱,一部分美国国会议员开始对前几任政府对古巴所采取的敌视政策展开了批评,主张对古巴的政策必须进行调整。1973 年1 月,美国 11 名共和党众议员发表题为"与古巴缓和"的声明,认为美国与古巴开展对话,逐步实现两国关系的正常化,既符合全球和地区的潮流,而且会大大有利于美国商人。

1974 年 8 月,福特继任美国总统以后,极力主张同古巴实现关系正常化的国会议员们要求美国政府废除对古巴经济封锁的呼声越来越高。在他们看来,卡斯特罗已经调整了他在西半球的冒险性对外政策,而是集中精力努力发展国内经济了,在对古巴实施经济封锁

政策不得人心的境况下,自愿放弃古巴这个美国传统的市场,只能给美国自身带来更大的经济损失,因而适时改变对古巴的经济封锁政策势在必行。1975年,一些美国国会议员在组团访问古巴后认为,美国的农产品、工业品、农业机器设备、食品和技术知识等,在古巴都会有广阔市场。来自生产稻米的美国路易斯安那州参议员约翰斯顿和众议员布鲁赫指出,古巴革命之前,每年进口美国大米16.5万吨,后来因为经济封锁,古巴被迫通过一个美国跨国公司的欧洲分公司进口意大利大米,而美国的大米产地却苦于生产过剩。也有些国会议员指出,对古巴的经济封锁既不利于美国人就业,又使消费者得不到廉价的古巴糖和其他商品,主张停止对古巴的经济封锁政策。

上述美国两院议员的呼声虽然是基于美国自身利益的考虑,反映了部分美国商人的心理,但从长远来看是符合世界发展趋势的,因而对当时的美国政府也产生了一定程度上的影响,使美古关系一度出现了缓和的迹象。

20世纪60年代末,美古两国的飞机和船只被劫持到对方领土的事件时有发生。1969年10月,两国曾就此问题展开过谈判,并没有取得成果。1971年,卡斯特罗率先表示愿意同美国重新进行谈判。1972年11月,一架美国客机被3名美国黑人劫持到古巴。这件事情使两国又重新回来谈判桌前。1973年3月,两国缔结了关于防止空中和海上劫持行为的协定。这应该算是两国关系史上取得的一个阶段性成果。

1974年11月,美洲国家外长协商会议讨论撤销对古巴制裁问题时,美国代表投了弃权票。而后,美国处理美洲事务的助理国务卿罗杰斯和国务卿基辛格的助理伊伯尔格同古巴官员进行了多次会晤,就如何解决双方的冲突问题进行探讨。1975年7月,美洲国家外长协商会议授权各成员国可以各自认为适合的级别与方式,处理同古巴的关系,在通过此项决议时,美国代表是投了赞成票。同年8月,美国宣布部分撤销其对古巴的禁运,允许美国公司在外国的子公司向古巴出售商品;对于那些允许自己国家的飞机和船舶运货去古巴的国家,美国也承诺不再拒绝给予援助。其后不久,美国助理国务卿威廉·罗杰还宣布,将准备同古巴改善关系。① 这被卡斯特罗称为自古巴革命以来古美关系最接近于突破的时期。

卡特就任美国总统后,美国的对外政策虽有所调整,但对古巴政策的缓和仍在继续。1977年3月,美国宣布取消对美国公民去古巴的禁令。4月,美国暂停对古巴的高空侦察飞行。同月,美国负责拉丁美洲事务的助理国务卿托德曼访问古巴,这是两国断交后美国外交官首次出访古巴。9月1日,美古两国在对方首都互设照管利益办事处。10月,古巴外贸部部长马斯·费尔南德斯应美国75家公司的邀请访问美国。12月,两国之间开辟了一条旅游航线。

上述种种迹象表明,20世纪70年代中后期,美古两国关系一度出现了缓和的趋势,虽然时有起伏,也使两国关系出现了新的转机。可惜的是,因为种种原因,这种趋势并未持续发展下去,到了卡特总统任内末期,两国关系松动的局面不复存在。直到90年代后期才有所改善。

克林顿任美国总统期间,虽然因一度签署"赫尔姆斯—伯顿法案"而使美古关系进一步恶化,但很快两国之间又出现了一定程度上的缓和趋势。

1998年1月,罗马教皇保罗二世对古巴进行了一次历史性的访

---

① 梁根成:《美国与非洲》,北京大学出版社1991年版,第174—175页。

问。保罗二世在抵达古巴后所发表的第一次讲话中即谴责了美国的经济封锁政策,并希望古巴能"向世界开放,世界向古巴开放"。利用教皇的这次出访古巴,不少美国天主教教徒追随其后到了古巴,获得了一次了解古巴的机会。教皇保罗二世的这次出访,预示着美古关系的坚冰开始消融。①

1998 年 3 月 25 日,美国总统克林顿发表声明,决定适当放松对古巴的制裁,并允许美国运载人道主义物资的飞机直航古巴;允许美籍古巴人向他们在古巴的亲属汇款,每人每年至多可汇款 1200 美元;下令加快向古巴出口药物的审批过程;要求国会通过向古巴销售粮食的立法。这是美国政府自 20 世纪 70 年代末以来第二次适度弱化对古巴的遏制政策。就连古巴的最高领导人卡斯特罗都认为这是一项积极的举措,并认为它将有助于美古两国关系"朝着良好的方向发展"。②

随后,克林顿总统又做出进一步和解的姿态。1998 年 5 月 6 日,克林顿在白宫举行的记者招待会上宣称:"由于美国同古巴血脉相承,古巴是美国的近邻,所有美国人都愿意与古巴和解。"他还表示,他能够理解古巴政府希望维持医疗保健制度和履行提高全民文化水平的承诺,并认为这是"值得称赞的"。同一天,美国国防部发表报告认为,1989 年以来,古巴军队人数和国防开支已经减半,古巴军队具备最小的常规作战能力,而且目前多数古巴军人正在从事农业生产,这使得古巴军事力量严重削弱,对其邻国和美国都不再构成威胁。这实际上是为缓和两国关系提供理由。③

----

① http://www.oc.org/big5_txt/oc2817.htm.

② http://www.fas.org/news/cuba/980325-cuba.htm.

③ http://www.defenselink.mil/pubs/cubarpt.htm.

在克林顿讲话和美国国防部报告发布后不久,两国之间的航空联系首先得以恢复。6月,美国航空管理局允许古巴客机过境飞往加拿大的蒙特利尔和多伦多,美方将提供正常的空中导航服务。7月,一架美国包机从迈阿密直飞哈瓦那,这实际上表明美古两国恢复了中断了的直飞商业航班。

同年10月,在一些美国前任和现任官员的推动下,有16位参议员联名写信给克林顿,建议"由一些熟悉国际关系的杰出的两党人士,对目前的美国政策及其在本半球所产生的全面影响作出深思熟虑、合理和客观的分析",即成立一个两党委员会来检讨美国对古巴政策的各个方面,其中包括美国长期以来实施的经济封锁和贸易禁运。在该信发出去以后,又有6位参议员要求在信上签名,预示着更多的人意识到了适当调整对古巴政策的重要意义。①

对于美国政府中部分官员的上述建议,克林顿政府也作出积极的回应,1999年1月5日,克林顿总统再次宣称将调整对古巴的政策。这预示着缓和趋势的再度出现和日益明晰化,美古关系又出现了新的转机。

综上所述可以看出,自1964年以来,由于美国对业已形成的遏制古巴政策的不断强化,使两国关系不断恶化,并居于两国关系中的主导地位。但由于古巴反"遏制"的多重努力及取得的局部胜利,世界政治、经济格局的重构与发展,使得美国几届政府在对古巴政策方面做出了一定程度上的调整,因而出现了缓和的迹象。尤其是克林顿政府对古政策的再次调整,预示着美古关系出现了新的转机。

---

① http://goglobal.myrice.com/a3.htm.

第二节　美国对古巴遏制政策的延续

一、经济封锁（从全面封锁到法案出台）

（一）经济的全面封锁

在国际关系中,最大限度地维护和扩大本国利益是主权国家的目标。所以,国家间经济往来不仅包含经济因素,同样包括政治立场。从国际安全的角度来说,经济战就是国家间以强制性经济手段进行的政治对抗。[①] 对于强制性措施,一方面是经济报复手段,另一方面是政治对抗手段。经济制裁的惯用手法一般有:控制目标国的进出口;控制流向目标国的外国资本;控制目标国与施加国国家间的金融贸易;控制施加国的政府投资（控制诸如美国进出口银行和海外私人投资公司协助目标国的投资与贸易）的使用能力。[②] 美国通过对制裁对象进行巨大的经济压力来帮助美国实现重要的对外战略目的。经济制裁是美国对古巴制裁政策中较为常用的工具。

1963 年 11 月,肯尼迪总统遇刺身亡,由其副总统林登·约翰逊继任。约翰逊继续实行肯尼迪总统对古巴的遏制政策,打击共产主义来实现其全球战略。约翰逊政府尤其重视军事力量在对外政策的作用,而且还有要与第三世界一决高下的意味。这使得"美国外交政策打上了鲁莽、固执、野心勃勃、不择手段,迷信军事力量

---

① 李少军:《国际政治学概论》,上海人民出版社 2009 年版,第 257 页。
② 乔彩云:《论里根政府时期美国对古巴的政策(1981—1988)》,硕士学位论文,山东师范大学历史系,2014 年。

的印记"。①

约翰逊上台后首先提出了对古巴的药品和食品的全面禁运。这是继 1962 年美国禁止向古巴除药品和食品的贸易运输之后的一次更为严厉的经济制裁。这次全面禁运直接从经济上彻底切断了美国与古巴的经济往来,还将美国遏制古巴经济推到了一个顶峰。同时,美国通过美洲国家组织来制约古巴的经济。美国依据《1963 年对外援助法》用停止援助做威胁,限制其他国家同古巴的贸易往来。美洲国家组织也开除古巴,于 1964 年和 1967 年两次通过对古巴的经济制裁,还中止了与古巴的空海运输项目,对古巴的往来进行较为严格的护照制度。

此外,在出兵多米尼加的干涉中,约翰逊提出了"约翰逊主义",宣称:不能允许在西半球建立另一个共产党政府,表示美国将用武力"保卫"西半球的每一个自由国家。② 尽管"约翰逊主义"不是针对古巴而提出的,但是从另一个角度说明美国对古巴问题的重视。一方面,表明美国不得不间接地承认了古巴的社会主义政权的存在,另一方面也向全世界宣称美国会坚决遏制古巴政权也会坚决抵制古巴在西半球的社会主义的"渗透"和蔓延。约翰逊主义的提出使卡斯特罗政权再次感受到军事干预的威胁,而武装输出则是卡斯特罗对此做出的最好防备。

对于美国在拉美等干预他国内政的行动,古巴采取积极向外输出革命来抵制帝国主义。1966 年 1 月,在哈瓦那召开的亚非拉革命

---

① 杨生茂主编:《美国外交政策史(1775—1989)》,人民出版社 1991 年版,第536 页。

② 杨生茂主编:《美国外交政策史(1775—1989)》,人民出版社 1991 年版,第538 页。

力量会议上,卡斯特罗提出,"任何地方的任何革命运动都能指望得到古巴的无条件支持",并强调"帝国主义必将失败"。[1] 古巴政府针对美国方面做出相应措施,并把卡斯特罗提出的"三大陆革命"付诸实践,但成效甚微。至 1967 年在格瓦拉输出革命的失败使卡斯特罗意识到,依靠社会主义阵营中的苏联才能帮助古巴发展。于是古巴便在 1968 年开始又向苏联靠拢。

（二）20 世纪 80 年代的经济封锁

自 20 世纪 70 年代以来,美国的经济危机严重影响了美国的工业生产,工业生产速度较慢,失业率居高不下。1980 年,通货膨胀率高达 13.5%,而美国国内的生产总值却实际下降 0.2%。[2] 美国经济上的霸权地位受到了严重的挑战,加上美国在国际上承担的"防务费用"导致资本大量外流,美元的地位受到挑战,以美元为中心的国际货币体系崩溃。国内的经济实力下降直接影响美国在国际上的地位。随着西欧和日本的强大,以及第三世界的独立,特别是苏联的战略力量的发展以及在第三世界的影响方面的猛烈进攻。在美洲,1978 年至 1980 年间,苏联加大对古巴的武器装备,向古巴运输了三百多辆坦克、战斗机等,使得古巴的现代化装备日趋完善,此外还驻有两万多军事人员,设有 10 多个海空军基地和电子监听站。苏联的这种"进攻"间接打破了美苏将近 10 年的缓和期,进入了"新冷战"时期。随着美国国内保守思潮兴起,国内舆论认为缓和只是美国软弱的表现,是一种失败。罗纳德·里根正是打着"重振国威"的旗号上台,加强美国的经济和军事实力以此遏制共产主义进行全球称霸。

---

[1]　杨明辉、周永瑞:《解码卡斯特罗》,工人出版社 2010 年版,第 292 页。

[2]　乔彩云:《论里根政府时期美国对古巴的政策(1981—1988)》,硕士学位论文,山东师范大学历史系,2014 年。

执政八年之久的里根,对内实现了经济的持续增长,对外政策是对抗苏联,而不是采取缓和局面。尽管在经济上仍然付出很大的代价,但对外取得了同苏联争霸的有利地位,捍卫了其在国际上的主导位置。

1981年里根总统上台,美国对古巴的经济又开始新一轮的遏制。20世纪60年代末至80年代初,由于美国自身实力的下降使美国对古巴政策稍有缓和,但仍然没有放弃敌对的本质,因此随着里根总统大力发展经济实力的上台,开始调整美国对古巴的政策。80年代,苏联与古巴的关系一直影响美国对古巴的政策。自古巴独立革命胜利后,古巴以蔗糖为主的单一经济很大程度上决定了古巴在经济上依附别国,苏联大力支持古巴的经济,使古巴向苏联靠拢。考虑到战略位置和冷战的背景,苏联加快对古巴的经济援助和军事支持,以此作为对抗美国的战略筹码。由于古巴与苏联的这种特殊关系,古巴由经济上的依附倒向了内政外交上的全面依附,加重了美国对古巴的重新审视和思量。在美苏冷战的大背景下,苏古关系的日趋紧密,加之美国的实力增强,美国对古巴实施较为强硬的态度是"理所应当"。

在这一政策指导下,里根政府对古巴重新敌视,认为"古巴革命犹如感染身体的病菌,会从身体的一个部位传染到另一个部位。为了防止中美洲其他国家感染这种'细菌',美国必须坚决无情地孤立古巴,对其实施严厉的外交、经济封锁"。[①] 因而里根政府加紧了对古巴的排斥和控制行动。具体表现如下:

其一,限制美国人去古巴的旅游人数。尽管古巴的基础设施较为落后,但古巴的自然环境还是比较受欢迎的。古巴利用自身优势

---

① 江心学:《从"熟果理论"到赫尔姆斯—伯顿法——谈美国对古巴外交政策的演变》,《解放军外语学院学报》1996年第6期(总第84期),第101页。

大力发展旅游业,年均海外游客已达 200 多万人次,旅游业成为古巴第一大创汇产业和重要的就业来源。① 1982 年 4 月,里根政府出台限制美国人去古巴的新规定,将去古巴旅游的美国人人数缩减为原来的一半,1983 年 3 月,用捏造的古巴国家航空公司飞机偏离协议航线为借口,国务院决定:两星期内不许古巴的航空公司的飞机穿过美国领空。还规定旅游只允许官方业务,新闻记者、学术研究人员或古巴裔美国人均受到去美国旅行的人数限制,对古巴驻联合国外交官的旅游进行限制,严格禁止古巴的共产党员和政府官员进入美国国内。此外,这一时期还控制美元在古巴以及其他与古巴有关的公司的使用,禁止古巴的杂志流入美国市场等。

其二,在 20 世纪 80 年代,美国在经济上坚决制裁古巴。1982 年 2 月,美国政府提出"加勒比地区倡议计划",其计划里具有强烈的意识形态的色彩,拒绝将古巴、尼加拉瓜、格林纳达等共产党国家列入其中。尽管由于美国的保护主义过于强烈使这一倡议最终失败,但也反映出美国对古巴等社会主义国家的敌视以及孤立。此外美国通过多国机构禁止向古巴贷款。美国政府陆续给欧洲银行施压,达成拒绝同古巴安排债务的协议。此外美国还与西方国家进行一系列双边谈判,阻止其他国家继续购买古巴的镍。尽管最终协议达成不包括古巴的镍,但是这些协议仍在不同程度上对古巴不利。

卡斯特罗政府在这一时期采取了比较谨慎的态度,针对美国入侵古巴的"卫星国"格达纳达,古巴并没有进行强烈的反击和反美行动,原因有两个:首先,古巴本国的军事力量基本被派到非洲,若对美国反击势必要出兵,而古巴短时间内受外派兵力的牵制,加之古巴近

---

① 《古巴国情简介》,2015 年 6 月 22 日,见 http://www.doc88.com/p-8572941346274.html。

十年来经济实力下降;其次,处于冷战背景下,苏联在这一时期逐渐处于劣势,并减少对古巴的一系列支援,致使古巴减少与美国的直接冲突。

古巴对于美国无休止的遏制政策进行积极应对。首先,坚定共产党对国家的领导。共产党的先锋领导作用,将古巴民众凝聚在一起共同维护古巴的独立。其次,加强思想方面的建设和政治方面的建设。

在冷战的大背景下,鉴于古苏的特殊关系,美国深知对古巴的制裁在短时期内并不会使卡斯特罗下台,但会为最终推翻卡斯特罗和遏制苏联起必要作用,因此,美国利用以往达成的共识并长期实施的制裁法案进行制裁,并没有制定专门针对古巴进行制裁的具体方案。

(三)法案出台——经济制裁合法化

20世纪90年代,东欧各社会主义政权的相继倒台使古巴遭受严重的打击,古巴不仅失去政治依托,而且经济往来也受到阻碍。而美国则看准这一时机,立即对古巴进行严密的打击,企图通过这次封锁打压使古巴也同东欧各社会主义国家一样,其社会主义政权被推翻。

1990年2月,美国国会参众两院分别成立了针对古巴经济封锁的领导小组,美国对古巴的经济封锁放在遏制古巴的前列。

冷战结束后,依附于苏联的古巴由于苏联的解体而迫切需要寻找新的贸易伙伴,于是美国的一些议员认为,古巴失去苏联的支持后很难撑过美国对古巴更加严厉的经济封锁,建议美国继续对古巴实施更为严厉的禁运政策。共和党参议员康尼·麦克就提出了禁止美国公司同古巴做生意的议案,但多次被老布什政府否决。其原因是,"禁止美国海外公司在美国和它的盟友之间制造对外政策的难题,我们的盟友会认为,那是把美国的法律强加于它们的领土上"。①

1992 年初,美国国会再次重视对古巴问题。在"古美国家基金会"的推动下,来自新泽西州的民主党众议员罗伯特·托里切利和来自佛罗里达州的民主党参议员鲍伯·格雷尔姆向众参两院提交了一项《古巴民主法案》,该法案融合了麦克提出的禁止美国公司同古巴做生意的提议,以及禁止停留在古巴的船只进入美国,对古巴实施更大的经济压力;另外,该法案还试图通过提供古巴裔美国人与古巴的亲属访问的方式来接近和渗透古巴人民,从而煽动古巴人民反抗古巴。这一提案又被老布什以与否决麦克议案同样的理由予以否决。

1992 年 11 月,美国迎来了四年一度的总统大选,老布什以共和党身份参加了总统竞选。克林顿以民主党候选人进行积极参选,在"古美国家基金会"的影响下,他表示如果当选立即批准《古巴民主法案》,老布什出于竞选的压力,改变了对古巴的政策,决定与美国国会合作确定了《1992 年古巴民主法案》,并使之成为一项法律。该法案又称"托里切利法案"。这项法案除了包括原麦克提出的禁止美国在第三国的子公司与古巴做生意之外,还禁止任何进入古巴的船只在六个月内进入美国的港口,以及对任何向古巴提供经济援助和开展贸易活动的国家进行制裁。"托里切利法案"旨在通过加强对古巴的经济封锁,企图在经济上扼杀古巴来推翻卡斯特罗政权。由于美国的子公司在巴西、墨西哥、加拿大、巴拿马等国与古巴代理商进行贸易,所以"托法"就是以切断这一贸易为目的。

布什总统在迈阿密签署的"托法"的消息传到古巴后,古巴全国

---

① 周璐瑶:《卡斯特罗政府时期古美关系研究(1959—2008)》,博士学位论文,吉林大学文学院,2014 年。

上下立即对该法案进行了声讨和严厉谴责,声称"托法"是对古巴更为严厉的封锁,这一封锁甚至有损于第三国的国家利益;指责美国如今制裁古巴的措施同样可以对别国实行。古巴这一指责引起了国际社会的关注,许多拉美国家、欧洲共同体国家、加拿大等国广泛批评和反对"托里切利法案"。墨西哥外长宣称墨西哥反对美国的"托法",认为其违反了国际自由贸易、自由航行的法则。欧共体委员会发表声明,对布什总统不顾欧共体的抗议而批准"托法"表示遗憾。加拿大司法部部长金·坎贝尔表示,加拿大的贸易公司将根据加拿大的法律与规定,而不是某个外国的法律与规定与别国进行贸易。①同时,古巴各社会团体纷纷发表声明,指责这一法案是对古巴新的侵略,古巴绝不会就此屈服。

与此同时,1990年,古巴在国内外政策上也进行了一次调整,即自力更生完成社会主义建设,而不是依靠外援实现国家工业化的发展战略。古巴政府开展多元外交、缓和同拉美国家的关系,积极重返拉丁美洲,努力避免激化古美矛盾并改善双边关系来抵制美国对古巴的经济制裁和外交孤立,致使美国的封锁计划以及摧毁古巴社会主义政权的企图再一次破产。古巴的经济调整和政治改革不仅使古巴逐渐冲破美国的战略封锁,而且对于古巴国内而言更是一次转机。

老布什的这一"托法"的签署并没有达到连选连任的目的,1993年,比尔·克林顿当选为美国总统,迫于竞选期间的许诺即得到古美国家基金会的竞选经费而通过对古巴的经济制裁法案,克林顿必须要对古巴禁运政策表示支持。

尽管《1992年古巴民主法案》的实施有效地终止了美国海外公

---

① 徐世澄:《帝国霸权与拉丁美洲——战后美国对拉美的干涉》,世界知识出版社2002年版,第212页。

司与古巴每年价值 7.2 亿美元的交易,但这个损失只是当时古巴与其他非美国公司每年 50 亿美元商业贸易的一小部分。① 所以古巴的大部分对外经济活动是与美国的贸易伙伴而不是美国进行的。从另一个角度来说,美国只有切断其贸易伙伴与古巴的经济往来才是对古巴进行的最强有力的措施。此外,国内的经济因素在对外政策的比例逐渐上升,美国的商业团体反对《1992 年古巴民主法案》的实行,认为其大大有损美国国内经济的增长,长此以往会导致对古巴的经济制裁取消。

在这一背景下,同样受到古美基金会的影响,1995 年 2 月,国会的参议院议员杰西·赫尔姆斯和共和党议员丹·伯顿提出《古巴自由与民主巩固法案》,即"赫尔姆斯—伯顿法案"。其主要内容是:强化原有的制裁,其中包括禁止第三国在美国购买古巴商品,反对国际金融机构向古巴提供贷款;取消总统就放松对古巴禁运进行谈判的权利,除非卡斯特罗下台后 18 个月内由国际观察监督自由选举产生新的政府;美国拒绝给古巴投资或贸易的公司及员工发放签证;美国公民有权向联邦法院起诉与古巴被没收财产有关的企业和个人;拒绝参与控制被古巴没收财产的外国公民进入美国等。克林顿认为该法案没有存在的必要,其一,美国已经出台了"托法",针对古巴的制裁已经合法化,其二,该法案关于外国公民与被没收财产问题有关而被禁止进入美国等条款一定会受到美国盟友的强烈反对。这一法案最终克林顿没有签署。

但 1996 年 2 月,古巴在佛罗里达海峡发生击落了美国两架飞机的事件,这引起了美国政府的强烈抗议,美国国会内部引起轩然大

---

① 阮建平:《战后美国对外经济制裁》,武汉大学出版社 2009 年版,第 131 页。

波,美国总统克林顿立即对此事进行回应,同意美国国会通过"赫尔姆斯—伯顿法案"等一系列制裁措施来进行报复。3 月 12 日,克林顿总统签署精心修改了的"赫—伯法",这是继老布什签署"托法"后的又一法律。

修改后的"赫—伯法"将古巴的经济封锁更具体化,明确化。第一,加强对古巴的国际制裁,提出 16 项反古的措施,包括要求联合国安理会对古巴实施"国际义务封锁",反对古巴加入国际货币基金组织和世界银行,反对古巴重返美洲国家组织。第二,支持建立"自由和独立的古巴"。提倡在古巴建立"民主选举的政府",提出对古巴政府、社会组织和政治组织形式的 28 条标准,并以此作为与古巴建立外交关系、接触经济封锁和开始归还关塔那摩基地谈判的前提。第三,保护美国国民在古巴的财产权,美国国民(包括美籍古巴人)有权向美国法庭起诉与被古巴政府没收财产有关联的外国人,有权要求得到相当于被没收财产三倍的赔偿。第四,美国政府有权拒绝向与被没收的美国财产有牵连的外国人、其亲属及代表发放签证,或有权将他们驱逐出境。①

"赫—伯法"可以说是对 1992 年的"托法"的加强和改进,两者的目的均为加强对古巴的封锁,但不同的是,"托法"是阻挠他国与古巴进行贸易,而"赫—伯法"的重点是,扩大打击的范围即几乎所有与古巴进行贸易和投资的国家均受到制裁。因此,相比于"托法","赫—伯法"一经出台就更多地遭到了古巴和国际社会的强烈指责。

面对美国通过的"赫—伯法",古巴强烈反对。在克林顿签署

① 徐世澄:《帝国霸权与拉丁美洲——战后美国对拉美的干涉》,世界知识出版社 2002 年版,第 214 页。

"赫—伯法"后的当天,古巴全国人民政权代表主席阿拉尔孔发表电视讲话,指责"赫—伯法"是对全世界的污辱,将使克林顿的威严扫地。此外,古巴外交部发表声明,指责"赫—伯法"是美国对古巴的侵略,这一法律的通过表明美国政府无视法律准则和国际共存的原则,"美国企图把它的法律强加给第三国,强迫各主权国家的政府、公民和私营单位加入到美国对古巴经济封锁的政策当中去,这种政策已经受到国际大家庭的坚决反对和谴责"。① 这是对古巴的又一次经济侵略,古巴不能容忍这样的经济制裁,并于同年 12 月,古巴全国人大通过了一项抵制美国"赫—伯法"的法案,即《重申古巴尊严与主权法案》,称"赫—伯法"是行不通和不具有法律效力的。古巴的谴责并没有影响到美国对"赫—伯法"的实施,但引起了国际社会的普遍同情和支持,尤其是加拿大和欧盟等美国的盟友对美国这项法案的强烈反对。加拿大外长阿克斯沃西就曾警告美国,美国政府如果继续实施"赫—伯法",就可能受到加拿大人的愤怒抵制,墨西哥政府同样要求美国停止实施这项法令,欧盟委员会更是针对该法令提出 12 项反制裁措施。尽管美国对古巴制裁的经济法案没有得到彻底执行,但也在一定程度上影响了古巴的经济。

美国对古巴实行的一系列制裁并没有达到美国预期的效果,美国政府对古巴政策有了一个微小的转变,由强烈的经济法案制裁转向和平过渡到资本主义。

1997 年 1 月,克林顿政府向国会提交了一份"帮助古巴向民主过渡"的报告,这份报告提出要给予古巴 40 亿—80 亿美元用于古巴的投资,且不要求卡斯特罗下台,但要求接受以对古巴政府实行政治

---

① 　徐世澄:《帝国霸权与拉丁美洲——战后美国对拉美的干涉》,世界知识出版社 2002 年版,第 215 页。

多元化、接受国际货币基金组织的处罚和释放政治犯等为前提。①
这项报告企图以经济手段诱惑卡斯特罗来实现对古巴的政变。对此
古巴进行了拒绝,认为古巴的道路不应由他国决定,古巴的内政不受
他国干涉。此后,2000年,美国政府在《新世纪的国家安全战略》中
提出,美国仍然致力于推动古巴以和平方式向民主过渡。②

但美国对古巴的这一政策的调整引起了古巴领导人的重视,认
为这只是反对古巴的另一个新的阶段,并没有真正彻底改变对古巴
的敌意。对此,古巴领导人也在各种公开场合多次强调,古巴不会以
放弃民族尊严和损害国家利益为代价同美国进行交易,古巴绝不接
受西方的民主制改革,"走社会主义道路,这是古巴人民的唯一选
择"。③ 克林顿政府对古巴的整体战略是缓和的,但仍然没有从根本
上放弃对古巴的敌视。

2001年,代表新的保守势力的小布什成为美国总统,美国对古
巴政策较为强硬。2003年,布什政府专门成立了所谓的"支持古巴
自由委员会"以此来推翻古巴共党政府,并要求该委员会制定出促
使古巴向民主过渡的战略计划。2004年5月,布什政府宣布采取一
系列新的措施,加强对古巴的经济封锁和制裁,5月6日,布什批准
了由"支持古巴自由委员会"提出的一份报告,该报告提出了强化对
古巴制裁的14项措施,主要体现在经济方面,包括限定美国的古巴
居民向古巴亲属汇款的金额和探亲的次数,支持其他国家限制到古
巴旅游的人数来减少古巴的旅游收入,还加大最近两年对反古活动

---

① 周璐瑶:《卡斯特罗时期的古美关系(1959—2008)》,博士学位论文,吉林大学文
学院,2013年。

② 周璐瑶:《卡斯特罗时期的古美关系(1959—2008)》,博士学位论文,吉林大学文
学院,2013年。

③ 赵学功:《当代美国外交》,社会科学文献出版社2001年版,第336页。

的资金投入达 5900 万元,为古巴的反革命提供资金基础。这些措施还包括限制两国的贸易、学术交流等。

古巴共产党中央委员会和古巴政府于 2004 年 5 月 7 日发表联合声明,谴责美国政府公布的旨在加速推翻古巴现政府的若干项措施,称这是一项企图吞并古巴的计划,是对古巴内政的悍然干涉。[①]同年 10 月 25 日,卡斯特罗宣布,终止美元在古巴市场上的流通,以新的古巴通货比索(与美元等值)来取代等措施,这是古巴对美国经济封锁的反击。

连任后的小布什继续对古巴的政权进行施压。2006 年 7 月,小布什政府又批准了"支持古巴自由委员会"的一份题为"对古巴人民的承诺"的报告,该报告提出美国政府应该给予反古群体以金钱支撑,提出为"推动古巴向民主过渡的 8000 万美金"专项资金,并建议建立一个国际联盟来支持古巴转型。该报告还将对古巴的颠覆活动的具体实施时间定在卡斯特罗去世后,美国政府应立即协助古巴反政府势力迅速在古巴建立"过渡政府",一旦新政府成立,美国政府应当在几个星期内派遣"顾问团"进驻古巴,协助古巴过渡政府的成立及巩固"民主秩序"。[②]在报告提交的当月底,卡斯特罗因病把政权移交给他的弟弟劳尔·卡斯特罗。对于古巴政局的这一变化,美国立即采取行动,呼吁古巴人民进行政变,向多党选举的民主制转变。古巴政府对此认为是美国明目张胆地干涉古巴内政,表示极为愤怒。

美国对古巴经济的制裁自古巴革命胜利后便一直长久存在,是

[①]　徐世澄:《美国和拉丁美洲关系史》,社会科学文献出版社 2007 年版,第 271 页。

[②]　徐世澄:《美国和拉丁美洲关系史》,社会科学文献出版社 2007 年版,第 281—282 页。

美国遏制古巴的一个重要内容,且不同时期因对古政策目标不同,其制裁手段也不断扩大。20 世纪 60 年代至 70 年代中期,出于安全和军事对抗的现实主义考虑,美国通过遏制古巴的经济来削弱卡斯特罗政权,发展到企图将遏制古巴的经济重担压在苏联身上,加重冷战背景的经济对抗。20 世纪 70 年代后期至 80 年代末,美国对外经济制裁的意识形态色彩越来越浓厚,且制裁的手段和内容也日益多样化和具有较强的进攻性。自 1991 年苏联解体后,美国对古巴的政策不仅没有改变,反而将对古巴的制裁措施系统化、法律化,甚至形成了一套完整的经济封锁系统工程。其原因在于:冷战结束后,美国的国际对手消失,美国的对外政策越来越受国内复杂的因素影响,在对于古巴的问题上,美国政府主要受国会和古巴裔利益集团的影响对古巴进行的制裁法案即"托里切利法案""赫—伯法""支持古巴自由委员会"提出的报告。

美国对古巴实施的这一系列的经济制裁,不仅对古巴造成了巨大的经济损失,使其成为"这个地球上唯一遭到封锁的国家"①,而且也使美国自身的经济利益和政治利益受到损害。因此不仅遭到国内商业团体的大力反对,而且美国国民也对美国这一行为表示不理解。此外因制裁古巴而采取的跨国司法管辖的做法,不仅侵犯了各国的主权和经济利益,而且阻碍了经济全球化的发展趋势,使得国际社会普遍反对。

二、颠覆活动与暗杀活动

(一)美国对古巴的颠覆性宣传

美国对古巴的颠覆性宣传是美国反对古巴的重要方式之一,这

---

① 王松霞:《美国霸权与古巴革命——苏联解体以来的美古关系》,博士学位论文,中国社会科学院,2003 年。

种宣传通过将美国的价值观与制度传播给古巴民众来达到颠覆古巴政权的目的。美国学者琼·艾丽斯顿(Jon Elliston)将美国的对古宣传情况分为三种颜色:白色宣传就是对特定目标听众进行呼吁,属于公开的宣传,比如美国对古巴公开的电台宣传;灰色宣传则是散布那些宣传者所偏爱的信息,隶属于中央情报局的古巴流亡者前线集团就喜好散播这种类型的心理战材料;黑色宣传是以宣传者的敌人的名义发出信息,①捏造宣传信息,是最具有欺骗性的一种宣传。

美国对古巴的颠覆宣传计划早在 1959 年底就开始制订,其中国务卿赫托在递交给艾森豪威尔的一份备忘录中提到鼓励古巴国内外的反动派反对卡斯特罗政府,但又要避免让人们存在美国正在压制古巴的想法。由于这一时期古巴并没有宣布政权的性质,美国还不了解古巴政权的走向,并且对推翻卡斯特罗政权和改善两国关系存在幻想,因此想通过舆论宣传来赢得古巴人民的支持。1960 年 1月,美国新闻署出台了一份反击卡斯特罗反美活动的计划,该计划表示,古巴人民和美国长期存在着友好的关系为加强宣传的一个重要前提。美国对此表示十分自信,认为古巴的反美情绪主要来自卡斯特罗政府,仅仅是卡斯特罗政府的个别行为,而美国和古巴人民的友谊仍然存在。② 因此,美国宣传的语言是友好地阐述美国与古巴的历史和文化关联,强调共产主义的危害,同时阐述美国私人投资对古巴发展的益处。其用意是在古巴人民心中保持美国的良好形象,企

① 魏红霞:《美国对古巴的公众外交及其效果评估——1959 年至今》,中国拉丁美洲关系史研究会第 17 届年会暨"纪念拉美独立 200 周年"学术讨论会论文集,2010 年 10月,第 133 页。

② 魏红霞:《美国对古巴的公众外交及其效果评估——1959 年至今》,中国拉丁美洲关系史研究会第 17 届年会暨"纪念拉美独立 200 周年"学术讨论会论文集,2010 年 10月,第 133 页。

图保持和增加亲美人数,赢得更多古巴人民的支持,同时防止共产主义的渗透。

但是,由于两国关系的日趋恶化,卡斯特罗政府反美宣传的扩大,以及古巴政府对电台、电视和报纸等新闻媒体的限制加强,美国初期的宣传并没有达到效果。1960年3月,中央情报局提出了一份代号为"冥王星计划"的秘密行动,其中包括利用长波和短波电台,以及报纸杂志和传单等媒体工具对古巴进行宣传攻击,旨在打击卡斯特罗政府,煽动古巴民众对其政权的不满等。"冥王星计划"提出后,中央情报局组成了专门的宣传小组,在古巴西南面的天鹅群岛设置了电台,这个电台的发射器功率特别大,在夜间可以覆盖整个加勒比海地区,甚至在美国的迈阿密地区都能收到信号。1960年5月,这个"天鹅电台"开始对古巴的颠覆性宣传。卡斯特罗政府在天鹅电台开播后不久便对其进行干扰,但只能干扰到哈瓦那地区的信号,该电台在古巴及加勒比海地区仍然存在广大的听众。1961年4月,当美国雇佣军入侵古巴吉隆滩时,"天鹅电台"通过对古巴的西班牙语广播,使用暗语向雇佣兵发布命令,同时煽动古巴人民、军人造反,反对卡斯特罗政府。① 后来"天鹅电台"逐渐发展,成为古巴国内和西半球反对卡斯特罗的象征,1968年该电台停播。

如果说天鹅电台是以商业作为外衣来掩饰美国对古巴的电波侵略,那么"美国之音"则是明确地对古巴进行颠覆宣传。这一时期,"美国之音"电台隶属于国务院新闻署,是极力推行美国外交政策的一个重要工具。1961年底,"美国之音"设立"同古巴相约"的节目,其主要目的是煽动古巴的技术人员、医生以及其他专业人员逃亡,并

① 徐世澄:《帝国霸权与拉丁美洲——战后美国对拉美的干涉》,世界知识出版社2002年版,第239页。

蓄意破坏古巴政府在古巴民众中的友好形象,[1]美国的这一宣传旨在造成古巴知识界的混乱,企图使古巴社会动荡不安。20 世纪 70 年代,美古关系出现缓和,"美国之音"对古巴的特别广播节目被取代。

1983 年 10 月,里根总统签署由国会通过的《对古巴的电台广播法案》,成立专门反对古巴政府宣传的"马蒂电台",1985 年 5 月 20 日,该电台正式开播,每天进行 14 个小时的广播。对于美国这一挑衅,古巴政府愤怒地宣布终止两国在 1984 年达成的移民协定。两国关系此后日益恶化。1990 年 4 月,古巴政府对"马蒂电台"干扰成功后,该反古的广播在古巴境内很少听到。

在运营"马蒂电台"的同时,美国政府开始于 20 世纪 80 年代筹划对古巴的电视侵略。由美国参议院拨款、古巴流亡组织支持,历经 2 年的时间准备于 1990 年 3 月开播"马蒂电视台",在新闻节目中大量播报与古巴立场不一致的内容,煽动古巴民众的反古情绪。据古巴政府 1992 年的统计,美国的反古电台每周对古巴进行播报的时间长达 500 小时。美国的一家杂志报道,在 1994 年佛罗里达州有 17 家针对古巴的电台,每天以 12 小时的播报,煽动古巴人民反对古巴共产党政权或离开古巴。[2] 古巴各界以及民众纷纷举行聚会,谴责美国开设对古巴政府进行颠覆宣传的电视台;古巴外交部表示,"马蒂电视台"的建立严重违背了国际电信联盟的协议,不仅是对国际法的无视,而是对古巴主权的侵犯。尽管这一电视台开播受到了国际电信联盟的指责以及古巴的强烈反对,美国政府对此置之不理,坚

---

① 徐世澄:《帝国霸权与拉丁美洲——战后美国对拉美的干涉》,世界知识出版社 2002 年版,第 239 页。

② 徐世澄:《卡斯特罗评传》,人民出版社 2008 年版,第 265 页。

持"马蒂电视台"的播出。并且在古巴裔美国人的影响下,从克林顿政府到小布什政府每年都会给"马蒂电台"和"马蒂电视台"拨款,加强对古巴颠覆性宣传,这是80年代以来美国对古巴"以压促变"战略的工具之一。

另外,发放反古传单、赠送报刊、出版书籍都成为美国对古巴的颠覆性宣传的组成部分,比如,在猪湾登陆计划制订后,就曾向古巴散发传单,主要是反对卡斯特罗,为古巴的自由、独立而奋斗等;赠送给同情卡斯特罗政权的国家一些反古报刊,如《前进报》《世界报》等;1983年美国成立的全国民主基金会(National Endowment for Democracy,NED)赞助出版攻击古巴的书籍、杂志以及影像制品,还在互联网兴起后,向反卡斯特罗的民间团体和个人提供计算机、打印机等传播工具。

美国的反古宣传在21世纪初表现较为公开。2001年起,美国国务院在历年公布的《全球恐怖主义形势报告》中,无端指责古巴为"支持恐怖主义的国家"。[1] 2003年,美国副国务卿伯尔顿宣称,古巴正在利用生物技术研制并扩散生化武器,且向对美国不友好的"无赖国家"输出武器。尽管卡特对古巴进行了非官方的访问,但美国仍然对古巴采取了较为强硬的态度。

三、外交孤立与军事威胁

(一)外交孤立

美国在经济、政治等方面强化对古巴遏制政策的同时,还不遗余力地谋求通过外交的途径来达到不可告人的目的。

---

[1]　徐世澄:《美国和拉丁美洲关系史》,社会科学文献出版社2007年版,第270页。

1964 年 7 月 21 日至 26 日,第九次美洲国家外长协商会议在华盛顿召开。① 在美国的授意下,由委内瑞拉出头,指责古巴给其境内的游击队提供武器、训练游击队、干涉委内瑞拉内政。会议在美国的高压下,通过了对古巴进行"集体制裁"的决议。其主要内容有:第一,美洲国家政府不保持同古巴政府的外交和领事关系;第二,美洲国家政府中断同古巴进行的一切贸易往来,食品、医药和医疗设备除外;第三,美洲国家政府中断它们和古巴之间的一切海运,出于人道主义的必要运输除外。

这次会议后不久,同古巴曾保持外交关系的智利、玻利维亚和乌拉圭先后宣布同古巴断交,使美国基本上达到了在外交上孤立古巴的目的。此时,在美洲只剩下墨西哥一国仍同古巴保持着外交关系。

在 1992 年"托里切利法案"颁布以前,为了彻底封锁古巴,阻挠古巴与其他国家发生贸易往来,美国向欧洲以及拉美一些国家的政府和大企业发出信件,其内容为提议不要与古巴发生经贸联系,美国会继续实行对古巴的封锁。这种外交的威胁从一定程度上表明美国对古巴自身仍然致力于对古巴的各项封锁行动,而且希望通过外交的影响力把对古巴的封锁扩大化,从而影响整个国际社会。

20 世纪 80 年代末布什总统上台以后,利用国际形势的巨大变动,继续设法从外交上寻求孤立古巴的各种途径,1992 年签署"托法"即是明证。但最终布什孤立古巴的政策在国际方面遭到了失败。

继布什之后上台的美国总统克林顿虽然在对古巴政策上有所松动,但是仍在外交上千方百计地企图孤立古巴。1994 年 12 月和 1998 年 4 月先后在迈阿密和智利圣地亚哥召开了第一届和第二届

---

① Donna Rich Kaplowitz, *Anatomy of A Failed Embargo*, Lynne Rienner Publishers. Inc. 1998, p.69.

美洲国家首脑会议。由于美国的强硬阻止,古巴国家元首卡斯特罗主席被拒绝于会议之外。其用意可窥见一斑。

克林顿政府既阻挠古巴重新回到美洲国家组织中来,还试图在国际上扩大孤立古巴的范围。在日内瓦召开的联合国人权委员会上,克林顿政府年年提出谴责古巴"侵犯人权"的提案。克林顿政府签署了恶名昭著的"赫尔姆斯—伯顿法案",给国际金融机构施加压力,不让该机构贷款给古巴,使古巴不得不背负高额的短期贷款利息。美国还不允许古巴在对外贸易中直接使用美元,使古巴增加了许多额外的费用。

此外,美国常常借口古巴的人权问题、民主问题对古巴进行外交孤立。1999 年 11 月,在古巴召开的第九届伊比利亚美洲国家首脑会议中,美国对会议进行了干涉,致信给参加会议的首脑,提出了要求促使古巴进行政治改革、保护拉美和西方的人权问题。在 2001 年4 月的日内瓦会议中,美国利用威胁、恐吓等方式迫使一些非洲国家对古巴的人权问题进行指责,以达到孤立和制裁古巴的目的。最后大会通过对古巴人权的提案这一结果使美国政府满意。

尽管美国想方设法孤立古巴,但成效甚微。许多拉美国家逐渐恢复了与古巴的外交关系,美国的一些盟友既与古巴存在贸易往来的同时,也逐渐开始与古巴进行政治交往。这是美国政府所不希望的。1999 年 8 月,古巴正式成为拉美一体化协会成员,9 月,古巴出席了第一届欧盟—拉美首脑会议,该会议经过不记名投票的方式通过《里约热内卢声明》,谴责美国对古巴的封锁。此外,卡斯特罗还与欧盟成员国的几个首脑进行了会晤。古巴 20 世纪 90 年代以来的外交取得了阶段性的胜利,基本打破美国孤立古巴的政策。2008年,欧盟解除对古巴的外交封锁,无条件恢复与古巴的对话。欧盟发展与人道主义委员路易·米歇尔到访古巴,实现了欧盟与古巴的正常化关系,同时欧盟表示不再干涉古巴内政,尊重古巴的政治立场。此外,俄罗斯在 2008 年表示准备恢复与古巴的军事合作,恢复古巴的军事基地,因为冷战结束后俄罗斯曾经放弃了在古巴的军事基地。这些都会对美国调整古巴政策带来压力,如若美国继续一意孤行对古巴实行强硬的封锁态度,那么美国不仅会使自己在孤立古巴的道路上愈走愈远,而且会削弱美国在世界范围内的影响力。

（二）军事威胁

1961 年美国雇佣兵入侵古巴虽然惨遭失败,但美国仍不甘心,仍然不断地对古巴进行军事威胁、挑衅和侵略,企图达到从军事上遏制古巴的险恶目的。

美国继续派遣飞机侵犯古巴的领空和领海,肆意践踏古巴主权。

从 1959 年 2 月 2 日美国人阿洛·罗伯特·梅勒驾机非法入侵古巴领空开始,美国飞机就没有停止过对古巴的侵犯。1995 年 6 月 13 日和 1996 年 1 月 9 日、13 日,由流亡美国的古巴裔美国人驾驶的飞机多次侵犯古巴领空,在哈瓦那上空散发煽动推翻古巴政府的反动传单,古巴政府多次照会美国政府,要求美国政府阻止这种侵犯活动,并及时警告这种飞行活动可能带来的严重后果。

1996 年 2 月 24 日,三架来自美国佛罗里达州的美国"海盗"飞机再次侵入古巴领空和领海,在古巴空军两次发出警告后,仍置之不理,而且又有两架飞机第三次侵入古巴领空。在忍无可忍的情况下,古巴军方被迫命令古巴空军米格-29 飞机起飞,将入侵的两架飞机在古巴领空范围内击落。

美国还利用其在古巴的关塔那摩军事基地对古巴进行军事上的挑衅。据古巴官方统计的数字显示,从 1962 年起至 1994 年,美国对古巴一共进行了 5236 次挑衅,侵入古巴领海、领空甚至领土多达 8262 次。1964 年 7 月及 1996 年 5 月,美国军队从基地先后开枪打死两名古巴边防士兵。据统计,美国军队从该基地向古巴军民开枪打死军人和渔民共 8 人,打伤 15 人。

第三节　美古关系出现缓和契机

一、美国对古巴遏制政策缓和的迹象

美古两国关系的发展以美国对古巴的遏制为主流,但不断有缓和的迹象,成为国际关系中较为复杂的一种关系。美国与古巴是大国与小国之间国家实力的对抗,显然大国在国际关系中起主动和较为主导的地位,美国的姿态决定两国关系的好坏。尽管古巴始终积极与美国对话,期望改变两国的关系。但在纷繁复杂的国际关系影响下,两国的关系仍受国际社会的影响。

古巴导弹危机后,古巴政府既坚持与美国的对抗,也试图与美国在某些方面进行沟通。沟通的方向最终体现在有关移民的问题上。1965 年双方在瑞士大使馆达成一项"谅解备忘录"便是最好的证实。这项备忘录规定美国和古巴在迈阿密和古巴的巴拉德罗之间建立一条空运航线,以运送希望去往美国的古巴人。这样既解决了大量古巴侨民涌入美国的问题,也能减少古巴国内的对移民的不满情绪。

进入 20 世纪 70 年代,美国在这一时期自身经济实力下降,加之由于越战失败加剧的国内矛盾,美国政府决定重新调整对外政策,采取一种"收缩"的外交方式,同时也在古巴问题上进行一些让步,于是两国便在这一时期出现短暂的缓和。使原本带有明显的反共倾向

的尼克松政府在这一时期开始调整对古巴的政策,其用意是不仅要缓解各拉美国家反美斗争日益高涨的形势,也顺应对外收缩政策来达到均势外交的目的。

在这种形势下,美国首先提出解决劫持飞机以及船只运输的问题。两国于 1973 年 2 月签订了《关于防止劫持飞机和船只及其他犯罪行为的协议》。此外,美国众议院的共和党人也曾向政府提交报告,建议美国应与古巴对话,并指责对古巴的严密封锁。1974 年,美国国务卿基辛格派参议院议员两次访问古巴,并传达了美国对其友好之意:即虽然美国与古巴的社会制度有所不同,且对外政策上也存在分歧,但不必长期敌视下去。这次出访是两国断交后的美国政府官员的首次访问,使两国关系的紧张对抗有所松动。

福特继任美国总统后,继续对拉美进行协商和对话,有利于松动的美古关系有进一步的推动。1975 年 7 月,在第 16 次美洲国家外长协商会议通过提案,美国授权其他美洲国家成员国可以各自以适当的方式来处理同古巴的关系,以此取消了对古巴的集体制裁。同年 8 月,福特取消了对古巴的部分禁运。古巴对这些行动表示欢迎。但这种松动的势头被安哥拉问题打破。古巴派出的军事力量与当地的解放力量结合在一起将美国所支持的军事力量赶出了安哥拉。这激起了美国政府的强烈愤慨,表示不会再对两国的缓和做出任何的举动。在福特政府末期,两国关系的正常化进程被搁置下来。

吉米·卡特的上台给两国关系带来了新的转机。卡特认为,"美国必须强调北南关系,而不是东西关系的问题,美国必须对民族主义甚至左派政权做出让步"。① 这表明卡特主张应积极主动缓解

---

① ［美]托马斯·G.帕特:《美国外交政策(下)》,李庆鱼译,中国社会科学出版社 1989 年版,第 839 页。

美古关系,这样不仅能重新在拉美树立良好形象,而且会使古巴与苏联的关系疏远。这些善意的姿态也得到了卡斯特罗的回应。两国政府代表于1977年3月24日就捕鱼和海上边界问题进行了会晤,并就划定临时分界线问题达成了协议。4月,下令停止对古巴的侦察飞行。同年9月1日,两国分别在对方的首都设立了照管利益的办事处。美国在这一时期表现出异常的友善,促使两国关系走向正常化。但当1979年9月美国发现古巴驻守的几千人的苏联战斗旅后,这种缓和迹象被打破。美国又重新加强了对古巴的监控,最终,两国关系不仅没有得到改善,反而自此更加恶化。

1993年,民主党人克林顿入主白宫,这一时期美国对古巴政策有所缓和。他的上台使卡斯特罗十分兴奋,因为自肯尼迪政府执政以来,凡是民主党上台,都会对古巴实行缓和政策,因此,卡斯特罗主动向克林顿抛出橄榄枝,卡斯特罗对美国ABC电台的记者说道:"我的印象里克林顿是个爱好和平的人呢,我还觉得他是个有道德的人。"①这是卡斯特罗对美国领导人难得的评价,也是古巴主动缓和两国关系的开始。古巴选择在这一时期主动缓和两国关系不仅在于美国领导人的换届,而且更为重要的一点是这一时期古巴的国内形势。古巴1990年的改革使古巴的政治局势得到稳定,外交环境的改善使其具备对外开放的条件;另一方面,古巴的经济虽然有所恢复,但仍然受外部冲击的极大影响,加上1993年遭受的灾害,这导致古巴在经济上进入了较为困难时期。同时,古巴开始进入到改革开放时期,希望通过改善古美关系来促使古巴经济的发展,因为这涉及古巴面临的封锁问题。

---

① 程映虹:《菲德尔·卡斯特罗:20世纪最后的革命家》,外文出版社1999年版,第415—416页。

自冷战结束,苏联社会主义轰塌,两极格局解体,国际关系有了重大变化,古巴事实上已经不构成对美国的战略威胁,加之美国意识到古巴在最困难的情况下,仍坚持社会主义,并开始在一定程度上对外开放。鉴于种种原因,强调向外扩张的克林顿决定为改善两国关系作出一些努力。1993年7月,美国的国务院移民专家与古巴的官员就移民问题举行了会谈。同年9月,美国国务院负责古巴事宜的官员访问了古巴,就双边关系进行了官方的接触。

1999年6月,美国与古巴官员签署了一项打击毒品走私的合作协议,同时简化了美国官员访古的手续,在古巴设立了办事处,同年8月,美国参议院取消了对古巴的食品和药品的限制,2000年,美国国会众议院通过解除对古巴的食品和药品的禁运以及美国公民自由前往古巴这两项议案,至2000年底,美国国会议员已提出20多项议案,要求减轻对古巴经济的封锁。表明美国的立法机构已经开始对古巴封锁问题进行了反思和考虑。

古巴与美国关系的缓和又一次节点是在"9·11"事件发生以后,古巴政府的积极态度使美国对古巴政府再一次缓和。

美国五角大楼在2001年9月11日受恐怖组织袭击,损失严重,也加深美国民众对恐怖主义的恐慌。此时古巴政府对这种恐怖主义行为进行严厉的谴责。卡斯特罗代表古巴政府向美国表示最深切的哀悼,另外古巴还愿意向美国提供医护救助和其他可能需要的帮助。正是这样的同情和帮助使得美国对古巴的敌视态度有所缓和,尤其体现在经贸方面。

2001年,古巴遭受了飓风灾难,美国政府向古巴递交外交照会表示慰问,并表示愿意提供人道主义援助。这是自1961年以来美国对于古巴的最低姿态,并同意古巴用美元现金购买美国的药品和食品,这是 1962 年美国对古巴实施禁运以来,两国之间第一次直接通商。两国之间的直接贸易不断扩大。据官方统计,从 2001 年 12 月开始到 2004 年 8 月,古巴从美国购买的食品价值总计 9.6 亿美元,古巴在美国出口中的地位从倒数第 1 位上升到第 39 位。① 此外,自克林顿政府时期就有许多美国企业不顾国家政策的阻挠与古巴进行秘密接触,这不易于从内部瓦解美国对古巴的封锁。

二、政治人士与古巴的"互动"

政治人士与古巴的"互动"给两国关系的缓和带来契机。1994 年 6 月 25 日,教皇约翰·保罗二世在接见来访的古巴主教时,第一次公开谴责美国对古巴的经济制裁,指出任何企图惩罚古巴政府的措施都会加重古巴人民的苦难。1998 年,约翰·保罗二世访问古巴时,向古巴提供了价值 2000 万美元的药品、医疗设备和食品。其中一半是由美国天主教徒提供的。②

据估计,古巴信教人数占全国总人口的 75% 至 85%,宗教类别较多,但天主教是古巴最为普遍的宗教。古巴天主教会称,在 1120 万古巴人中,约 60% 的人接受了天主教的洗礼。③ 因此,教皇的出访既推动了宗教的传播,增加天主教在拉美地区的影响力,也希望通过宗教外交来影响古巴社会,推动古巴向着西方社会的方向发展。

1998 年 1 月,约翰·保罗二世应卡斯特罗邀请访问了古巴。这个被誉为"罗马教皇中最反共的教皇"的神职生涯是带有一个世俗

---

① 毛相麟:《古巴社会主义研究》,社会科学文献出版社 2005 年版,第 266 页。
② 张志鹏:《罗马教皇访问古巴有助实现"双赢"》,见 2012 年 4 月 3 日,http://www.mzb.com.cn/zgmzb/html/2012-04/03/content_83731.htm。
③ 张志鹏:《罗马教皇访问古巴有助实现"双赢"》,见 2012 年 4 月 3 日,http://www.mzb.com.cn/zgmzb/html/2012-04/03/content_83731.htm。

的政治目的即用教会的精神影响去配合西方的经济、政治和军事战略,促使苏联集团的崩溃。教皇应邀是因为古巴放宽了对古巴天主教的各种限制,希望通过这次访问对古巴传递更多的"民主化"发展。而卡斯特罗的意图是希望借助教皇在国际上的影响,改善古巴的国际形象和对外关系以此来打破美国对古巴的经济封锁以及争取各国的支持和关注。这次教皇的访问引起全世界的广泛关注,许多天主教徒纷纷利用这次机会随教皇来到古巴。教皇在访问古巴期间,谴责美国对古巴的经济封锁,敦促美国政府应该取消这样的制裁,两国之间建立外交对话,呼吁"愿具有巨大潜力的古巴向世界开放,也愿全世界向古巴开放"。[①] 事实证明,卡斯特罗的这次邀请是古巴外交上的一次胜利。教皇的访问不仅没有促使古巴社会主义的倒台,反而还使古巴的国际形象得到改变,让西方国家意识到古巴对外开放的意愿,也带动了其他国家与古巴的经济往来。

对于这一情况,克林顿政府决定对古巴政策进行适当的缓和。1998 年 3 月 20 日,克林顿发表声明,允许美国运载人道主义物资的飞机直航古巴;允许美籍古巴人向他们在古巴的亲属汇款,每人每年至多可汇款 1200 美元;加快对古巴出口药物的审批过程;要求国会通过向古巴销售粮食的立法。这一声明是 1962 年美国对古巴实行全面禁运以来第一次在封锁古巴的政策上的让步,尽管这对古巴的经济影响并不大,但卡斯特罗认为这是两国走向友好化的象征。虽然美国对古巴的封锁政策有所松弛,但这并没有改变美国从根本上制裁古巴的意愿,取消部分制裁只是对教皇呼吁的回应。

---

① 徐世澄:《卡斯特罗评传》,人民出版社 2008 年版,第 335 页。

但克林顿这种一小步的让步引起了国内不少商会和共和党议员的不满意,认为政府应在对缓和古巴经济封锁中多走一些,或者派一些大型跨国企业的代表访问古巴,这些代表了国内的经济利益的心声。除此之外,古巴这一时期也在外交上取得一定的成就使美国政府开始关注和考量对古巴的封锁。1998年4月古巴外长访问西班牙,西班牙宣布任命驻古巴的新大使,两国关系自此步入正常化,当月,加拿大总理也访问了古巴,在巩固加古经贸的同时,还呼吁美国取消对古巴的封锁政策。这促使美国进一步放宽对古巴的封锁。

1999年1月,克林顿宣布放松对古巴的部分制裁:减少美国公民向古巴亲属或非政府组织邮寄现金金额的限制;允许古巴的非政府机构和私营实体出售美国食品和农作物;扩大美古两国民间交往和体育往来;允许包机飞往哈瓦那以外的古巴城市等。事实上,克林顿政府已经意识到,针对古巴的封锁政策不仅有损于美国国内的经济利益、对外利益,也伤害了无数无辜的人民,克林顿对古巴这一敏感的政治问题也不敢采取大刀阔斧的改革,但民间的呼吁却日益高涨。1999年7月,300多名古巴裔的美国人在华盛顿集会,要求美国结束对古巴的禁运,呼吁通过对话恢复同古巴的正常往来。8月,美国最大的公会组织劳联—产联通过决议,呼吁对古巴制裁的结束。1999年2月,克林顿在发表的外交政策讲话中,没有将古巴列为所谓的"无赖国家",以此表示美国改善与古巴关系的姿态。同时,美国的政要、民间团体、企业主纷纷访问古巴,美国有线电视台和美联社在古巴设立了常驻记者。1999年初,克林顿默许美古棒球队互访,采取民间外交的方式同古巴人民接近的战略。同年10月,美国伊利诺伊州州长、共和党人乔治·瑞安开始对古巴进行历史性的人道主义访问,这成为自 1959 年古巴革命以来第一位访问古巴的美国州长,并且给古巴带去了价值超过 100 万美元的"人道主义援助"。这些都使美古两国的坚冰有所融化。

时隔 14 年之后,罗马教皇本笃十六世与 2012 年 3 月对古巴做为期 3 天的访问。

2002 年 12 月,美国前总统吉米·卡特对古巴进行为期 6 天的访问具有历史突破性。这是自 1959 年古巴革命胜利以来美国最高级别的前政界人士对古巴进行的访问。这同样是古巴主动提出来的,其目的有二个:第一,进一步增强美国国内对取消古巴封锁的呼声,使美古关系正常化,第二,向世界展示古巴在尊重人权、发展医疗卫生、公共教育事业的发展,以此消除一些国家对古巴的误解,也反驳美国针对古巴在人权和制造生化武器的谣言。卡特的出访得到总统小布什的批准,但他表示不会成为两国之间的调停人,但希望通过这次访问能逐渐取消美国对古巴的禁运以及美国公民去古巴旅游的限制。在访问中,卡特既对古巴在一些问题上提出批评,又呼吁美国应以大国身份积极主动改善两国关系,建议成立一个委员会推动两国关系的发展。同时,他也表示,两国关系的改善仍然需要时间,此次访问不会带来实质性的变化。

虽然冷战以后两国的关系仍然没有解冻,但是自克林顿执政开始,美国与古巴的民间交往开始松动,也得到了美国政府的默许。2002 年 10 月,华盛顿苹果委员会与美国 PWN 国际展览公司在哈瓦那举办了美国食品及农产品展览。该活动得到了美国财政部的许可,这是美国自 1959 年以来在古巴举办的第一次产品展览会。

第四节　影响美国对古巴政策的
因素分析及特点

一、影响美国对古巴政策的因素分析

　　1959 年古巴革命胜利初期,由于美国对古巴前巴蒂斯塔政权的失望和不满,故美国对古巴新政府曾抱有等待、观望和寄予希望的政策。美国密切注视在古巴发生的变革,关心古巴革命政府对美国的态度。1959 年 1 月,艾森豪威尔在一次记者招待会上宣布,他希望新的古巴政府能够"真正代表古巴人民,并且能反映人民的意见、人民的渴望并帮助人民的事业前进"。[1] 卡斯特罗也曾表示竭尽全力传播美国人民和政府的亲善友好。[2] 1959 年 4 月卡斯特罗访问美国,美国国务卿赫脱认为,在古巴政府采取影响美国利益的具体行动之前,美国应该继续奉行"观望等待"政策。[3] 然而,古巴政府的土地改革,极大地损害了美国在古巴的经济利益,美国政府采取了一系列限制古巴经济的措施。随着苏古关系的加强,美国政府所担心的苏联的影响开始进入了美国的势力范围,这引起了美国的恐惧。美国对卡斯特罗侥幸期望和观望等待政策彻底结束,此后美国开始对卡斯特罗政权采取敌视态度。古巴革命后,美国历届政府为达到扼杀古巴革命、消灭卡斯特罗的目的对古巴一直实行遏制政策。在经济上,进行经济封锁和贸易禁

---

[1] Department of State, *Current Documents*, 28 January 1959.

[2] Bonsal., Philip W., *Cuba, Castro and the United States*. Pittsburgh: The University of Pittsburgh Press, 1971. p.267.

[3] Hybell, Alex R., *How Leaders Reason: U. S. Intervention in the Caribbean Basin and Latin America*, Oxford University Press 1990, p.85.

运;在军事上,组织雇佣军武装入侵并策划秘密行动;在外交上,利用美洲国家组织孤立古巴;在政治上,扶植反对派,搞各种颠覆、破坏活动。美国对古巴政策主要是基于在美国对拉丁美洲的霸权主义和强权政治政策的基本框架之内;在美苏冷战的前提下,从其全球战略及美国自身安全出发来制定;同时美国外交政策的制定也受国内政治、北约盟国政策变化及美洲国家组织政策变化等各方面因素的制约和影响。

第一,大国霸权主义和强权政治是美国对古巴政策制定的基本出发点。

按照美国人的观点:首先,所有拉丁美洲国家在历史上都是西方基督教文化传统的一部分。他们的祖先起源于早期的欧洲社会,比美国和加拿大还要早。其次,拉丁美洲是美国私人资本在 20 世纪初开始投资的首批地区之一。到第一次世界大战的时候,美国已成为拉丁美洲出口最大的市场,也是拉丁美洲进口和资本投资的最大的来源。再次,在冷战和所谓共产主义威胁面前,拉丁美洲及古巴与美国在政治和经济上将更加相互依赖。[1] 曾任美国参议院外交委员会委员、约翰·霍普金斯大学的马格丽特曾写道:"拉丁美洲在政治上对美国极为重要,尤其是在衡量美国在世界上的力量和影响时,保持美国在西半球的优势是重要的。而且美国的国家利益是要在西半球存在稳定的、友好的和繁荣的国家,不容许任何敌对国在拉丁美洲施加影响。"[2]因此,美国一直把拉丁美洲视为自己传统的势力范围和它称霸世界的战略后方。古巴革命的胜利,使美国在拉丁美洲的霸

---

① National Planning Association, *United States and Latin American Policies Affecting Their Economic Relations*, U.S.Government Printing Office, Washington, 1960.p.12.

② Margaret Daly Hayes, *Latin America and the U.S.National Interest A Basis for U.S. Foreign Policy*, Westview Press, 1984, pp.5-6.

权主义受到严重的挑战。为了把古巴革命扼杀在摇篮之中,古巴革命胜利后不久,美国积极策划并发动了猪湾入侵,试图军事打击古巴、运用经济封锁和贸易禁运限制古巴、外交孤立古巴。在古巴导弹危机期间,美国对古巴的霸权主义和强权政治得到了充分体现。美苏两国为了各自的国家利益,无视甚至任意践踏古巴国家的主权,它们背着古巴进行暗中交易,激起了古巴人民的强烈不满,在卡斯特罗的领导下,古巴人民同美苏进行了针锋相对的斗争。

第二,冷战思维是美国对古巴政策制定的决定因素。

1947 年美苏冷战开始后,美国与苏联在世界范围内展开了激烈的争夺。1954 年在加拉加斯的美洲国家会议上,美国国务卿杜勒斯强调:目前,国际共产主义企图把大陆以外的一个强国的政治体系引入我们的半球,任何一个美洲国家的政治机构一旦受到国际共产主义的统治或控制,就必然构成对美洲国家主权和政治独立的威胁,使美洲和平处于危险状态。从 20 世纪 60 年代起,随着苏联的经济实力和军事实力的加强,美苏两国的对抗也在加剧。1959 年古巴革命胜利对美国是一个严重打击。因为古巴是美国的天然"后院",他直接威胁美国的本土。随着苏古关系的加强,艾森豪威尔政府在美苏冷战的前提下,从其自身安全利益出发做出了颠覆卡斯特罗政府的决定。艾森豪威尔政府早在古巴革命胜利之前,就已经批准了一份国家安全委员会的 NSC5613/1 文件,称:"如果一个拉丁美洲国家同苏联集团建立起紧密的关系,并具有一种对我们的重大利益抱有严重偏见的性质时,我们就要准备减少与这个国家政府的经济与财务合作,并采取任何其他适当的政治、经济、军事行动。"①

---

① Stephen G. Rabe, *Eisenhower and Latin America*, The University of North Carolina Press, 1988, p.91.

　　古巴革命胜利后,艾森豪威尔政府精心策划的反卡斯特罗政权的军事行动,终于在肯尼迪上台后不久得以实现。为了表达实现这一计划的目的,肯尼迪在 1961 年白皮书中明确表示美国反对的不是古巴革命,而是卡斯特罗使它倒向了共产主义这一事实,并号召卡斯特罗断绝和国际共产主义的联系,否则,渴望自由的古巴人民将继续为一个自由的古巴而奋斗。① 由此可见,肯尼迪的目的是防止卡斯特罗式的共产主义颠覆活动在西半球蔓延开来。古巴导弹危机使美国本土安全受到威胁,美国在世界上的霸主地位受到挑战。古巴导弹危机中美国的强硬立场,最终使肯尼迪赢得了他在国内及盟友中的信誉,表明了防止共产主义在西半球的渗透的决心。同样,苏联加强苏古关系及在古巴部署导弹也受到冷战思维的影响。古巴革命胜利后,苏联加强同古巴的贸易,成功地把它的势力深入到美国后院。在古巴部署导弹也是出于冷战考虑,赫鲁晓夫认为:在猪湾入侵后,古巴始终受到美国入侵的威胁,古巴作为社会主义国家而存在,并成为拉丁美洲国家的榜样,苏联必须采取措施保卫古巴。这一方面可以抑制美国对古巴政府采取轻率的军事行动,也可以使苏联的导弹达到西方所谓的均势。通过以上分析可以看出,美国对古巴政策的制定,是随着美国对苏联冷战政策的变化而变化的。

　　第三,国内政治对美国对古巴政策的影响。

　　国内政治对美国对古巴政策的影响,集中体现在肯尼迪政府对古巴的政策。在肯尼迪竞选总统时,为了顺应民意,力主武力解决古巴问题,古巴问题成为总统大选所争论的重要论题。肯尼迪指责艾森豪威尔政府忽略了共产党在古巴的影响,认为艾森豪威尔失去了

---

① Editorial Note, Doc. 79, *FRUS*, *1961—1963 Vol. X, Cuba. 1961—1962*.

古巴,为共产党向西半球渗透开辟了道路。① 美籍古巴人和古巴在美国的流亡者在美国院外集团和两党政治中也有较大的影响,这在很大程度上左右了美国政府的对古巴政策。肯尼迪就对反对卡斯特罗的流亡者表示敬意,强调美国应该在古巴流亡者中和古巴本土加强反卡斯特罗的力量。② 在 1960 年 10 月 21 日,第四次肯尼迪—尼克松竞选辩论会上,肯尼迪明确表示,美国有能力控制和改变古巴及拉丁美洲。肯尼迪认为古巴国内革命及其与苏联的密切合作,对美国利益构成了真正的威胁。肯尼迪坚持防止卡斯特罗的影响向其他拉丁美洲国家的蔓延,积极主张武力干涉古巴,使他争得了选票,登上了总统的宝座。由于他在竞选中承诺帮助古巴流亡者和古巴国内反动派推翻卡斯特罗,使他陷入自己设计的陷阱。③ 猪湾事件后,肯尼迪的古巴政策受到攻击。古巴导弹危机时共和党人再次对肯尼迪政府发起攻势,指责政府对古巴的软弱,为了改变被动局面,也是迫于国内压力,肯尼迪不得不考虑对苏联采取强硬政策。古巴导弹危机使肯尼迪的国内威望提高了,被认为是他"最美好的时刻",同时他赢得了多数共和党议员的拥护。

第四,美洲国家组织和北约盟国政策变化对美国对古巴政策的影响。

古巴革命胜利后,通过美洲国家组织来孤立并制裁古巴是美国对古巴遏制政策的一个重要手段。从艾森豪威尔政府开始,美国就希望能得到美洲国家组织其他成员的支持,通过美洲国家组织采取

---

① *The New York Times*, October 16, 1960.

② Welch, Richard, *Response to Revolution: The United States and the Cuban Revolution, 1959—1961*, The University of North Carolina Press, 1985, p.65.

③ Donna Rich Kaplowitz, *Anatomy of A Failed Embargo*, Lynne Rienner Publishers Inc. 1998, p.43.

抑制古巴的措施,把古巴问题变成和拉丁美洲国家利益相关的多边问题,只有这样,才能使古巴问题"合法化""泛美化";为此,通过1959 年 8 月在智利圣地亚哥和 1960 年 8 月在哥斯达黎加圣何塞先后召开了第五次和第七次美洲国家外长会议,美国基本上达到了使会议通过公开谴责古巴的决议的目的。会议虽然没有关于集体行动的具体规定,但并不禁止任何政府在迫不得已的时候采取"单方面行动"[①]。根据这个规定,美国对古巴采取的"单方面行动"的重要内容是对古巴施加新的经济压力。猪湾入侵失败后,美国仍千方百计企图孤立并进而扼杀古巴革命。在 1962 年 1 月的乌拉圭埃斯特角的第八次美洲国家外长会议上,美国实现了把古巴排除在美洲国家组织之外的目标。但美国提出的包括美洲国家组织全体成员国同古巴断绝外交关系的"集体制裁"计划未获通过。

1962 年 10 月 23 日,在美国的要求下,美洲国家组织在华盛顿召开会议,通过了美国的提案,要求立即从古巴拆除和撤退所有导弹及其他任何类型的进攻性武器,目的是给古巴打上侵略者的标记,并授权美洲国家组织的成员国采取任何必要的步骤——包括使用武力——来消除对美洲国家和平的威胁,会议还通过了支持美国对古巴实施封锁的提案,这些提案的通过,表明在古巴导弹危机中,一方面拉丁美洲国家支持美国的立场,使美国在联合国取得了外交的主动权,另一方面也使美国军队在执行封锁时有了法律基础,那就是美洲国家组织决议案。

应该承认,古巴政府在导弹危机后,失去了对苏联的信任,转而采取了支持拉丁美洲各国反对派进行暴力斗争的行动,这种输出革

---

① Morley, Morris, *Imperial State and Revolution: The United States and Cuba, 1952—1986*, Cambridge University Press, 1987, p.118.

命的方式,给拉丁美洲各国政府的领导人带来了巨大的威胁,也成为拉丁美洲各国被迫倒向美国一边,寻求支持的动力。这种行动在事实上使美国在拉丁美洲孤立古巴的政策得逞。

1964 年 7 月,第九次美洲国家外长会议在华盛顿召开,在美国的压力下,美洲国家组织终于通过了对古巴的"集体制裁"的决议。通过这次会议美国终于达到了孤立古巴的目的。从此,只有墨西哥一国同古巴始终保持着外交关系。这种状况直到 20 世纪 60 年代末 70 年代初才有所改变。

美国还利用欧洲盟国支持其对古巴采取禁运政策,虽然拉丁美洲组织的支持是美国将禁运国际化的关键因素,但是历届美国政府都更加重视与北约各成员国的合作。因为拉丁美洲各国与美国是相互依赖的关系,普遍尊重美国的要求,而北约国家则对美国存在很大怀疑。开始,美国用外交劝说来阻止北约国家与古巴的交易,不成功后美国政府采取了严厉的步骤来遏制欧洲参加古巴贸易,并要求北约理事会来惩罚禁运违反者。1962 年 9 月,美国国务卿腊斯克要求北约国家的船只禁止对古巴进行货运。1962 年 12 月 22 日肯尼迪政府决定对将商品运往古巴及将古巴商品运往国外的船只进行惩罚(包括任何国家的船只)①。1963 年,为了进一步在经济上孤立古巴,美国对其他国家施加压力,白宫签署了第 220 号国家安全行动备忘录(NSAM220)②。

在古巴导弹危机期间,美国仍十分强调与盟国的协调。美国对古巴实行"隔离"以前,美国外交官在美洲组织、北约以及联合国内的亚非集团中积极开展活动,企求取得世界舆论的支持。美国国务

---

① Circular Telegram to all Latin America Posts Doc. 255.*FRUS* 1961—1963.*Vol.XI.*
② http://www.Jfk;brary.org/images/nsam220\.jpg.

院与西方各国的驻美大使联系,安排与西方主要国家召开特别会议,并拟定召开美洲国家组织和联合国安理会紧急会议的计划。美国对古巴政策的制定,得到美洲国家组织和北约盟国的支持,使其更具有合法性。

二、美国对古巴遏制政策的特点

第一,公开行动和秘密行动同时进行。

古巴革命胜利后,古巴在政治、经济、社会等方面进行的改革,引起美国的不满。美国政府公开要求古巴给予赔偿,这一要求被拒绝后,美国于 1959 年 8 月宣布减少古巴蔗糖对美国的出口份额,并要求美洲国家组织采取联合对付古巴的行动。从此,美国对古巴的经济制裁与封锁、通过联合国及美洲国家组织在外交上对古巴孤立与限制等政策基本上都是采取的公开行动。美国在一系列公开场合,对古巴政府采取遏制政策。与此同时,在公开行动的背后,美国还实施了各种秘密军事行动。1959 年 11 月,艾森豪威尔就表示,在对古巴政策上,美国"不能仅仅对那里的炼糖厂耿耿于怀,而是要拿出一套实际方案来对付卡斯特罗"。[1] 从此,美国开始秘密准备 1960 年 2 月的中央情报局的"冥王星计划"、1961 年 11 月的国防部的"猫鼬计划"及 1961 年 6 月的"紧急情况计划"。这些秘密行动的目的一方面是要对卡斯特罗等古巴领导人进行暗杀,另一方面是要在古巴国内从事其他破坏活动,颠覆古巴政权。

美国还曾利用公开声明掩盖其秘密行动。在猪湾事件之前,为了迷惑古巴,美国于 4 月 12 日向国际社会表示,"将信守不干涉古巴

---

[1] John Prades, *President's Secret Wars——CIA and Pentagon Covert Operations Since World War II*, William Morrow and Company, Inc, New York, 1989, p.177.

内政的原则,……在任何情况下,美国武装部队将不会对古巴进行任何干涉,而且本政府将尽一切努力,并认为他能够履行其职责,以确保没有美国人卷入古巴境内的任何行动"。事后肯尼迪面对国际舆论的强烈反应,4月20日再次发表"古巴的教训"的声明,仍然强调猪湾事件是"古巴爱国者反对古巴独裁者的斗争,美国军队没有干涉"。①

第二,强硬政策与妥协政策并重。

美国政府的强硬与妥协政策,最初是体现在对古巴政策上。古巴革命初期,美国对古巴政权采取"观望等待"、拉拢和靠近政策。苏古关系的加强,使美国在拉丁美洲的霸权地位受到挑战,随即美国开始加紧制定、实施对古巴的外交孤立、经济制裁、军事打击等强硬政策。

在古巴导弹危机初期,美国的强硬政策是体现在对苏联政策上。美国采取的强硬政策是其强权政治的表现。肯尼迪政府发现导弹后便着手制定强硬措施,迫使苏联撤出在古巴的导弹,这不仅是出于对这一部署完成后美苏战略态势可能发生的变化的担忧,而且是出于对美国国内的政治反应的考虑。因此肯尼迪政府对危机期间所能采取的政治、外交、军事等各种措施进行了周密的准备。隔离措施的选择,不仅显示了美国为实施封锁而具备的能力,而且表明了美国在必要的时候不惜一战的决心。然而,肯尼迪又相当谨慎,在加紧备战的同时又给赫鲁晓夫留下了足够的回旋余地。在古巴导弹危机期间,美苏两国领导人通过多种秘密渠道,寻找协商解决问题的途径。美苏最高领导人之间一直保持着接触,从1962年10月22日到12月

----

① Public Papers, Kennedy, p.305.

14 日肯尼迪和赫鲁晓夫来往的信件就有 25 封,其中大约一半信件在 1992 年 1 月以前是绝密的,在这些信件中两人虽然相互指责对方的行为,但是都明确表达了避免世界因为这场危机陷入核大战、通过和平谈判的途径解决危机的强烈愿望。另外还有其他秘密渠道:苏联驻美国大使多勃雷宁和罗伯特·肯尼迪的秘密对话;美国 ABC 电视网记者约翰·斯卡利和苏联 KGB 驻华盛顿官员亚历山大·菲克利夫的秘密往来等,通过这些对话,两国可以达成如下协议:苏联从古巴撤走中程导弹、伊尔-28 轰炸机及其附属设备;美国承诺不侵犯古巴并且同意今后拆除部署在土耳其的丘比特导弹。古巴导弹危机正是因为两个超级大国之间的秘密对话和相互妥协而得以平息。

由此可以看出,两个超级大国尽管表面上摆出了不惜一战的姿态,但实际上他们的行为十分谨慎,危机期间双方的秘密接触不断,努力把冲突控制在一定范围之内,并且寻求和平解决问题的途径。也正是由于两国间的斗争与妥协,才得以避免了具有毁灭性的核战争。

第三,美国对古巴政策制订方面的几点说明。

美国对外政策的决定和实施,是一个十分复杂的过程,美国的古巴政策更是这种复杂过程中的突出点,它反映了总统和其他对外政策机构,包括军事机构和情报机构在制定政策时的协调关系。首先,是美国总统在制定对古巴政策中的作用,应该说,美国总统在制定对外政策时,其作用是最大的,但是,其所作出的决策,却受到种种因素的左右和影响,杜鲁门和艾森豪威尔总统时期,由于冷战的加剧和美国国民对共产主义的恐惧,导致总统权力的增加和国家安全委员会的建立,整个政府与社会反共倾向是一致的。此外国务院、中央情报局和军事机构的情报收集,整理及政策倾向,也对总统的决策起着重要作用。例如,美国国务院、中央情报局对古巴经济的分析以及对古巴经济对蔗糖出口的依赖程度的判断都成为美国艾森豪威尔政府对古巴政策的制定依据,事实上,由于总统本身并没有可能对这些具体情况进行判断,也就根本无法作出自己决定。肯尼迪总统刚上台不久,本来对实施猪湾入侵计划并不了解,而且该计划在实施之前他也曾犹豫,但最后还是听从了中央情报局猪湾入侵计划行动小组的意见,草率地实施了该计划,并承担了该计划失败所造成的后果。古巴全部倒向苏联,苏联把导弹运入古巴在很大程度上是这个计划失败所带来的直接后果。

其次,美国对古巴政策的制定和实施,也反映了美国社会价值观、社会舆论,以及国际大背景对决策过程的影响,美国社会有着其根深蒂固的价值观,私有财产神圣不可侵犯、民主的观念首当其冲。当美国政府和公司在古巴的投资,当美籍古巴人、古巴侨民的私有财产由于古巴卡罗特罗革命而受到威胁的时候,美国政府作出强烈反应是在情理之中。应该说卡斯特罗在没收这些财产时,曾表示了要分期偿还的愿望,只是美国政府自认为通过经济制裁和武力威胁就可以使古巴就范,而没有采取温和的方式,谈判的方式,对等地与古巴政府进行对话,才错误地引发矛盾的步步升级。当然,如果古巴新政府冷静地考虑到美国社会价值观等重要因素,尽量减少与美国政府的正面冲突,也采取对话谈判的方式,可否会在革命后四十年间有更大的发展空间,把古巴建设得更好,也是需要认真考虑的。在长达四十年的敌对状态中,美国在古巴的投资,古巴侨民的被没收财产一直是左右美国南部各州,特别是佛罗里达州公民舆论和社会压力的主要原因。

此外,国际大形势对美国国家安全的影响和美国的民主价值观也有着冲突和相互作用。在冷战期间,当多数美国人意识到所谓苏联共产主义威胁时,特别是当这种威胁突然来到西半球,来到美国人的鼻子底下时,美国民众对国家安全的考虑就优先于民主价值观。正是这种影响,才使肯尼迪总统对古巴导弹危机所作出的冷静而又果断的政策赢得美国民众的民心,也在国会中获得了两党议员的全力支持。

但自从美国卷入越战之后,特别在冷战结束的大背景下,美国民众民主考虑的重要性上升了,美国国家安全的重要性则在下降,这也导致越来越多的美国民众反思美国的古巴政策:失去苏联支持,古巴还真对美国国家安全构成威胁吗?美国为什么要失去这个近在咫尺的商品市场和投资场所呢?国际形势的变化和美国民众的呼声也正是美国克林顿政府开始改变美国对古巴政策的依据。"9·11"事件暂时中断了这一进程,但在可以预料的将来,美国对古巴政策,美古关系一定会出现较大程度的变化。

第三,从地缘政治学的观点出发,它还反映了美国国家实力在全球安全环境中的地位变化。

19世纪末20世纪初,美国的经济扩张主要表现在西半球,以1898年美西战争为标志,美国对外政策进入到了一个地区主义阶段。美国政府和美国企业开始在拉丁美洲地区引人注目,特别是在中美洲和加勒比海地区的存在。而此时的拉丁美洲地区正处于一种非殖民化政治动荡时期,这就导致了美国持续的军事入侵和占领,从西奥多·罗斯福的"大棒"政策到威廉·塔夫脱的"金元外交"和伍德罗·威尔逊的"新自由"政策,美国经常派出海军陆战队镇压当地人民的反抗活动,扶持老的或新的政治人物或集团,美国的这种政策(行动)几乎遍及中美洲和加勒比海每一个国家,而且经常是一次又一次卷土重来,直到富兰克林·罗斯福的"睦邻政策",美国才放弃了派军队直接进行干涉邻国内政的做法。

二战结束后,美国成为一个在全球范围内的世界大国,并形成了具有全球影响的对外政策,其拉丁美洲政策和古巴政策也带有这种全球战略的特点。在美国人看来,尽管美国的经济和军事实力在战后达到了世界顶峰,但美国自独立和大陆主义时期以来第一次感到了对其国家安全的外部威胁,这就是所谓苏联共产主义在世界范围的推进。对于多数美国人来说,惧怕苏联共产主义、惧怕自己的私有财产被剥夺成为美国国内政治的核心。西半球共产主义的威胁是从卡斯特罗的革命开始的,随着古巴革命朝着苏联方向的靠近,干涉古巴革命,遏制古巴道路在拉丁美洲的发展,就成为美国对古巴政策的关键性因素。

从对古巴政策的具体制定及实施过程中,美国动用了一切可以动用的力量,在情报收集、整理、对古巴经济发展的各种因素的判断、苏联力量可能介入的程度,各种应急方案等方面,称得上系统、全面,但是,在事实上,除在古巴导弹危机的处理问题上,美国决策可谓正确之外,其他政策,均无法称之为成功,猪湾入侵、"猫鼬计划"、对卡斯特罗的暗杀行动、对古巴的遏制与封锁,都以失败而告终。美国需要接受的是卡斯特罗政权四十年后仍然稳定,古巴还面临越来越多的国家的支持与同情。这就不能不说明美国仍然错误地估计了古巴人民的团结和民族凝聚力;也错误地估计了古巴经济仍可以在美国严密封锁下稳定发展的可能性。四十年来,美国古巴政策的失败已成定局,这也是今天我们来研究这段历史的初衷。

第六章　美古关系解冻

　　美国与古巴的关系问题,一直是美国历届政府的历史遗留问题。因为美古关系涉及两大不同制度的意识形态问题,还对美国的整个拉美政策以及美国的霸权主义都有重大影响。美国总统乔治・W.布什在其任职期间,由于国际国内环境的变化,一直坚持奉行新保守主义政策,其霸权主义也开始呈现出新的特点,对古巴更是采取了强硬的霸权政策,进一步加强了对古巴的封锁、孤立、干涉和挑衅。

　　首先,经济方面对古巴实行严格的封锁,许多先进的技术和设备禁止卖给古巴,同时也禁止别国向古巴提供经济援助,这都严重威胁了古巴的发展;其次,外交孤立是美国历来制裁古巴的方法,小布什执政以来,美国从未中止过对古巴的外交孤立。"托里切利法"强烈建议其他国家与古巴断绝交往,甚至还恐吓与古巴有着外交关系的国家,并且还在国际组织上以古巴不尊重人权为借口,造成古巴政治上的孤立,致使古巴在国际上的正常行动受到了阻碍;另外,恐怖主义行动也是美国实行的推翻卡斯特罗政府的重要行动,尽管古巴表达了自己的反恐立场,但并未改变美国制裁古巴的初衷,古巴依然列于美国反对恐怖主义的黑名单上;最后,随着二战的结束,各种新闻媒体开始在国际社会中发挥重大作用,美国政府大力利用媒体的舆论宣传,宣扬古巴的非人道主义,甚至支持一些流亡分子搞颠覆活动,极大地动摇了古巴的政治局势。但是,美古关系在特殊时期和阶段也稍微有所缓和。比如,美古两国开展合法的学术交流以及美国企业家向这些机构提供资金赞助等,这都使得美古关系在某种程度上呈现出缓和的趋势。但不可否认的是,小布什政府时期的外交政策对拉丁美洲地区产生了极大的冲击,也使得美国在拉美的形象严重受损,在拉美的主导地位几乎下降到历史最低。然而,对于美国霸权行为的挑战,古巴政府也给予了有力的回应,卡斯特罗政府针对美国的孤立与封锁积极调整了自己的策略,在坚持独立自主原则和坚定的政治立场的前提下积极谋求与美国的双边合作关系,但美古关系却一直没有取得实质性的进展与突破。

第一节　古巴问题的提出

一、金融危机对美国经济的冲击

2007年2月,美国次级抵押贷款风险开始浮出水面。随后,次贷危机的影响逐渐蔓延,最后演变成为金融危机。金融风暴很快从美国的抵押贷款机构、投资银行蔓延到保险公司和商业银行等。更为严重的是,这场危机很快扩展到全球,使得世界经济增长明显放缓。与此同时,美国作为这场金融危机爆发的源头国,经济遭到了重大的冲击,大型金融机构倒闭或被政府接管。经济陷入衰退,主要金融市场急剧恶化,股市遭受重创,财政赤字加大,整个经济形势不容乐观。金融危机爆发以来,美国的许多银行倒闭,金融类相关机构裁员,就业形势严峻,失业率上升。从当时官方公布的宏观经济数据来看,前三个季度GDP增长放缓。美国经济2008年第三季度,出现了负增长(-0.5%),经济出现了衰退的迹象。根据白宫预算办公室公布的数据,"美国联邦财政赤字 2007 年为 1620 亿美元,预计 2008 年为 3890 亿美元"[①]。另外,2008 年 10 月以来,美国相关企业开始大面积裁员,失业率上升。比如"花旗集团计划近期使员工总数相对于高峰时减少 20%,百事公司计划在全球范围内裁员 3300 人,约占其总员工人数 1.8%"[②]。截止到 2008 年 11 月,美国的失业率已达到 14 年以来的最高水平 6.5%[③]。所以,2008 年的金融危机使美国经济的很多领域都面临着严重的挑战。

这场金融危机暴露了美元主宰一切的世界金融体系的弊端,使得各发达国家关系呈现复杂化的趋势。那么,美国必须在政策和体制上做出变革才有可能扭转经济颓势,这一经济形势也成为奥巴马竞选获胜的一大关键性话题。

二、奥巴马竞选

2008 年 11 月,美国民主党总统候选人奥巴马在总统大选中获胜,国际社会对奥巴马的当选表示普遍欢迎,同时也希望他积极的变革思想能给世界的和平与发展带来新气象。首先,奥巴马在竞选时提出"重塑美国在美洲的领导地位",改善同拉美国家的关系,"建立新的美洲联盟"。以变革思想当政的奥巴马政府也在其竞选纲领《变革蓝图——奥巴马和拜登的美国计划》中表示:"未来的奥巴马政府将与所有国家,不管是友好的还是敌对的国家,通过对话,无条

---

① 江涌:《美元崩溃,只差临门一脚》,《世界知识》2008 年第 17 期。

② 《次债金融危机对美国经济的影响分析》,2008 年 11 月 29 日,见 http://lightcm. blog.163.com/blog/static/19619363200810299234785/。

③ 倪建军:《美国汽车业:还有明天吗》,《世界知识》2008 年第 24 期。

件地推行坚决而直接的外交来促进民主。"①其次,在 2007 年 5 月的
一次辩论中,奥巴马曾经提出:"如果古巴领导人实行有意义的民主
改革,美国必会采取措施,实现两国关系正常化,减少过去 50 年来的
贸易禁运","并愿意无条件地会见卡斯特罗以及其他与美国关系紧
张的国家领导人","放松在美国的古巴移民回国的次数和汇款数额
的限制"。② 种种迹象表明,与过去的严格限制政策相比,奥巴马对
古巴的"新政"无疑是一种进步。也就是说,美国与古巴隔绝将近半
个世纪的紧张关系在奥巴马政府时期有望得到缓和,而对于寻求解
除美国封锁、政权顺利交接后的古巴也不失为一个契机。

奥巴马认识到当时的国际和国内形势,从美国的大局和利益出
发,在未来对待古巴以及整个拉美政策的问题上表现出积极的态度,
这一新的展望受到了拉美国家、美国民众以及整个国际的赞赏。最重
要的是,对于重塑美国在拉美国家中的形象以及促进未来整个美拉关
系的进一步改善也将产生非常积极的影响。然而,美古关系的未来发
展趋势还需要美古双方为实现这一新的跨越而做出新的努力和让步。

第二节　奥巴马政府对古巴政策转变

一、美古关系出现松动迹象——互抛橄榄枝

奥巴马在就任美国总统之后,大力推动美古双方的外交关系,而

---

① 齐峰田:《奥巴马当选后美国与古巴关系走向》,《拉丁美洲研究》2008 年第 6 期。

② Miami,FL,"Remarks of Senator Barack Obama:Renewing U.S.Leadership in the A-
mericas", May 23, 2008. http://www. barackobama. com/2008/05/23 /remarks of senator
Barack Obama 68.php.

且双方都抛出了具有象征意义的橄榄枝。但是,奥巴马对古巴的转变性政策也受到国内部分人士以及国会的质疑和阻碍。

（一）政策转变的压力与障碍

1.意识形态的差异

美古之间传统意识形态的分歧为两国关系正常化构筑了一堵高墙。长久以来,美国方面一直诟病古巴不尊重人权,古巴则斥责美国为"帝国主义",两国意识形态上的差异不容小觑。尽管此次奥巴马向古巴伸出了橄榄枝,并坦承在过去几十年中美国对古的政策被证明是"过时的""错误的",但奥巴马同时也表示,美国政府将继续关注古巴的人权问题。此外,在美国国内,更是有相当一部分声音强烈质疑古巴的意识形态,甚至拒绝和古巴恢复外交关系。比如众多流亡美国的古巴裔移民就是其中一支力量,他们强烈反对古巴卡斯特罗政权,并在政界和商界都颇有话语权。可以预见,"意识形态的分歧或将长期成为华盛顿与哈瓦那之间一根看不见的刺"。① 因此,意识形态问题也使得美古关系在本质上不会有大的改变,双方有实现缓和和跨越性的可能,但不可高估。

2.国会及其保守派

随着美国和古巴领导人迈出改善两国关系的第一步,接下来两国将进一步落实如何实现关系正常化。中国驻厄瓜多尔、古巴、阿根廷大使徐贻聪认为,"推动美国和古巴加速恢复关系的利好条件之一是虽然两国断绝外交关系 50 多年,但没有完全断绝联系,这为恢

---

① 《美国会难"放行"美古修好面临不少障碍——破冰易融冰难》,《渤海早报》2014 年 12 月 21 日。

复关系正常化提供便利"①。而两国恢复关系的障碍之一还来自美国国会,徐世澄表示,实现美古关系正常化是奥巴马利用总统行政权力宣布的,解除部分对古巴封锁的禁令还需要国会的通过。另外,改善美古关系必定受到一些国会保守派议员的阻挠。而以参议员麦凯恩和格雷厄姆为首的共和党人最为典型,他们痛批奥巴马的政策是"姑息专制独裁者、恶棍以及敌人,减损美国在世界的影响力"②。2014 年 12 月 23 日据外媒报道,美国参议院共和党领袖米奇·麦康奈尔表示,他反对美国总统奥巴马的对古巴政策,还提及可以在法律层面上限制这一政策的实施。麦康奈尔说,奥巴马试图恢复与古巴的外交关系,"这是一种错误的决定"。③ 在立法方面,美国国会可以采取一些措施,阻止新政策的实施。另外,在美国政府申请建设驻古巴使馆或通过驻古巴大使任命问题上,参议院也可以给奥巴马施加阻力。其中,奥巴马要放松对古巴的经济制裁必定要撤销部分法令,而 1992 年和 1996 年,美国总统先后批准了扩大和加强对古制裁的"托里切利法案"和"赫尔姆斯—伯顿法案",使美对古制裁达到顶点,取消这类法令更要经过国会的批准。总之,一些保守派议员认为,美国对古巴的封锁已将近半个多世纪,奥巴马对古巴的政策转变是对古巴的妥协,更是美国外交的失败,有损美国形象。这也是恢复双方正常关系的阻碍之一。

---

① 王晓枫:《美古时隔 50 年一笑泯恩仇,奥巴马已准备 6 年》,2014 年 12 月 19 日,见 http://news.qq.com/a/20141219/004653.htm。

② 《美国会难"放行"美古修好面临不少障碍——破冰易 融冰难》,《渤海早报》2014 年 12 月 21 日。

③ 邱宇:《美共和党领袖谴责奥巴马对古巴政策 新政或受阻》,2014 年 12 月 23 日,见 http://www.chinanews.com/gj/2014/12-23/6902035.shtml。

3.古巴的"恐怖主义支持国"的身份问题

直到 2014 年为止,美国仍将古巴、伊朗、苏丹和叙利亚等国列入了支持恐怖主义国家的黑名单。在过去的 30 余年中,美国方面一直称古巴暗中相助西班牙恐怖组织"埃塔"及哥伦比亚反政府武装"哥伦比亚革命武装力量"。古巴在美国的反恐黑名单上的事实意味着这个加勒比岛国仍然面临着诸如不得进口武器、无法接受经济援助以及公民间无法进行金融交易等诸多制裁。因此,解决古巴的"恐怖主义支持国"的身份问题成为双方关系缓和的重要问题。

此外,美国与古巴之间历史包袱还是不能完全拿掉的,20 世纪60 年代,古巴将美国企业以及一些古巴资本家财产国有化,没有补偿任何钱财,两国关系正常化后,要根据国际法谈判解决这个问题。

(二)美古相互示好

美古关系在奥巴马时代将开启新的航程,双方也都放出了相互示好的信号。

2009 年 2 月,美国国务卿希拉里·克林顿表示,奥巴马政府将放松去古巴旅行的限制,并承诺修改对古巴的政策。2 月 23 日,美国国会发表了一份两党报告,题为"为美国国家利益着想改变对古巴政策"。报告建议美国总统率先在美洲国家首脑会议召开之前迈出改变对哈瓦那政策的第一步。报告指出,"这种态度可能意味着重大转变,将有利于创造出让拉美各国对美国产生良好意愿的氛围,并实现美国政府在各种事务上寻求的与拉美地区的合作"①。而后,美国参议院于 3 月 10 日通过一项关于部分解除美国对古巴制裁的议案,允许美籍古巴人每年回古巴探亲一次,并放松向古巴出口食品

---

① 张敏彦:《美国参议院通过部分解除对古巴制裁议案》,2009 年 3 月 11 日,见 http://news.xinhuanet.com/world/2009-03/11/content_10990263.htm。

和药品的限制。这是奥巴马1月上台执政后,美国政府向古巴作出的第一个友好措施。此举也被认为是美国开始改变对古巴政策的一种积极信号。① 这虽然被认为是美古关系史上的一个"小的但却是重要的"开始,但却反映了奥巴马政府试图改善美古关系的意向。而4月13日颁布的允许美国公民前往古巴探亲及向其在古巴亲属汇款的限制使近半个世纪处于对立状态的美古关系出现了松动的迹象。4月4日,由芭芭拉·李率领的美国众议院代表团一行7人抵达哈瓦那,对古巴进行访问。这是50年以来,美国首个具有官方身份的代表团访问古巴。众议院代表团团长芭芭拉·李说,她将向奥巴马建议开始同古巴对话,实现"美古关系正常化的时间就是现在"。② 当然,古巴方面也作出了积极的回应。古巴前领导人菲德尔·卡斯特罗4月7日在首都哈瓦那会见了到访的美国众议院代表团的3名成员。这是菲德尔·卡斯特罗2006年因肠胃出血接受手术,并于当年将权力移交给劳尔·卡斯特罗以来,首次与美国官员举行会谈。劳尔·卡斯特罗在会晤美国众议院代表团时也表示,在"相互尊重和维护国家主权"的原则下,古巴随时愿意与美国进行对话。根据相关缓解美古关系议案的提出与通过和会晤的顺利进行,美古双方的关系在新一届政府和新的国际形势下有望取得新的历史性的跨越。

二、美古关系迎来新开端——世纪恩仇,曙光重现

1962年,在美国操纵下,美洲国家组织通过将古巴从该组织驱逐的决议,停止同古巴进行一切武器和军事装备贸易的决议。从此,

① 张敏彦:《美国参议院通过部分解除对古巴制裁议案》,2009年3月11日,见 http://news.xinhuanet.com/world/2009-03/11/content_10990263.htm。

② 《奥巴马 轻轻推开后院门》,《四川党的建设(城市版)》2009年第5期。

古巴脱离了美洲国家组织的范围,也开始了被全面孤立的命运。与此同时,美国开始了对古巴长达将近半个世纪的孤立与封锁,使美古关系一直处于紧张状态。2009 年,随着美古两国领导人不断调整对外政策,6 月 3 日,在洪都拉斯圣佩德罗苏拉召开的第 39 届美洲国家组织大会全体会议上通过决议,宣布废除 1962 年驱逐古巴的决议,从而结束了对古巴长达 47 年的孤立政策。同时,这也标志着美古关系迎来了新的开端,正在步入一条新的发展轨道。

在古巴被结束孤立之后,美国政府采取了许多改善与古巴关系的措施:第一,2009 年 9 月美国财政部发表声明,宣布修改针对古巴的财产控制规定。声明说,修改针对古巴的财产控制规定主要围绕家庭成员往来、汇款和通信三方面进行,目的是为了促进旅美古巴人与其在古巴亲属的来往,并在他们之间增加汇款及信息的流动。根据修改后的规定,旅美古巴人可以无限制地看望在古巴的亲属,并且在向其汇款数量和频率方面不受限制。此举为美国放宽旅美古巴人的旅行限制和汇款创造了条件。9 月 17 日,古巴和美国高级官员在哈瓦那就恢复两国的邮政直通业务举行会谈,美方也已邀请古巴代表团对美国进行访问。第二,2011 年 4 月,古巴恢复与美国通邮,两国之间的信件来往恢复正常,每封信的重量不能超过 500 克,但包裹除外。古巴民众对恢复通邮普遍感到高兴。许多古巴人在美国有亲属,这为他们与侨居美国的亲人联系提供了方便。第三,2012 年,古巴与美国恢复海上货运直航。7 月从美国佛罗里达州迈阿密市起航、满载人道主义援助物资的“安娜·塞西莉亚”号货船 13 日抵达哈瓦那港,标志着古巴与美国之间中断 50 多年的海上货运得到恢复。① 这一

---

① 殷永建:《古巴与美国恢复海上货运直航》,2012 年 7 月 14 日,见 http://news.xinhuanet.com/world/2012-07/14/c_123411709.htm。

措施的实行对美国和古巴的经济发展解除了一道障碍。

但是,美国短期内根本无法全面取消对古巴的制裁,两国关系实现正常化依然前路漫漫。美国长期对古巴实施经济封锁,迄今有多项制裁法案依然生效。其中最知名的"赫尔姆斯—伯顿法案"由美国国会1996年通过,严格限制美国与古巴展开贸易交流,限制美国人访问古巴。如果实现两国关系正常化,意味着美国这些法案需要废止,而只有国会才能行使相关权力。因此,美古如要实现双方关系正常化还有许多困难要克服。

三、美古重建外交关系——破冰之旅

美古关系从互抛橄榄枝到新开端的到来,双方领导人都在为改善两国关系而不断地努力,一定程度上为美古关系的解冻打下了好的前提和基础。但是,关于美古关系,奥巴马说:"我从来不曾希望情况在一夜之间发生全面改变,两国关系正常化需要时日。"[①]因此,实现美古关系的新跨越是一个长期的过程。

(一)世纪握手

2013年12月6日,南非前总统、积极的反种族隔离人士曼德拉去世。10日,曼德拉追悼会在约翰内斯堡举行,全球百名政要出席了曼德拉追悼会。美国总统奥巴马和古巴领导人劳尔·卡斯特罗也同时出席,一同纪念这位政治家的政治遗产,他们越过意识形态鸿沟,共同为曼德拉非凡的一生喝彩。其间,奥巴马在发表演讲前向卡斯特罗伸出了友好之手。这是1959年古巴革命后,华盛顿和哈瓦那

---

① 袁达:《美古外交破冰后领导人首会》,2015年4月11日,见 http://epaper.dfdaily.com/dfzb/html/2015-04/11/content_978970.htm(东方早报电子报)。

断绝关系,美国与古巴两国领导人几十年来首次在公开场合这么做。①奥巴马与卡斯特罗在曼德拉葬礼上首次相逢,面对面交流,意义重大,而且这一简短的握手引发举世关注。从此,美古关系迈出了破冰的关键性一步。

随着美古两国领导人的交涉与让步,实际上,美古两国从2013年春就开始了秘密接触和谈判。奥巴马授权两名高级助手与古巴政府代表展开试探性谈判。6月起,美国与古巴还举行了九轮秘密谈判,多数在加拿大举行。随着谈判深入,美国和古巴的更高级别官员展开直接接触。美国国务卿克里数次与古巴外长帕里利亚通电话。而且,奥巴马与劳尔·卡斯特罗也实现了自古巴革命胜利以及1961年美国和古巴断绝外交关系以来,美国和古巴首次举行国家元首级对话。2014年2月17日奥巴马在白宫发表讲话说,美国将终止过去半个多世纪对古巴执行的业已"过时的"政策,转而寻求开启两国关系"新篇章"。②同一天,古巴领导人劳尔·卡斯特罗证实古巴政府愿意在"求同存异"的基础上与美国展开对话,与美国就两国关系正常化开始谈判,"尤其在国家主权、民主、人权和外交政策等有关议题上"。他表示,奥巴马的决定"值得古巴人民的尊重和认同"。③与此同时,美国也正在采取措施扩大与古巴的旅游、贸易量等,包括加强两国银行之间的联系。对于美古关系迎来新的局面和取得的进步,据美国媒体报道,美古关系取得突破是两国18个月秘密谈判的

---

① 安德鲁·英格兰索韦托、哈维尔·布拉斯:《美国和古巴领导人在曼德拉追悼会握手》,和风译,2013年12月11日,见 http://www.ftchinese.com/story/001053878。

② 雷东瑞:《美古修好"面和"容易"心和"难》,2015年3月2日,见 http://news.xinhuanet.com/world/2015-03/02/c_127527533.htm。

③ 雷东瑞:《美古修好"面和"容易"心和"难》,2015年3月2日,见 http://news.xinhuanet.com/world/2015-03/02/c_127527533.htm。

结果。此外,外界开始猜测美古关系破冰是否为一重要信号,标志着美国正运筹与传统敌对国家改善关系。① 美国是否会借助与古巴改善关系的时机,来缓和与其他传统敌国的非正常关系,也成为国际关注的焦点。不过,对于美古关系的进一步发展还需要两国做出更多的努力和协商,同时关于目前两国关系取得的进展对两国以及对于国际的影响都具有划时代的意义。

(二)美古换囚协议、互释间谍——美古紧张时代的结束

2014 年 12 月 18 日,美国总统奥巴马在白宫召开新闻发布会宣布美国对古巴政策变动,实施一系列新政策,其中包括美国将恢复与古巴的外交关系,美国方面立即审议将古巴列为支持恐怖主义国家的认定,放宽美国对古巴在旅游、金融、进出口等方面的限制等。主要政策变化还包括,进一步放宽美国公民赴古巴旅游的限制;提高美国向古巴汇款的限额;扩大美国向古巴出口类别和规模;放宽美国机构以及个人在古巴从事金融活动的限制;并且允许电信运营商向古巴提供商用电信及网络服务,以加强两国在通信方面联系。这是自 1961 年 1 月,美国古巴断绝外交关系后,双方外交政策上的最重大变动。② 奥巴马还表示,两国的关系又将进入一个新的阶段。但是,之前在密谈中美古双方存在分歧的问题就是双方囚犯问题,美国方面一开始认定,除非古巴释放美国承包商艾伦·格罗斯,否则双方关系难以"破冰",因此美方在开始与古巴接触时相当谨慎。双方在互换囚犯的问题上进行了多次的交涉,这也成为困扰美古关系的主要症结之一。2014 年 12 月 17 日,奥巴马与劳尔·卡斯特罗共同宣布,

① 李峥:《美古关系破冰的时机和成本》,《世界知识》2015 年第 2 期。
② 《奥巴马宣布美国将与古巴重新建立外交关系》,2014 年 12 月 18 日,见 http://usa.people.com.cn/n/2014/1218/c241376-26233398.html。

两国将就恢复两国外交关系展开磋商,恢复两国断绝53年的外交关系,同时达成换囚协议。与此同时,这意味着美古关系将迎来断交半个多世纪以来的最大转折。另外,2014年11月,奥巴马发表全国电视讲话,宣布颁布总统行政命令,实施被视为"大赦"的移民改革计划。这个移民新政有可能也是奥巴马的重要政治遗产。

美国承包商艾伦·格罗斯2009年12月在古巴被捕,古巴认定,格罗斯非法携带通信设备进入古巴,按照美国政府一项秘密项目在古巴建设网络,"扰乱古巴宪法秩序",从事"破坏古巴独立和领土完整"活动,企图颠覆古巴政权。因此,2011年他被判15年监禁,这一事件为此次美古换囚协议埋下伏笔。根据协议古巴释放已被监禁5年的美国"承包商"艾伦·格罗斯和另一名被监禁近20年的美国"深喉"间谍,美国则释放3名古巴间谍。作为两国成功"破冰"的关键人物,格罗斯可谓"风光"回国。据透露,格罗斯在回国途中与奥巴马通电话,就获释感谢奥巴马,说"感谢美国对古巴政策的改变"。① 而且,格罗斯回国后受到国务卿克里的接见,美国释放的古巴间谍也受到了卡斯特罗的欢迎。美国的另一名"深喉"间谍也得到了释放,名字并未公开,但他是美国曾经在古巴的最重要情报人员之一。美国国家情报总监詹姆斯·克拉珀的发言人布赖恩·黑尔说,这名间谍获释象征着美古紧张时代的结束,是"美古关系'冷战'章节的终结"。② 关于两国做出的换囚协议的"突然之举",引发了国际舆论的高度关注,被认为不仅开启了双边关系"新篇章",而且可能会改变

---

① 王晓枫:《冷脸相对半世纪,美国古巴突言和》,2014年12月19日,见 http://ep-aper.bjnews.com.cn/html/2014-12/19/content_552875.htm? div=-1(新京报数字报)。
② 王晓枫:《冷脸相对半世纪,美国古巴突言和》,2014年12月19日,见 http://ep-aper.bjnews.com.cn/html/2014-12/19/content_552875.htm? div=-1(新京报数字报)。

现有的西半球战略格局。① 美古两国的换囚协议一定程度上标志着美古紧张关系的结束,也为美古关系迎来新的进展打开了新的大门。

（三）美古恢复邦交,预重建大使馆

2014 年 12 月美国总统奥巴马和劳尔·卡斯特罗分别发表讲话,宣布恢复两国关系正常化。2015 年 1 月 21 日,古巴外交部一名高级官员在举行的美古面对面会谈中将要求美方把古巴从美国列出的支持恐怖主义"黑名单国家"中移出。虽然美方认为这并不是两国关系的主要障碍,然而,外界普遍认为,是否将古巴从"支恐"黑名单上去除,是推进美古外交正常化进程中的一个关键问题。古巴外交部官员此前也表示,尽管从"支恐"名单中去除并非恢复外交关系的先决条件,"但只要古巴还在名单上,两国复交就很难取得重大进展"②。古巴一直对美国施加压力,促使美国还古巴以公平身份。随着两国不断斡旋,美国于 2015 年 4 月 15 日宣布将古巴从"支恐"国家名单中移除,逾半个世纪以来不睦的美古关系迎来重要节点。这为美古"复交"谈判扫除了最大的"绊脚石"。③ 美国《基督教科学箴言报》认为,奥巴马宣布把古巴移出"支恐"名单"毫不意外"。④ 奥巴马的这一决定可能不仅为美古两国互设大使馆铺平道路,也将极大地为古巴的发展带来好处。同时,这一改变影响的范围可能涉及整个拉丁美洲。因此,古巴在美国改善整个拉丁美洲的关系中扮演着重要角色。⑤

---

① 孙岩峰:《美古关系"大转弯":西半球战略格局有变?》,《世界知识》2015 年第 1 期。

② 《美将古巴从"支恐"黑名单中删除》,2015 年 5 月 31 日,见 http://xh.xhby. net/mp2/html/2015-05/31/content_1259263.htm(新华日报数字报)。

③ 孙岩峰:《美国欲借美洲峰会加速"重返"拉美》,《世界知识》2015 年第 10 期。

④ 《美将古巴从黑名单删除,古巴迎来发展新机遇》,2015 年 4 月 16 日,见 http://difang.gmw.cn/newspaper/2015-04/16/content_105973303.htm。

⑤ Sujatha Fernandes, "Obama and the Future of US-Cuba Relations", *Economic and Political Weekly*, Vol. 44, No. 19(May 2009), pp.25-26.

2015 年 4 月 10 日第七届美洲国家首脑会议在巴拿马首都巴拿马城拉开帷幕,来自美洲国家组织 35 个成员国的政府首脑和代表出席了此次会议。在缺席了此前六届峰会后,古巴应邀首次出现在会议桌前。美洲峰会在巴拿马正式开幕,美国总统奥巴马与古巴总统劳尔·卡斯特罗互致问候并握手,标志着美古外交关系解冻的新里程碑。[1] 这是美古两国领导人同时宣布外交破冰以来,美国总统奥巴马和古巴领导人劳尔·卡斯特罗将首次在峰会会面。美媒体称,这是两国在经历了超过半个世纪的冷战敌对状态后宣布外交关系正常化以来的第一次。[2] 另外,为了实现两国关系"正常化",美国总统奥巴马在关于改变对古巴政策的讲话中提到美国将重新建立在哈瓦那的大使馆。2015 年 1 月,美古就"复交"和互设使馆开始正式谈判。奥巴马在古巴问题上的决定,在落实上还有很长的路要走。虽然白宫有权宣布恢复邦交,但是任命驻古巴大使、在古巴建立使领馆,都需要国会首肯。这一重大举措对美古关系未来的发展有重要作用,而且双方也在为实现这一目标而不断努力。总之,美古关系自破冰以来,在双方领导人的共同努力下,不断取得了重大硕果和新的跨越,不仅被美古两国所关注,同时也吸引着整个世界的眼球。

四、奥巴马政府对古巴政策转变的原因

奥巴马之所以在大选中全力主张改善与古巴的关系,是考虑到当时的国际和国内形势而做出的符合美国利益的综合性期望。所以,奥

---

① 《奥巴马与卡斯特罗会晤,美古关系掀开新一页》,2015 年 4 月 12 日,见 http://www.chinanews.com/gj/2015/04-12/7200643.shtml。

② 袁达:《美古外交破冰后领导人首会》,2015 年 4 月 11 日,见 http://epaper.dfdaily.com/dfzb/html/2015-04/11/content_978970.htm(东方早报电子报)。

巴马站在美国利益的角度适时地调整对外政策,在国内外广受青睐。

(一)国内因素

奥巴马当选之年,由于金融危机的影响,美国的经济受到了严重的冲击,经济发展曾一度处于停滞甚至负增长状态,国内经济形势相当严峻。这对于刚刚胜任的奥巴马政府来说无疑是临危受命。因此,解决经济问题成为奥巴马政府首先要解决的重大问题,而美国对古巴半个世纪的封锁与禁运,也一定程度上不利于美国在拉美的经济利益,那么,谋求与古巴的合作也成为美国恢复和发展经济的重要策略。另外,美国民众以及美籍古巴裔人希望改善美古关系的呼声越来越强烈。2009 年 4 月 7 日,美国到访古巴的众议院代表团团长、民主党议员芭芭拉·李在哈瓦那说:"68%的美国人主张取消美国对古巴的经济、金融和贸易封锁。"①2014 年 6 月佛罗里达国际大学作的民意测验表明,68%的美籍古巴裔人赞同美国与古巴的关系实现正常化,52%希望美国放弃对古巴的制裁。② 2015 年 4 月据外媒最新报道,8 日公布的一项调查结果显示,多数美国人支持美国恢复与古巴的外交关系。由纽约玛丽斯特学院委托 Telemundo 和 MSNBC 进行的调查发现,59%的被调查者支持美国与古巴政权重新建立外交关系,26%的被调查者反对,而 15%则不持意见,而在参与调查的拉丁裔人群中,56%支持重建关系,25%的人反对。③ 此外,美国的一些智库和非政府组织更是坚持不懈地积极呼吁美国政府放弃

① 殷永建:《美国议员说大部分美国人反对封锁古巴》,2009 年 4 月 7 日,见 http://news.xinhuanet.com/world/2009-04/07/content_11141696.htm。

② Poll Finds:"Most Cuban-Americans Oppose Embargo",June 17,2014,http://www.npr.org /blogs /thetwo - way /2014 /06 /17 /323027358 /most - cuban - americans - oppose - embargo - poll -finds.

③ 郭炘蔚:《调查称多数美国人支持恢复与古巴外交关系》,2015 年 4 月 9 日,见 http://www.chinanews.com/gj/2015/04-09/7194851.shtml。

制裁,实现与古巴关系的正常化。因此,国内形势与民意所向一定程度上推动了奥巴马对古巴政策的历史性转变。

(二)国际因素

奥巴马政府时期在处理对古巴的关系方面也有来自国际的许多压力。这在一定程度上就促使奥巴马必须在新的形势下做出新的政策转变,才能顾全美国的整体利益。

首先,美国对古巴将近半个世纪的封锁未能奏效,美国换了 10 位总统来封锁古巴,然而,菲德尔·卡斯特罗和他领导的政权不仅没有被推翻,反而得到了巩固。美古关系成为世界上最具标志性的外交关系之一。[1] 其封锁的结果只是给古巴造成了经济损失,没有达到推翻卡斯特罗政府的目的,却对美国在拉美的利益造成了重大影响。因此,2009 年 4 月 17 日,国务卿希拉里在访问多米尼加共和国时,承认美国过去对古巴的政策有失误。[2] 据非政府组织"古巴政策基金会"统计,因为对古巴的封锁,美国每年仅农产品出口一项就损失 12.4 亿美元。[3] 而布鲁金斯学会 2008 年 11 月发布《重新思考美国-拉丁美洲关系》的研究报告,指出美古关系是美拉关系的核心问题,美国政府对古巴采取强硬措施不仅损害了美国在拉丁美洲的形象,也阻碍了美国同这一地区其他国家的建设性合作。[4] 报告建议美国新政府以改善美古关系为突破口,全面发展同拉美各国的关系,巩固美国在该地区的利益。相反的是,古巴却相应持抵挡住了美国

---

① 《奥巴马 轻轻推开后院门》,《四川党的建设(城市版)》2009 年第 5 期。

② 徐世澄:《论奥巴马上台以来的美拉关系》,《西南科技大学学报》2015 年第 1 期。

③ 刘瑞常:《四大因素促使奥巴马试图改善美古关系》,2009 年 3 月 12 日,见 http://news.xinhuanet.com/world/2009-03/12/content_10997900.htm。

④ "Re-Thinking U.S.-Latin American Relations: A Hemispheric Partnership for a Turbulent World", Washington, D. C. Monday, November 24, 2008. http://www.brookings.edu/events/2008/11/24-latin-america.

的孤立和封锁,在国际上的地位越来越巩固,特别是卡斯特罗上台后,及时调整外交和经济政策,使古巴革命政权进一步获得巩固,在政治、经济等领域都取得了一定的发展。以旅游业为例,经过古巴政府的大力发展,其在古巴外汇收入的比例从 1990 年的 4% 提高到了 2001 年的 41%[①],同时还带动了几十万个直接或间接的就业机会。因此,解除对古巴封锁,不仅对古巴的发展有利,美国企业也能从中获利,还有利于扭转美国在拉美的形象。

其次,美国对古巴的封锁引起了世界其他国家的反对和谴责。从美国对古巴实施封锁开始就遭到了国际上许多国家的反对。联合国大会一再通过促使美国结束对古巴的经济封锁的决议。2008 年 10 月,第 63 届联大又以压倒性多数连续第 17 年通过决议,敦促美国结束对古巴的经济制裁。而 2014 年 10 月 28 日,联合国大会以 188 票赞成、2 票反对、3 票弃权的绝对优势通过了《关于必须终止美国对古巴的经济、商业和金融封锁的决议》[②]。这是联合国大会第 23 次通过这一不利于美国的决议。联合国拉丁美洲和加勒比经济委员会执行秘书阿莉西亚·巴尔塞纳说:"我认为,今天美国对古巴实施的禁运使美国蒙受的损失大于古巴遭受的损失。"[③]因此,美古关系的缓和在国际上已是众望所归。

最后,美国正经受俄罗斯、拉美和欧洲盟友的强大压力。第一,俄拉关系不断升温。2008 年,俄罗斯与拉美地区关系突然热络起

---

① 滕海区:《美古关系走向再认识》,《国际论坛》2009 年第 6 期。

② "Necessity of Ending the Economic, Commercial and Financial Embargo Imposed by the United States of America against Cuba," Resolution adopted by the General Assembly on 28 October 2014, http://www. un. org/en/ga/search/view_doc. asp? symbol = ARES/69/5.

③ "UN Votes to Condemn US Embargo against Cuba", China Radio International, October 29, 2014, http://www.english.cri.cn/12394/2014/10/29/3123s849871.htm.转引自江时学:《美国与古巴改善关系的动因及其影响》,《国际问题研究》2015 年第 2 期。

来。11 月,就任总统仅半年的梅德韦杰夫对包括古巴在内的拉美 4
国进行了历史性访问,推动了俄拉关系的发展。俄罗斯加强与古巴
等拉美国家的关系是其多边外交政策的体现,也是对美国等西方国
家"围堵"政策采取的反制措施。2009 年 1 月 28 日,劳尔·卡斯特
罗访问俄罗斯,这是自冷战结束以来古巴国家最高领导人对俄罗斯
的首次访问。[①] 访问期间,古巴与俄罗斯签署了多份文件,实际上翻
开了两国关系史上新的一页,表明两国关系良好的传统已经恢复。[②]
这也是多年来俄罗斯国家领导人首次访问拉美地区。俄罗斯与古巴
等左翼领导人掌权的拉美国家也加速发展对外关系。此外,委内瑞
拉、古巴、乌拉圭和阿根廷等拉美国家的领导人也先后访问了俄罗
斯,俄拉关系得到进一步的发展。第二,古巴新领导人上台后,欧盟
与古巴关系开始缓和。2008 年,欧盟全面恢复了与古巴的双边关
系。10 月,古巴外长费利佩·佩雷斯和欧盟负责发展和人道主义援
助的委员路易·米歇尔在哈瓦那签署一项声明,决定恢复双方自
2003 年以来中断的双边合作。米歇尔表示,欧盟各成员国"强烈希
望"加强同古巴的对话和恢复与古巴的合作。[③] 近期,欧盟与古巴的
关系发展得更为密切。2014 年 2 月,欧盟 28 个成员国外长在比利
时首都布鲁塞尔举行会议,正式核准欧盟与古巴展开双边政治对话
及合作协议谈判的会议。古巴外交部部长罗德里格斯 6 日表示,古
巴政府将与欧盟恢复关系正常化谈判。并在当天举行的记者发布会

---

① 苏振兴主编:《拉丁美洲和加勒比发展报告(2009—2010)》,社会科学文献出版
社 2010 年版,第 127 页。

② 蔡同昌、江振鹏:《苏联(俄罗斯)与古巴关系的演进》,《拉丁美洲研究》2012 年
10 月第 5 期。

③ 《古巴恢复同欧盟合作,实现双边关系正常化》,2008 年 10 月 25 日,见
http://hbrb.cnhubei.com/HTML/hbrb/20081025/hbrb523296.html(湖北日报数字报)。

上说:"古巴对于欧盟正式批准与古展开双边政治对话的决议表示欢迎,这意味着欧盟对古单边政策的终结和政治协商的开始。"① 2015 年 5 月 10 日,法国总统奥朗德对古巴进行访问。这是 20 世纪 80 年代以来首位到访的西方国家元首。② 因此,无论是双边关系的恢复还是政治协商的开始,古巴与欧盟的关系,实际上是对美国古巴政策的沉重打击,也是对美国拉美政策的一种挑战。第三,占整个拉美地区的 80%左右的左翼政府与古巴保持着密切联系。近年来,拉美 33 个独立国家中有 15 个国家的左翼或中左翼领导人通过大选取得了政权。2007 年委内瑞拉、玻利维亚和厄瓜多尔等激进左翼政府,与古巴的关系更加紧密。其中,共有 8 位拉美国家总统先后造访古巴,古巴与拉美国家的关系进一步密切。拉美国家希望在美国与包括古巴在内的拉美国家之间建立一种对话机制,以解决美洲大陆的各种矛盾冲突。拉美各国也在不断改善与古巴的关系,并纷纷表示希望美国取消对古巴的封锁,使古巴重返美洲大家庭。第四,最重要的是,美国与古巴新领导人都在调整政策。奥巴马主张采取"巧实力"外交,力图改善美国的国际形象,特别是在拉美的形象,改善与古巴的关系成了其关键。此外,古巴领导人也在积极改善与美国的关系,谋求与美国的双边合作。2006 年 7 月,劳尔·卡斯特罗在临时接管菲德尔·卡斯特罗移交的最高权力后,就曾表示希望就美古两国的长久分歧进行谈判。2008 年劳尔·卡斯特罗在当选古巴国务委员会主席后,再次表示愿与美国在"相互尊重和维护国家主权"的原则下进行谈判,美国对此也作出了积极响应。奥巴马当选

---

① 陆颖:《古巴宣布与欧盟恢复关系正常化谈判》,2014 年 3 月 7 日,见 http://news.xinhuanet.com/2014-03/07/c_119659173.htm。

② 周谭豪:《欧洲与古巴:重温哥伦布旧梦?》,《世界知识》2015 年第 11 期。

美国总统后,也表示愿意改善美古关系,并采取了一系列措施,放宽对古巴的限制。古巴领导人也表示可以与奥巴马进行对话,就两国双边关系问题进行谈判。总的来说,美古双方在缓和两国外交关系上都表现出了积极的态势。

因此,基于以上种种因素和压力,美国必须正视自己的立场和衡量本国的利益,在处理对古巴关系的政策上有所转变。而这一艰巨的历史任务理所当然地落在了奥巴马政府的肩上,改善两国关系也已成为大势所趋。

第三节　奥巴马卸任前最后一搏——美古握手现实意义

奥巴马在其任期即将结束之际,进一步促成和古巴关系的新发展。在新时代下,美古关系的改善可以说是新的世纪不同意识形态彼此兼容的创举,不仅对美古两国有重大历史意义,而且对整个拉丁美洲乃至国际其他各国都有不可忽视的影响。

一、奥巴马对古巴政策放松的多种含义

(一)奥巴马个人定位

奥巴马缓和与古巴的关系,虽然受制于诸多因素,但其根本原因是奥巴马面临剧烈变化的国内政局,需要在外交事务上寻找突破口,以掌握政治斗争的主动权。加之,奥巴马第二任期出师不利,2013年被班加西、"棱镜门"和医保网站瘫痪等一系列丑闻消耗掉大量政治资本,2014年又面临一系列外交危机,民望持续下滑,优势明显下

降。奥巴马希望通过改善同古巴的关系,获得美国民众的支持,在古巴问题上迈出历史性一步,无疑能帮助奥巴马重回美国政治舞台的中心,防止华盛顿的政治重心继续向国会倾斜。奥巴马重启与古巴关系,有助于改善与拉美国家关系,更能博得拉美裔选民的支持。

因此,奥巴马推动同古巴邦交正常化,也是奥巴马试图"青史留名"的一种努力。① 美国与古巴恢复邦交,是奥巴马上任之后,第一次有机会证明自己的外交理念是可以帮助推动美国国家利益的。对于 2015 年的美洲峰会,美国充分意识到,本届美洲峰会将是奥巴马任内参加的最后一届西半球领导人大会,如能借此平台推动美拉关系升温,尤其是美古关系缓和,将会使奥巴马个人声望达到顶点。美洲国家对话组织名誉主席彼得·哈基姆说道:"如果缓和美古关系的相关决议能够得以实施,并且能够得到国会的批准和延长,它将会为一个更为合作性和更富生产力的美国—拉美关系打开新篇章。这些可能成为奥巴马总统最为重要的外交政策遗产。"②

(二)美国的形象与利益

对美国来说,改善同古巴的关系是顺应拉美地区政治发展的需要,也有利于重塑美国在美洲的领导地位。众所周知,布什政府时期实施反恐为中心的对外战略,冷落了与拉美的关系,加之狂热推行单边霸权政策,为拉美国家所侧目,致使美拉关系降到历史低点,对古巴更是实行霸权主义政策,损害了美国在拉美地区的利益,使美国在拉丁美洲的形象受到了严重损害,美国对拉美的传统影响力和控制力已

① 杜剑峰:《握手古巴:奥巴马卸任前"最后一搏"》,《南风窗》2015 年第 2 期。
② 彼得·哈基姆:《奥巴马的外交遗产:把美拉关系推进到新阶段》,王艺璇译,《中国经济报告》2015 年第 3 期。

今非昔比。据国际媒体称"小布什主政的八年是美国失去拉丁美洲的八年"①。因此,奥巴马采取积极的态度以改善与古巴的关系,不仅对美国经济有重大影响,还对美国的国际形象特别是在拉丁美洲的形象有很大改善。有数据显示 2014 年美拉贸易额达 8441 亿美元,同比增长 2.5%,创历史新高,凸显拉美对美依存度在上升。② 另外,拉美在历史上就对美国具有重要战略意义,既是美国南部边界之外的战略要地,又是重要的原料来源地和产品市场,更是美国崛起和与西欧老牌殖民大国争夺世界霸权的战略保障。奥巴马上台后,美国在受到国际金融危机冲击和国际实力相对下降的大背景下,开始重新认识拉美对它的战略作用,筹划"重返"拉美。由此可见,奥巴马对古巴的政策从侧面反映了新时期美国对整个拉丁美洲的政策,对拉美国家采取示好和安抚的态度。然而,究其实质,奥巴马的拉美政策与布什政府时期的拉美政策相比有一定程度的调整,但并没有从根本上改变美国恃强霸道的政策,只是形式上有所不同而已。据古巴副外长阿贝拉多·莫雷诺指出,自 2009 年奥巴马上台后至 2014 年 7 月,奥巴马政府对 37 家与古巴进行贸易的美国和外国企业罚款达 110 亿美元。③ 由此可见,美国对古巴的经济政策并没有从本质上放松。

（三）新一届大选

奥巴马在古巴政策上的决定,还会对即将揭幕的下一届总统选举进程产生深刻影响。在美国,绝大多数古巴移民居住在佛罗里达州。这些移民中许多是美国同古巴邦交正常化的最坚定的反对者。

---

① 李紫莹:《奥巴马政府拉美政策评析》,《国际问题研究》2010 年第 6 期。
② 孙岩峰:《美国欲借美洲峰会加速"重返"拉美》,《世界知识》2015 年第 10 期。
③ 徐世澄:《论奥巴马上台以来的美拉关系》,《西南科技大学学报(哲学社会科学版)》2015 年第 1 期。

而美籍古巴裔人在美国大选中占有很重要的地位,因此,佛罗里达州是美国总统选举的"兵家必争之地"①。而且,奥巴马的对古巴政策在国内也引起了大的争论,新一届总统候选人杰布·布什与马克·卢比奥都反对与古巴复交,强烈抨击奥巴马对古巴的新政。在奥巴马同古巴复交的声明发表后,杰布立刻站出来反对,称白宫的决定是一个"失误",马克·卢比奥也称白宫与古巴复交的政策"误国误民"。② 因此,美古关系的未来发展趋势是奥巴马在美国 2016 年总统大选中遗留的热点竞选话题。

二、美古重获交好,古巴及拉美获益良多

在过去美古对立的 50 多年间,美国对古巴的经济制裁极大限制了古巴与外界进行正常经济往来,使其蒙受巨大经济损失。根据古巴副外长阿贝拉多·莫雷诺 2014 年 9 月在新闻发布会上公布的数字,美国对古巴实施经济封锁 52 年,到 2014 年 3 月,给古巴造成了 1168.8 亿美元的经济损失,如果考虑美元贬值因素,损失超过 1 万亿美元。③徐贻聪表示,如果美国放宽对古巴的经济制裁,"美国和古巴的贸易会逐步开展起来,会有很多美国人去旅游,会带给古巴很多收入,国际货币组织和世界银行都能和古巴有往来"。④ 另外,徐世澄指出,美古言好,美国资本家就可以到古巴投资建厂,古巴通过新外资法建立了经济开发区,这样一来大量外汇涌入,不必像现在这样依靠援助。关系

---

① 杜剑峰:《握手古巴:奥巴马卸任前"最后一搏"》,《南风窗》2015 年第 2 期。
② 杜剑峰:《握手古巴:奥巴马卸任前"最后一搏"》,《南风窗》2015 年第 2 期。
③ 徐世澄:《论奥巴马上台以来的美拉关系》,《西南科技大学学报(哲学社会科学版)》2015 年第 1 期。
④ 王晓枫:《冷脸相对半世纪,美古突言和》2014 年 12 月 19 日,见 http://epaper.bjnews.com.cn/html/2014-12/19/content_552875.htm? div=-1(新京报数字报)。

正常化还能使两国侨民能自由往来、通信和汇款,给古巴人民生活带来改善。最重要的是,美国多项法律限制第三国与古巴进行贸易,其中"托里切利法"和"赫尔姆斯—伯顿法案"对古巴的封锁达到了极点,严格限制第三国与古巴的贸易往来。如果美古关系恢复正常,美国取消相关法律限制,古巴可以自由地与其他国家进行正常的对外贸易,这样古巴的对外贸易额会大幅度增多;而且古巴还可以大力引进国外先进的技术和设备,古巴的经济会得到很大发展。另外,美国对古巴政策的放松,还可以使古巴接受国际其他国家以及国际组织的援助,这也有助于提高古巴在国际上的地位。因此,美古恢复外交关系无论对古巴的经济发展,还是改善古巴人民的生活方面都获益良多。

美国与古巴关系正常化也是符合整个拉丁美洲的利益的,这会使美国在拉美国家中产生积极影响。随着美古关系的缓和,美国与拉美个别国家的紧张关系也可以得到改善。美古经济贸易的正常发展,致使美国部分资金流向古巴,拉美其他国家也可以借此时机加大与古巴、美国的经济往来,大力发展经济和对外贸易,这在一定程度上也促进了整个拉美经济的发展。

三、对国际其他各国的影响

美国改善与古巴的关系也有利于世界其他国家的发展,特别是欧亚等国。在古巴被孤立之前,曾与世界其他一些国家都保持着重要的贸易合作关系,由于美国多项法令限制了第三国与古巴的往来,在美古对立半个世纪之间,一些国家几乎中断了与古巴的政治与经济联系。如果美古恢复邦交,国际上其他国家可以重新恢复与古巴的政治、经济交往,建立友好的对外关系。

众所周知,欧洲技术先进,经济发展较快,但是欧洲国家在某些能源领域匮乏,而拉美能源丰富,技术相对落后,这在一定程度形成了欧洲与古巴互补的合作关系。在美古断交以来,欧洲部分国家与古巴断绝了各种往来,使欧洲失去了古巴这一能源外交伙伴。如果美古恢复友好关系,欧洲各国也可以重拾与古巴甚至与拉美的合作关系,这无论是对于欧洲各国还是对于古巴都具有重大意义。

美国与古巴关系若正常化,对亚洲而言,特别是对中国的影响也是积极的。中国是古巴最重要的贸易伙伴,解除禁运后,古巴经济环境必然更加开放透明,这有利于中国对古巴的贸易和投资,而且中国在古巴市场的竞争力也将会获得明显提升。另一方面,在美古关系紧张时期,中古两国友好关系往往会招致美国指责,甚至有时候会阻碍美中关系发展。古巴与美国的关系正常化以后,这种阻碍就不会再存在。中国拉美研究领域的权威专家、中国社会科学院拉丁美洲研究所研究员徐世澄教授表示,美古两国在地理上如此接近,两国关系表面上冰冷,实际上有很多关系无法割裂。① 以拉美世界为例,古巴作为拉美世界重要一环,中国与古巴交往,与拉美世界的交往都会因此受到利好影响。可以说,美古关系的转好是全世界大部分人都愿意看到的结果。由此可见,美古恢复邦交,站在全球的视角来讲是实现了多赢,既有利于美古两国的利益,也顺应世界潮流,符合其他地区和世界人民发展的利益要求。

奥巴马政府时期所采取的对古巴改善关系的新政策,在美国近代历史上具有很大的进步性,对整个世界的和平也有一定的表率作用。首先,不同制度中寻求共赢。美古两国越过意识形态问题,从将近半个多世纪的对立与敌视转为寻求双边友好合作,双方领导人都

---

① 程磊:《断交半个多世纪美古重新"谈朋友"》,2014 年 12 月 19 日,见 http://epaper.jinghua.cn/html/2014-12/19/content_153538.htm(京华时报数字报)。

站在了国家和人民利益的角度,根据新的国际形势,抓住时机,最大限度地寻求共同利益,使双方关系恢复正常化。这不仅符合国家发展的需要,而且顺应国际潮流。其次,结合实际,灵活外交。美古结怨由来已久,两国领导人能正视历史,结合国情,适时地调整对外政策,并且在对外政策上表现出了积极的友好性和很大的灵活性,使两国关系能顺利地取得一些进展。这在一定程度上体现了领导人的开明和远见在外交政策中所起的重要性。最后,承认差异,文明共处。众所周知,美古两国存在很多根本性的差异,比如社会制度、文化差异等,而且有些差异还是阻止两国恢复友好关系的重要障碍,但美古两国却愿意一起进行合作和探讨,在差异中寻找共赢,在探讨中共同进步与发展。可见,美古关系的进一步发展还是个很漫长的过程,所需要解决的问题还有很多,更需要两国的共同努力。

古巴独立后历届政府一览表

1.帕尔马 当选古巴总统（Estrada Palma）1902—1906

2.查尔斯·匹马古恩 临时 1906—1909

3.何塞·戈麦斯（Jose, Mignel Gomez）1909—1912

4.梅诺卡尔 1917—1921

5.萨亚斯当选 1921—1924

6.马查多（Gerardo Machado）1924—1933

7.塞斯佩德斯·克萨达（Cespedes y de Quesada）临时 1933

8.格劳·圣马丁（Dr Romon Gran San Martin）临时 1933

9.门迭塔（Carlos Mendieta）1934—1935

10.巴内特（Jose, Barnett）1935—1940

11.米格尔·戈麦斯（Mignel Mariano Gomez）1940

12.布鲁（Federico Laredo Bru）1940

13.巴蒂斯塔（Sergent Fulgencio Batista）1940—1944

14.格劳·圣马丁（Dr Romon Gran San Martin）1944—1948

15.普里奥（Carlos Prio Socorras）1948—1952

16.巴蒂斯塔（Sergent Fulgencio Batista）1952—1959

17.奥斯瓦尔多·多尔蒂科斯·（Osvaldo Dorticos Torrado）1959

18.菲德尔·卡斯特罗（Castro）（总理）1959—2011

19.劳尔·卡斯特罗 2011—

"禁运"和"封锁"

"禁运"和"封锁"都是国际政治法律用语。禁运,是指甲国禁止对乙国输出或由乙国输入全部或部分商品;也就是说,冲突或争端双方禁止给敌国运送商品。无论战时状态还是和平时期都可使用禁运,它既可作为一国对另一国的违法行为进行报复或制裁武器禁运和贸易禁运两大类,贸易禁运又可分为石油、粮食等商品的禁运。如世界各国曾执行安理会决定就伊拉克武装入侵科威特事件对伊拉克进行经济制裁的决议,主要的方式就是对伊拉克实行禁运包括武器及除基于人道主义援助以外的各种商品,从而使伊拉克发生武器和经济困难,最终迫使其从科威特撤出占领军。封锁,是指用军事手段阻挡一切国家包括中立国的船舶和飞机进出敌国的港口和海岸。它分为两种:一是"纸上封锁",即发表声明宣传封锁某地,而不部署使封锁有实效的兵力;二是"实效封锁",即部署足够的兵力对所宣布的区域实行有效的封锁。美国从 20 世纪 60 年代开始,一直对古巴进行"禁运"和"封锁",特别是 1992 年的"托里切利法案"和 1996 年的"赫—伯法案"达到了顶峰。

附录3

关塔那摩美国海军基地

关塔那摩美国海军基地位于古巴岛东南部关塔那摩湾,面积约117平方公里(水面70平方公里,陆地47平方公里),周围装有铁丝网,内驻5000人,其中多数为从事训练的美国海军人员及其家属。关塔那摩湾是世界上少有的天然良港,长20公里,宽约8公里,大型舰船可自由出入,扼大西洋进入加勒比海的通道,战略地位重要。1898年美国占领古巴签订"互惠条约",美军租借了关塔那摩湾及其邻近部分陆地设施为海军基地。1934年美古签订新约,规定只有经双方同意或美单方撤军才能取消租界,美方每年向古方支付4082美元的租金。1959年古巴革命胜利后,古巴政府拒绝领取美方租金。古巴认为,该基地是美国"插在古巴土地上的一把匕首",因此于1964年切断了对基地的水电供应,并于1983年开始在基地附近布雷。1991年9月,苏联宣布撤出其在古巴的军事力量,古巴政府曾要求美国作出对等姿态,但为美国政府所拒绝。1993年,美国助理国务卿阿伦森指出,在冷战后世界里,该基地对于美国来说并不那么重要了。于是,有人向美国会提出议案,要求将关塔那摩归还给将来民主选举的古巴政府,并作为美国向该政府提供过渡援助的条件。据称,此案得到了美国会中两党的广泛支持。然而,形势不是以人的

意志为转移的。该基地从 1994 年起成了大批海地及部分古巴难民
的收容所和集中营。它曾收容近 1.5 万名海地难民,后又建立了一
个能容纳 1 万古巴偷渡者的难民营。难民的涌入,不仅给美国驻军
带来极大的麻烦,而且给克林顿政府造成了严重的政治压力和巨大
的经济负担。正如美国一位政治评论家所指出的,这里成了贫穷的
海国人向美国进行"自由和民主"登陆的滩头阵地。对此,古方发表
声明指出,"美国这种恣意妄为将会造成关塔那摩的爆炸性局面"。
因移民的到时来,关塔那摩确实又引人注目了。

美国总统奥巴马关于
改变对古巴政策的讲话

（2014 年 12 月 28 日）

Good afternoon.Today , the United States of America is changing its relationship with the people of Cuba.

下午好。今天，美利坚合众国将改变与古巴人民的关系。

In the most significant changes in our policy in more than fifty years , we will end an outdated approach that , for decades , has failed to advance our interests , and instead we will begin to normalize relations between our two countries.Through these changes , we intend to create more opportunities for the American and Cuban people , and begin a new chapter among the nations of the Americas.

通过我们 50 多年来最大的政策改变，我们将结束已经过时而且几十年来未能推进我们利益的做法，并且将开始让两国关系正常化。通过这些改变，我们希望为美国和古巴人民创造更多的机会，并开创美洲国家间的新篇章。

There's a complicated history between the United States and Cuba.I was born in 1961 – just over two years after Fidel Castro took power in

Cuba, and just a few months after the Bay of Pigs invasion, which tried to overthrow his regime. Over the next several decades, the relationship between our countries played out against the backdrop of the Cold War, and America's steadfast opposition to communism. We are separated by just over 90 miles. But year after year, an ideological and economic barrier hardened between our two countries.

美国和古巴之间有着复杂的历史。我出生于 1961 年,是菲德尔·卡斯特罗在古巴刚刚上台两年后不久,是试图推翻其政权的猪湾入侵事件发生几个月之后。在接下来的几十年里,我们两国关系始终处于冷战和美国坚决反对共产主义的背景中。我们仅仅 90 英里之隔,但年复一年,在我们之间形成了坚硬的意识形态和经济屏障。

Meanwhile, the Cuban exile community in the United States made enormous contributions to our country-in politics and business, culture and sports. Like immigrants before, Cubans helped remake America, even as they felt a painful yearning for the land and families they left behind. All of this bound America and Cuba in a unique relationship, at once family and foe.

与此同时,流亡美国的古巴人为我们国家作出了巨大的贡献,无论是在政治、商业、文化还是体育领域。像以前的其他移民一样,古巴移民——尽管心怀对阔别的祖国和家庭的痛苦思念——帮助重新塑造了美国。所有这些都让美国和古巴多年来处于一种既亲近又敌对的独特关系之中。

Proudly, the United States has supported democracy and human rights in Cuba through these five decades. We have done so primarily through policies that aimed to isolate the island, preventing the most basic travel and commerce that Americans can enjoy anyplace else. And though this policy has been rooted in the best of intentions, no other nation joins us in imposing these sanctions, and it has had little effect beyond providing the Cuban government with a rationale for restrictions on its people. Today, Cuba is still governed by the Castros and the Communist Party that came to power half a century ago.

让我们引以自豪的是,美国过去 50 年来一直支持古巴的民主和人权。我们的方式主要是实行旨在孤立这个岛国的政策,美国人被禁止在那里从事他们可在其他任何地方从事的最基本的旅游和商业活动。虽然这项政策是基于良好的愿望,但是没有其他国家加入我们实行制裁。这项政策除了给古巴政府提供对其人民实行限制的理由之外,影响甚微。今天,古巴仍然是在卡斯特罗家族和在半个世纪前当政的共产党的统治下。

Neither the American, nor Cuban people are well served by a rigid policy that is rooted in events that took place before most of us were born. Consider that for more than 35 years, we've had relations with China-a far larger country also governed by a Communist Party. Nearly two decades ago, we reestablished relations with Vietnam, where we fought a war that claimed more Americans than any Cold War confrontation.

这项僵硬的、基于我们大多数人尚未出生前的事件而实施的政策,无论对美国人民还是对古巴人民都没有良好效益。人们可以想一想过去 35 年来,我们和中国发展了关系——中国比古巴大得多,同样是共产党统治的国家。将近 20 年前,我们也与越南重新建立了关系,而我们曾在那里打过一场战争,牺牲的美国人比在任何冷战交锋中都多。

这就是为什么当我上任时,我承诺要重新审视我们对古巴的政策。一开始,我们取消了限制古巴裔美国人去古巴旅行和汇款给古巴家人的政策。这些政策的变化在当时虽有争议,但现在看来毋庸置疑。古巴裔美国人已经在和家人团聚,而他们是传播美国价值观的最佳民间大使。通过这些交流,年青一代的古巴裔美国人越来越对这种以古巴一直与世界隔绝为主要效果的政策提出质疑。

While I have been prepared to take additional steps for some time, a major obstacle stood in our way-the wrongful imprisonment, in Cuba, of a U.S. citizen and USAID sub-contractor Alan Gross for five years. Over many months, my administration has held discussions with the Cuban government about Alan's case, and other aspects of our relationship. His Holiness Pope Francis issued a personal appeal to me, and to Cuba's President Raul Castro, urging us to resolve Alan's case, and to address Cuba's interest in the release of three Cuban agents who have been jailed in the United States for over 15 years.

虽然我准备采取更多的步骤已有一段时间,但我们遇到一个重大障碍,那就是五年来古巴一直非法监禁着美国公民艾伦·格罗斯,他是美国国际发展署下的分包合同雇员。很多个月来,美国政府就艾伦的情况以及两国关系的其他方面与古巴政府进行了商谈。教皇弗朗西斯也向我和古巴总统劳尔·卡斯特罗发出了私人呼吁,要求我们解决艾伦的问题,并处理古巴希望让已在美国监禁 15 年以上的3 名古巴特工人员获释的问题。

Today, Alan returned home-reunited with his family at long last. Alan was released by the Cuban government on humanitarian grounds. Separately, in exchange for the three Cuban agents, Cuba today released one of the most important intelligence agents that the United States has ever had in Cuba, and who has been imprisoned for nearly two decades. This man, whose sacrifice has been known to only a few, provided America with the information that allowed us to arrest the network of Cuban agents that included the men transferred to Cuba today, as well as other spies in the United States. This man is now safely on our shores.

如今,艾伦在长期分离后终于返回家园,与家人团聚。艾伦是被古巴政府基于人道理由释放的。另外,作为对美国释放三名古巴特工的交换,古巴今天释放了美国有史以来在古巴最重要的情报人员之一,他已经在古巴被关押了近 20 年,如今安全地来到我们这里。他所作的牺牲至今鲜为人知,他为美国提供的情报使我们捕获了古巴特工网成员,其中包括今天转交给古巴的几个人以及其他在美国的间谍。

Having recovered these two men who sacrificed for our country, I'm now taking steps to place the interests of the people of both countries at the heart of our policy.

在成功地救出了这两位为我们国家作出牺牲的人士后,我现在要采取措施把两国人民的利益置于我们政策的核心。

First, I've instructed Secretary Kerry to immediately begin discussions with Cuba to reestablish diplomatic relations that have been severed since January of 1961. Going forward, the United States will reestablish an embassy in Havana, and high-ranking officials will visit Cuba.

首先,我已经指示克里国务卿立即开始讨论与古巴重建自 1961 年 1 月断绝的外交关系,美国将重新建立在哈瓦那的大使馆,并安排高级官员访问古巴。

Where we can advance shared interests, we will-on issues like health, migration, counter terrorism, drug trafficking and disaster response.Indeed, we've seen the benefits of cooperation between our countries before.It was a Cuban, Carlos Finlay, who discovered that mosquitoes carry yellow fever;his work helped Walter Reed fight it.Cuba has sent hundreds of health care workers to Africa to fight Ebola, and I believe American and Cuban health care workers should work side by side to stop the spread of this deadly disease.

在我们能够推进共同利益的方面,我们将予以推进,例如卫生健康、移民、反恐、贩毒和救灾等。事实上,我们以前曾见证过两国间合作的好处。古巴人卡洛斯·芬利发现了蚊子携带黄热病,正是他的工作帮助沃尔特·里德征服这一疾病。古巴派出了数百名医护人员到非洲抗击埃博拉,我认为美国和古巴医护人员应为阻止这种致命疾病的蔓延并肩努力。

Now, where we disagree, we will raise those differences directly-as we will continue to do on issues related to democracy and human rights in Cuba.But I believe that we can do more to support the Cuban people and promote our values through engagement. After all, these 50 years have shown that isolation has not worked.It's time for a new approach.

在我们存在分歧的方面,我们也会直接提出,正如我们将在有关古巴民主和人权的问题上继续这样做。但我相信,我们可以通过接触,为古巴人民提供更多的支持和倡导我们的价值观。毕竟,50 年的孤立政策已被证明无效,现在是采用新方法的时候了。

Second, I've instructed Secretary Kerry to review Cuba's designation as a State Sponsor of Terrorism. This review will be guided by the facts and the law. Terrorism has changed in the last several decades. At a time when we are focused on threats from al Qaeda to ISIL, a nation that meets our conditions and renounces the use of terrorism should not face this sanction.

其次,我已经指示克里国务卿对将古巴列为支持恐怖主义的国家的决定给予重新审议。此项审议将根据事实和法律进行。恐怖主义在过去几十年中发生了变化。当我们集中力量面对基地组织和伊斯兰国恐怖主义威胁的时候,一个符合我们的条件并且放弃使用恐怖主义的国家不应该再受这样的制裁。

Third, we are taking steps to increase travel, commerce, and the flow of information to and from Cuba. This is fundamentally about freedom and openness, and also expresses my belief in the power of people-to-people engagement. With the changes I'm announcing today, it will be easier for Americans to travel to Cuba, and Americans will be able to use American credit and debit cards on the island. Nobody represents America's values better than the American people, and I believe this contact will ultimately do more to empower the Cuban people.

再次,我们正在采取措施以增加旅游、商贸和往来于古巴的信息流动。这从根本上讲是一个有关自由和开放的问题,并表达了我对各国民间交往所具有的威力的信念。我今天所宣布的政策变化会让美国人更容易到古巴旅行,将能在这个岛国使用美国信用卡和借记卡。没有人能比美国人更好地代表美国的价值观,我相信这样的接触最终将更有利于让古巴人民拥有自主权益。

I also believe that more resources should be able to reach the Cuban people.So we're significantly increasing the amount of money that can be sent toCuba, and removing limits on remittances that support humanitarian projects, the Cuban people, and the emerging Cuban private sector.

我也认为应该让更多的资源到达古巴人民的手中。因此,我们将大幅放宽对古巴的汇款限额,并取消对支持人道项目和古巴人民以及古巴新兴私营企业的汇款限制。

I believe that American businesses should not be put at a disadvantage, and that increased commerce is good for Americans and for Cubans. So we will facilitate authorized transactions between the United States and Cuba.U.S.financial institutions will be allowed to open accounts at Cuban financial institutions.And it will be easier for U.S.exporters to sell goods in Cuba.

我认为,美国企业不应该被迫处于劣势地位,增加商务往来对美国人民和古巴人民都有益。因此,我们将促进美国和古巴之间获得许可的交易。美国金融机构将获得在古巴金融机构开设账户的许可,便于美国出口商在古巴出售产品。

I believe in the free flow of information.Unfortunately, our sanctions on Cuba have denied Cubans access to technology that has empowered individuals around the globe.So I've authorized increased telecommunications connections between the United States and Cuba.Businesses will be able to sell goods that enable Cubans to communicate with the United States and other countries.

我信奉信息自由流动的原则。不幸的是,我们对古巴的制裁使古巴人民无法接触到增进全球人民自主权的技术。所以,我已经授权增加美国和古巴之间的通信联系。美国企业将能够出售有助于古巴与美国和其他国家相互沟通的产品。

These are the steps that I can take as President to change this policy.The embargo that's been imposed for decades is now codified in legislation.As these changes unfold,I look forward to engaging Congress in an honest and serious debate about lifting the embargo.

这些是我作为总统能为改变政策采取的步骤。对古巴实行了几十年的禁运目前仍是法律。随着这些变化的进展,我期待就解除禁运与国会进行开诚布公和认真的讨论。

Yesterday,I spoke with Raul Castro to finalize Alan Gross's release and the exchange of prisoners,and to describe how we will move forward. I made clear my strong belief that Cuban society is constrained by restrictions on its citizens.In addition to the return of Alan Gross and the release of our intelligence agent,we welcome Cuba's decision to release a substantial number of prisoners whose cases were directly raised with the Cuban government by my team.We welcome Cuba's decision to provide more access to the Internet for its citizens,and to continue increasing engagement with international institutions like the United Nations and the International Committee of the Red Cross that promote universal values.

昨天,我与劳尔·卡斯特罗进行了交谈,最后确定了释放艾伦·格罗斯和交换囚犯的问题及双方今后的工作,我明确表达了我的坚定信念,指出古巴社会因本国公民受到种种限制而被束缚。除了艾伦·格罗斯回到祖国以及释放我们的情报人员以外,我们也欢迎古巴决定释放相当多的囚犯,对于这些囚犯的问题,我的团队曾直接向古巴政府提出交涉。我们欢迎古巴决定为本国公民增加利用因特网的渠道,并继续扩大与各国际性机构的接触,例如倡导普世价值的联合国和国际红十字会等。

But I'm under no illusion about the continued barriers to freedom that remain for ordinary Cubans. The United States believes that no Cubans should face harassment or arrest or beatings simply because they're exercising a universal right to have their voices heard, and we will continue to support civil society there. While Cuba has made reforms to gradually open up its economy, we continue to believe that Cuban workers should be free to form unions, just as their citizens should be free to participate in the political process.

但是,古巴普通民众在实现自由的道路上仍然面临种种障碍,对这一点我没有任何疑误。美国认为,任何古巴人都不应该仅仅因为行使普世的权利,要求发出自己的声音而遭受骚扰、逮捕或殴打。我们将继续支持古巴的公民社会。虽然古巴已经进行了改革,逐步开放其经济,我们仍然认为,古巴工人应该能自由地组织工会,就像古巴的公民应该能自由参与政治进程一样。

Moreover, given Cuba's history, I expect it will continue to pursue foreign policies that will at times be sharply at odds with American interests. I do not expect the changes I am announcing today to bring about a transformation of Cuban society overnight. But I am convinced that through a policy of engagement, we can more effectively stand up for our values and help the Cuban people help themselves as they move into the 21st century.

此外,鉴于古巴的历史,我认为古巴会继续奉行有时与美国利益截然相互抵触的外交政策,我不奢望我今天宣布的政策能在一夜之间带来古巴社会的转型。但我深信,通过保持接触的政策,我们可以更有效地捍卫我们的价值观,并帮助古巴人民通过自助迈入 21世纪。

To those who oppose the steps I'm announcing today, let me say that I respect your passion and share your commitment to liberty and democracy. The question is how we uphold that commitment. I do not believe we can keep doing the same thing for over five decades and expect a different result. Moreover, it does not serve America's interests, or the Cuban people, to try to push Cuba toward collapse. Even if that worked-and it hasn't for 50 years-we know from hard-earned experience that countries are more likely to enjoy lasting transformation if their people are not subjected to chaos. We are calling on Cuba to unleash the potential of 11 million Cubans by ending unnecessary restrictions on their political, social, and economic activities. In that spirit, we should not allow U.S. sanctions to add to the burden of Cuban citizens that we seek to help.

对于那些反对我今天宣布的有关步骤的人士,我表示我尊重你们的热忱,赞同你们对自由和民主的承诺。问题是我们该如何坚守这一承诺。我不认为我们应该继续过去 50 年的政策而期待出现不同的结果。此外,试图让古巴走向崩溃并不符合美国的利益和古巴人民的利益。即使这一点行之有效——但过去 50 年并没有奏效——根据我们得之不易的经验,我们认识到,一个国家的人民如果没有内乱之忧,这个国家就更有可能实现持久的转变。我们呼吁古巴取消对 1100 万古巴人民在政治、社会和经济活动方面不必要的限制,释放他们的潜力。本着这种精神,我们要求为古巴人民提供帮助,不应该使美国的制裁增加古巴公民的负担。

To the Cuban people, America extends a hand of friendship. Some of you have looked to us as a source of hope, and we will continue to shine a light of freedom. Others have seen us as a former colonizer intent on controlling your future. José Martí once said, "Liberty is the right of every man to be honest." Today, I am being honest with you. We can never erase the history between us, but we believe that you should be empowered to live with dignity and self-determination. Cubans have a saying about daily life: "No es facil"-it's not easy. Today, the United States wants to be a partner in making the lives of ordinary Cubans a little bit easier, more free, more prosperous.

对于古巴人民,美国向你们伸出友谊之手。你们有些人视我们为希望的源泉,我们将继续发出自由的光辉。另外有些人认为我们是意图控制你们未来的前殖民者。何塞·马蒂曾说道:"自由是每一个人能够做到抱诚守真的权利。"今天,我与你们真诚相待。我们永远不可能抹去我们之间的历史,但我们相信,你们应该获得自主权,实现有尊严的生活和自决的权利。古巴人有句描绘日常生活的话:"No es facil"——世事不易。如今,为了让古巴普通民众的生活得到一些改善,能够做到更自由、更繁荣,美国希望成为其中的一个伙伴。

To those who have supported these measures, I thank you for being partners in our efforts. In particular, I want to thank His Holiness Pope Francis, whose moral example shows us the importance of pursuing the world as it should be, rather than simply settling for the world as it is; the government of Canada, which hosted our discussions with the Cuban government; and a bipartisan group of congressmen who have worked tirelessly for Alan Gross's release, and for a new approach to advancing our interests and values in Cuba.

对于那些支持这些措施的人士,我感谢你们成为我们共同努力的伙伴。我特别要感谢教皇弗朗西斯,他的道德榜样向我们展示了追求世界本该有的境界而不是安于现状的重要性;感谢加拿大政府为我们与古巴政府进行讨论担任东道主;感谢两党国会议员为艾伦·格罗斯获释以及促进我们在古巴的利益和价值寻找新途径进行的不懈努力。

Finally, our shift in policy towards Cuba comes at a moment of renewed leadership in the Americas. This April, we are prepared to have Cuba join the other nations of the hemisphere at the Summit of the Americas. But we will insist that civil society join us so that citizens, not just leaders, are shaping our future. And I call on all of my fellow leaders to give meaning to the commitment to democracy and human rights at the heart of the Inter-American Charter. Let us leave behind the legacy of both colonization and communism, the tyranny of drug cartels, dictators and sham elections. A future of greater peace, security and democratic development is possible if we work together-not to maintain power, not to secure vested interest, but instead to advance the dreams of our citizens.

最后,我们对古巴的政策转变正值美洲国家领导人重新调整之时。明年4月,我们准备让古巴与西半球其他国家一起出席美洲国家峰会。但是,我们将坚持公民社会也必须参与,使公民而不仅仅是领导人也能开创我们的未来。我呼吁有关领导人切实履行美洲国家宪章关于民主和人权的核心承诺。让我们摆脱殖民主义和共产主义的遗祸,抵制暴政和贩毒集团,摈弃独裁者和假选举。我们如果同心协力——不是为了把持权力,不是为了维护既得利益,而是为了实现我们全体公民的梦想,就可能实现更和平、更安全和更民主的未来。

My fellow Americans, the city of Miami is only 200 miles or so from Havana. Countless thousands of Cubans have come to Miami-on planes and makeshift rafts; some with little but the shirt on their back and hope in their hearts. Today, Miami is often referred to as the capital of Latin America. But it is also a profoundly American city-a place that reminds us that ideals matter more than the color of our skin, or the circumstances of our birth; a demonstration of what the Cuban people can achieve, and the openness of the United States to our family to the South. Todos somos Americanos.

我的美国同胞们,迈阿密距哈瓦那仅大约 200 英里之遥。已有无数古巴人来到迈阿密——或乘坐飞机,或通过自制的船筏;有些人只剩下身上的衬衫,但心中满怀希望。今天,迈阿密常被称为拉丁美洲之都,但也是非常美国化的城市。这个城市提醒我们,理想比肤色和我们出生的环境更重要;这个城市展示了古巴人民可以实现怎样的成就,也展示了美国对我们南部美洲大家庭成员的开放态度。Todos somos Americanos(我们都是美洲人)。

Change is hard-in our own lives, and in the lives of nations. And change is even harder when we carry the heavy weight of history on our shoulders. But today we are making these changes because it is the right thing to do. Today, America chooses to cut loose the shackles of the past so as to reach for a better future-for the Cuban people, for the American people, for our entire hemisphere, and for the world.

变革并非易事——不仅仅指我们的个人生活,对于国家生活也是如此。当我们的肩上承载着历史重担的时候,变革尤为艰难。但是,今天我们正在促进这样的变革,因为这样做是正确的。今天,美国选择摆脱历史的桎梏,共创美好的未来——为了古巴人民,为了美国人民,也为了西半球和全世界人民。

Thank you.God bless you and God bless the United States of America.

谢谢。愿上帝保佑你们,愿上帝保佑美利坚合众国。

参考文献

一、英文部分

(一)美国政府档案和文件(The United States Government Archives and Documents):

1.Residential Libraries:

J.F.Kennedy Library,Boston,Mass

National Security Files(NSF).

2.*Foreign Relations of the United States*(以下简称 *FRUS*),*1958—1960*,*Vol.VI,Cuba*,Washington.D.C.:United States Government Printing Office 以下简称 U.S.GPO),1991.

FRUS 1961—1963,*Vol. VI*,*Kennedy-Khrushchev Exchanges*,Washington D.C.:U.S.GPO,1996.

FRUS 1961—1963,*Vol. IX*,*Foreign Economic Policy*,Washington D.C.:U.S.GPO,1995.

FRUS 1961—1962,*Vol. X*,*Cuba*,*January 1961—September 1962*,Washington D.C.:U.S.GPO,1997.

FRUS 1961—1963,*Vol. XI*,*Cuban Missile Crisis and Aftermath*,Washington D.C.:U.S.GPO,1997.

FRUS 1961—1963,*Vol.X/XI/XII*,(*Microfiche Supplements*)*Cuba*,

Washington D.C.：U.S.GPO，1998.

3.Department of State *Bulletin.*

4.*Public Papers of the Presidents of the United States.*

Public Papers of the Presidents of theUnited States：John F.Kennedy，1962，Washington D.C.：U.S.GPO，1963.

Public Papers of the Presidents of theUnited States：Lyndon B. Johnson 1963—64，Part I，，Washington D.C.：U.S.GPO，1965.

5. Department of State，*Kennedy—Khrushchev Exchanges*，Washington：U.S.GPO，1996.

6.Artheur M.Schleisinger，Jr.，*The Dynamics of World Power*，New York：Chelsea House Publishers，1973.

7. McAuliffe，Mary S.，ed. *CIA Documents on the Cuban Missile Crisis，1962.*Washington D.C.：Central Intelligence Agency，1992.

（二）专著（Books）

1.Allison，Graham T.，*The Secret Cuban Missile Crisis Documents：Central Intelligence Agency.* New York：Brassey's，1994.

2.Armstrong，Scott，and Philip Brenner.“Putting Cuba and Crisis Back in the Cuban Missile Crisis.”*Los Angeles Times.*November 1，1987，Part V.

3. Baloyra，Enrique，and James A. Morri. *Conflict and Change in Cuba.* Santa Fe：University of New Mexico Press. 1993.

4.Bechloss，Michael R.，*The Crisis Years：Kennedy and Khrushchev，1960—1963.*New York：HarperCollins，1991.

5.Bender Lynne. *The Politics of Hostility：Castro's Revolution and United States Policy.*Hato Rey.Puerto Rico：Inter-American Press. 1975.

6.Benjamin, Jules R., *The United States and the Origins of the Cuban Revolution*, PrincetonUniversity Press, 1990.

7.Blasier, S. Cole. "The Elimination of United States Influence." In *Revolutionary Change in Cuba*, edited by Carmelo Mesa-Lago, 43 – 80. Pittsburgh: University of Pittsburgh Press, 1971.

8.Blight, James G., *The Shattered Crystal Ball: Fear and Learning in the Cuban Missile Crisis*. Lanham, MD: Rowman and Littlefield, 1992.

9.Blight, James G., and David Welch. *On the Brink: Americans and Soviets Reexamine the Cuban Missile Crisis*. New York: Hill and Wang. 1989.

10.Blight, James, *Politics of Illusion: the Bay of Pigs Invasion Reexamined*, Rienner Pub, 1997.

11.Bonsal. Philip W. *Cuba, Castro and the United States*. Pittsburgh: The University of Pittsburgh Press, 1971.

12.Brener, William, Vendetta, *Castro and the Kenndy Brothers*, New York, John Wiley, 1997.

13.Calvo Hernaldo, *The Cuban Exile Movement*, New York: Ocean Press, 2000.

14.Carmelo Mesa-Lago, *Cuba after the Cold War*, Pittsburgh University of Pittsburgh, 1993.

15.Castro, Fidel, *U. S. hands off the Mideast Cuba Speaks out at the United Nations*, New York: Pathfinder Press, 1990.

16.Chang, Laurence and Peter Kornbluh, *The Cuban Missile Crisis 1962—A National Secrurity Archive Documents Reader*, New York: The New York Press, 1992.

17. Chang, Laurence, Donna Rich, and Chris Wallace. *Chronology of the Cuban Missile Crisis.* Washington, D. C.: National Security Archive, February 1989.

18. *Cold War International History Project Bulletin Issue*, Spring 1992、1995.

19. *Cuba on the Brink: Castro, the Missile Crisis, and the Soviet Collapse*, New York, Pantheon Books, 1993.

20. Donna Rich Kaplowitz: *Anatony of a Failed Embaryo: U. S. Sarctions Against Cuba*, Lynne Rienner Publishers, 1998.

21. Duncan W. Raymond. "Cuba-U. S. Relations and Political Contradictions in Cuba." In *Conflict and Change in Cuba*, edited by Enrique Baloyra and James A. Morris. Santa Fe: University of New Mexico Press, 1993.

22. Edward R. Drachman, *Presidents and Foreign Policy: Countdown to Ten Controversial Decisions*, State University of New York Press, 1997.

23. Elliston Jon, *Psywar on Cuba: the Declassified History of U. S. Anti-Castro Propaganda*, New York: Ocean Press, 1999.

24. Erisman, H. Michael, and John Kirk, *Cuban Foreign Policy Confronts a New International Order.* Boulder: Lynne Rienner Publishers, 1991.

25. Facts on File, Inc. *Cuba, the U. S. and Russia*, 1960—63: *A Journalistic Narrative*…… New York: Facts on File, Inc, 1964.

26. Fagen, Richard R., "United States-Cuban Relations." In *Prospects for Latin America*, edited by David S. Smith, 304 – 25. New York: Columbia University Press, 1970.

27. Femndez, Domin, *Cuba Studies Since the Revolution*, University Press of Florida, 1992.

28. Ferro-Clerico, Lilia, and Wayne Smith. " The U. S. Trade Embargo." In *Subject to Solution: Problems in Cuban-U. S. Relations*, edited by Wayne Smith. Boulder: Lynne Rienner Publishers, 1988.

29. Fontaine, Roger W., *On Negotiating With Cuba*, American Enterprise Institute for Public Policy Research, 1975.

30. Franqui, Carlos. *Diary of the Cuban Revolution.* New York: Viking Press, 1980.

31. Garthoff, Raymond. *Intelligence Assessment and Policymaking: A Decision Point in the Kennedy Administration.* Washington, D. C.: The Brookings Institute, 1984.

32. Garthoff, Raymond, *Reflection on the Cuban Missile Crisis*, Washington, D.C.: Brookings Institute, 1989.

33. Goldenberg, Boris. *The Cuban Revolution and Latin America.* New York: Frederick Praeger, 1965.

34. Goldston. Robert. *The Cuban Revolution.* New York: Bobbs-Merrill, 1970.

35. Higgins, Trumbull, *The Perfect Failure: Kennedy, Eisenhower and CIA at the Bay of Pigs*, New York: Norton, 1987.

36. H. Michael. Erisman, *Cuba's Foreign Relations in a post-Soviet World*, University Press of Florida, 2000.

37. Ibarra, Jorge, *Prologue to revolution: Cuba 1898—1958*, Lynne Rienner Publishers, 1998. *Kennedy Papers*, Kennedy Library.

38. Jacques, *The USSR and Cuban Revolution: Soviet Ideological and*

Strategical Perspectives 1959—1977, translated from the French by Deanna Drendel Lebocuf, New York: Praeger, 1978.

39. James A. Nathan: *Anatomy of the Cuba Missile Crisis*, Greenwood Press, 2001.

40. James A. Nathan, *The Cuban Missile Crisis revisited*, St. Martin's Press New York, 1992.

41. Jeffrey Porro(ed), *The Nuclear Age Reader*, New York: Alfred A Knopf, 1989.

42. Joho Prados, *Presidents' Secret War—CLA and Pentagon Covert Operations Since World War II*. Willion Morrow and Company, Ine. (New York 1989).

43. Joseph S. Tulchin, *Latin American Nations in World Politics*, Westview Press, 1996.

44. Kaplowitz, ed. *Cuba's Ties to a Changing World*. Boulder: Lynne Rienner Publishers. 1993.

45. Karol, K.S.Guerrillas. *In Power: The Course of the Cuban Revolution*. New York: Hill & Wang, 1970.

46. Kennedy, Robert, *Thirteen Days: Amemoir of the Cuban Missile Crisis*, New York: Norton, 1999.

47. Kornbluh Peter, *Bay of Pigs Declassified: The Secret CIA Report on the Invasion of Cuba*, New York: The New Press, 1998.

48. Krinsky, Michael, and David Golove, eds. *United States Economic Measures against Cuba*. Northampton: Aletheia Press, 1993.

49. Langley, Lester D. *The Cuban Policy of the United States: A Brief History*. New York: Wiley, 1968.

50.Langley, ed.*The United States, Cuba, and the Cold War: American Failure or Communist Conspiracy.* Lexington, Mass: D.C.Heath, 1970.

51. Larson, David. *The Cuban Crisis of* 1962: *Selected Documents. Chronology and Bibliography.* Landham: University Press of America, 1986.

52.Leo Huberman, Paul M.Smeezy, *Cuba: Anatomy of a Revolution*, Monthly Review Press, New York, 1961.

53. Lignt, James, *Intelligence and the Cuban Missile Crisis*, Frank Cass, 1998.

54. Louis A. Perez, Jr *Cuba and the United States: Ties of The Singular Intimacy.* The University of Georgia Press 1990.

55.Lynn Darrell Bender, *The Politics of Hostility Castro's Revolution and United States Policy*, Inter American University Press 1975.

56. Margaret Daly Hayes, *Latin America and the U. S. National Interest A Basis for U.S.Foreign Policy*, Westview Press. 1984.

57.Mark T.Gilderhus.*The Second Century U.S.—Latin American Relations since* 1889, Wilmington Delaware 2000.

58.Matthews, Herbert L., "The Bay of Pigs." In *The Cuba Reader*, edited by Brenner.Et al.New York: Grove Press, 1989.

59.May, Ernest.R, *The Kennedy Tapes: Inside the White House during the Cuban Missile Crisis*, Belknap Press of Harvard University Press, 1997.

60.Michacl R.Beshloss, *The Crisis Years: Kennedy and Khrushchev 1960—1963*, New York.Harpar Klins Press 1991.

61.Mezerik A.G., *Cuba and the United States 1961—1963 (Volume one-two*),New York,1963.

62. Michael J. Kryzanek, *U. S.—Latin American Relations*, New York,1990.

63.*Microfiche Supplements* 10,11,12,Cuba(American Republics).

64.Morley,Morris.*Imperial State and Revolution：The United States and Cuba,1952—1986.* Cambridge：Cambridge University Press,1987.

65.Naftali,Timothy,*One Hell of a Gamble：Khrushchev,Castro,and Kennedy 1958—1964*,New York：Norton,1997.

66. Nash Philip, *The Other Missiles of October, 1957—1963*, University of North Carolina Press,1997.

67.Nathan,James A.,*Anatomy of Cuba Missile Crisis*,Greenwood Press,2001.

68.Ortega,Juan,*Insurection & Revolution：Armed Struggle in Cuba, 1952—1959*,Rienner Publishers,1998.

69.Paterson,Thomas.*Contesting Castro：The United States and the Triumph of the Cuban Revolution.* New York：Oxford University Press,1994.

70.Peter H. Smith, *Talons of the Eagle：Dynamics of U. S—Latin American Relations*,Oxford University Press,1996.

71.Philip Brenner,*From Confrontation to Negotionation—U.S.Relations with Cuba*,A Pacca Book Westview Press,1988.

72.Rake,Stephen.G.*Eisengower and Latin America*,the University of North Carolina Press,Chapel Hill,1988.

73.Renwick,Robin."Economic Sanctions."Harvard Studies in International Affairs, No. 45. Cambridge：Harvard University. Center for International Affairs, 1981.

74. Rich. Donna. "The U.S. Embargo Against Cuba: Its Evolution and Enforcement." Washington, D.C.: Johns Hopkins University, Cuba Studies Project. 1988.

75. Rich. Donna. "Lessons for the U. S. Embargo against Cuba." In *South Africa: The Sanctions Report, Documents and Statistics*, edited by Joseph Hanlon. London: The Commonwealth Secretariat. 1990.

76. Rich. Donna, and Kirby Jones. *Opportunities for U.S. Cuban Trade.* Washington, D.C.: Johns Hopkins University, 1988.

77. Robbins, Carla Anne. *The Cuban Threat.* Philadelphia: ISHI Publications, 1983.

78. Robert Smith Thompson, *The Missile of October: The Declassified Story of John Kennedy and Cuba Missile*, New York, Simon Schuster, 1992.

79. Schwab Peter, *Cuba: Confronting the U. S. embargo*, St. Martin's Press, 1999.

80. Scott, Macmillan, *Kennedy and the Cuban Missile Crisis: Political, Military and Intelligence Aspects.* Macmillian Press, 1999.

81. Seyom Brown: *The Faces of Power—Constancy and Change in United States Foreign Policy from Truman to Reagan*, New York: Columbia University Press, 1983.

82. Smith, Wayne S., *The Closest of Enemies: A Personal and Diplomatic History of the Castro Years.* New York; W. W. Norton, 1987.

83. Stable Marifel, *The Cuba Revolution: Origins, Course, and Legacy*, New York: Oxford University Press 1999.

84.Tang, Harry, *Cuba and the USA*, New York: International Publishers, 1992.

85.Vance, Cyrus. *Hard Choices: Critical Years in America's Foreign Policy.* New York: Simon and Schuster, 1983.

86. Wallensteen. Peter. "Economic Sanctions: Ten Modern Cases. Three Important Lessons." In *Dilemmas of Economic Coercion: Sanctions in World Politics*, edited by Miroslav Nincic and Peter Wallensteen. New York: Praeger Publishers, 1983.

87. Welch, Richard, *Response to Revolution: The United and the Cuban Revolution 1959—1961*, University of North Carolina Press, 1985.

88.White, J. Mark, *The Kennedys and Cuba*, Chicago Ivan R. Dee. Publisher, 1999.

89.White, J. Mark, *Missile in Cuba, Kennedy, Khrushchev, Castro and 1962 Crisis*, Chicago Ivan R. Dee. Publisher, 1997.

90.Williams. William A. *The U.S., Cuba and Castro: An Essay in the Dynamics of Revolution and the Dissolution of Empire.* New York: Monthly Review Press. 1962.

二、中文部分

（一）专著

1.[美] 托马斯·由、帕特森:《美国外交政策》,李庆余译,中国社会科学出版社 1989 年版。

2.[法] 让-巴蒂斯特·迪罗塞尔:《外交史》,李仓人等译,上海译文出版社 1982 年版。

3.[美] 阿瑟·施莱辛格:《一千天:约翰·菲·肯尼迪在白宫》,

生活·读书·新知三联书店 1981 年版。

4.[美] 加里·沃塞:《美国政治基础》,中国社会科学出版社 1994 年版。

5.[美]戴维·霍罗威茨:《美国冷战时期的外交政策》,上海人民出版社 1974 年版。

6.[委]博埃斯内尔:《拉丁美洲国际关系简史》,商务印书馆 1990 年版。

7.[美]利昂·古雷:《苏联对拉丁美洲的渗透》,上海译文出版社 1979 年版。

8.[美]迈克尔·高特:《意识形态与美国外交政策》,世界知识出版社 1999 年版。

9.[美]丹·考德威尔:《论美苏关系》,世界知识出版社 1984 年版。

10.[美]托马斯:《卡斯特罗和古巴》,中译本,上海人民出版社 1975 年版。

11.[美]罗伯特·肯尼迪:《十三天——古巴导弹危机回忆录》附录三《危机》,上海人民出版社 1971 年版。

12.[美]拉尔夫·德·贝茨:《美国史(1933—1973)》下卷,人民出版社 1984 年版。

13.[美]帕金森:《拉丁美洲、冷战与世界大国(1945—1973)》,贤人出版社 1974 年版。

14.[美]西奥多·索伦森:《肯尼迪》,上海译文出版社 1981 年版。

15.[美]马克斯韦尔·泰勒上将:《剑与犁——泰勒回忆录》,商务印书馆 1981 年版。

16.[美] M.贝科茨威等:《美国对外政策的政治背景》,商务印书馆 1979 年版。

17.[美] 麦乔治·邦迪:《美国核战略》,世界知识出版社 1991 年版。

18.[美] 罗伯特·达莱克:《罗斯福与美国对外政策(1932—1945)》,商务印书馆 1984 年版。

19.[美] 福斯特:《美洲政治史纲》,生活·读书·新知三联书店 1961 年版。

20.[美] 德怀特·艾森豪威尔:《艾森豪威尔回忆录——白宫岁月:受命变革》,生活·读书·新知三联书店 1978 年版。

21.[美] 德怀特·艾森豪威尔:《艾森豪威尔回忆录——白宫岁月:缔造和平》,生活·读书·新知三联书店 1977 年版。

22.[美] 斯蒂芬·安布罗斯:《艾森豪威尔传》,中国社会科学出版社 1989 年版。

23.[美] 哈罗德·史塔生:《艾森豪威尔——推动和平》,世界知识出版社 1992 年版。

24.[美] 罗伯特·H.费雷尔:《艾森豪威尔日记》,新华出版社 1987 年版。

25.[美] 罗伯特·沃尔特斯:《美苏援助:对比分析》,商务印书馆 1974 年版。

26.[美] M.贝科威茨:《美国对亚洲的外交政策》,商务印书馆 1979 年版。

27.[美] 亨利·欧文:《七十年代的美国对外政策》,中译本,生活·读书·新知三联书店 1975 年版。

28.[美] 雷蒙德·加特霍夫:《冷战史——遏制与共存备忘录》,

新华出版社 2003 年版。

29.［英］理查德·克罗卡特著:《50 年战争》,新华出版社 2003 年版。

30.［英］巴勒克拉夫:《国际事务概览(1959—1960)》,上海译文出版社 1986 年版。

31.［英］D.C.瓦特编著:《国际事务概览 1962 年》,上海译文出版社 1983 版。

32.［英］D.C.瓦特编著:《国际事务概览 1961 年》上册,上海译文出版社 1988 版。

33.［苏］A.C.阿尼金编著:《外交史》,第五卷,生活·读书·新知三联书店 1983 年版。

34.［苏］B.M.赫沃斯托夫:《外交史》第二卷,生活·读书·新知三联书店 1979 年版。

35.［美］哈里·杜鲁门:《杜鲁门回忆录》第一卷,世界知识出版社 1964 年版。

36.［美］哈里·杜鲁门:《杜鲁门回忆录》第二卷,世界知识出版社 1965 年版。

37.［苏］阿纳托利·多勃雷宁:《信赖》,世界知识出版社 1997 年版

38.［古］乔斯·卢斯·莫尔拉、拉菲尔·卡耳辛斯:《CIA 在古巴》,时事出版社 1990 年版。

39.［美］阿兰·内文斯编:《和平战略——肯尼边言论集》,世界知识出版社 1961 年版。

40.［美］J.斯帕尼尔:《第二次世界大战后美国的外交政策》,商务印书馆 1999 年版。

41.［美］约翰·兰尼拉格:《中央情报局》,中国社会科学出版社1990年版。

42.资中筠:《战后美国外交史——从杜鲁门到里根》,世界知识出版社1994年版。

43.齐世荣:《当代世界史资料选辑》第1分册,北京师范大学出版社1990年版。

44.朱昌:《寻求苏美力量均衡的努力——赫鲁晓夫的对美政策》,上海社会科学院出版社1998年版。

45.洪国起:《冲突与合作——美国与拉丁美洲关系的历史考察》,山西高校出版社1994年版。

46.徐世澄主编:《美国与拉丁美洲关系史》,社会科学文献出版社1995年版。

47.时殷弘、蔡佳禾:《战后世界历史长编》第11册,上海人民出版社2000年版。

48.洪育沂:《拉丁美洲国际关系史纲》,外语教育与研究出版社1996年版。

49.《人民日报》1962年10月29日。

50.《赫鲁晓夫回忆录》,东方出版社1988年版。

51.《古巴事件内幕》内部读物,世界知识出版社1963年版。

52.高兴祖、沈学善:《战后世界政治与国际关系》,南京大学出版社1989年版。

53.《国际关系史资料选编》下册,武汉大学出版社1983年版。

54.李德福:《千钧一发——古巴导弹危机纪实》,世界知识出版社1997年。

55.朱明权:《20世纪60年代国际关系》,上海人民出版社2001

年版。

56.徐世澄:《帝国霸权与拉丁美洲——战后美国对拉丁美洲的干涉》,世界知识出版社 2002 年版。

57.李春晖:《拉丁美洲史稿》第 1—2 卷,商务印书馆 1983 年版。

58.李春晖:《拉丁美洲史稿》第 3 卷,商务印书馆 1993 年版。

59.杨茂生主编:《美国外交政策史(1775—1989)》,人民出版社 1991 年版。

60.中国拉丁美洲史研究会:《拉丁美洲史论文集》,东方出版社 1986 年版。

61.徐世澄:《冲撞:卡斯特罗与美国总统》,东方出版社 1999 年版。

62.徐隆彬:《赫鲁晓夫执政史》,山东大学出版社 2002 年版。

63.方连庆、刘金质:《战后国际关系史 1945—1995》,北京大学出版社 1999 年版。

64.吴华、周定湘:《全球冲突与争端(美洲卷)》,世界知识出版社 1998 年版。

65.李庆余:《美国外交:从孤立主义到全球主义》,南京大学出版社 1990 年版。

66.崔丕:《美国的冷战战略与巴黎统筹委员会、中国委员会 1945—1994》,东北师范大学出版社 2000 年版。

67.梁根成:《美国与非洲》,北京大学出版社 1991 年版。

68.《国际条约集(1960—1962)》,商务印书馆 1975 年版。

69.方纳:《古巴史和古巴与美国的关系》第 1 卷,三联书店 1964 年版。

70.李少军:《国际政治学概论》,上海人民出版社 2009 年版。

71.杨明辉、周永瑞:《解码卡斯特罗》,工人出版社 2010 年版。

72.阮建平:《战后美国对外经济制裁》,武汉大学出版社 2009 年版。

73.赵学功:《当代美国外交》,社会科学文献出版社 2001 年版。

74.徐世澄:《美国和拉丁美洲关系史》,社会科学文献出版社 2007 年版。

75.徐世澄:《卡斯特罗评传》,人民出版社 2008 年版。

76.[古]乔斯·卢斯·莫尔拉、拉斐尔·卡尔辛斯:《CIA 在古巴》,时事出版社 1990 年版。

77.[美]托马斯·G.帕特:《美国外交政策(下)》,李庆鱼译,中国社会科学出版社 1989 年版。

78.程映虹:《菲德尔·卡斯特罗:20 世纪最后的革命家》,外文出版社 1999 年版。

79.毛相麟:《古巴社会主义研究》,社会科学文献出版社 2005 年版。

80.宫少朋:《冷战后国际关系》,世界知识出版社 1999 年版。

81.莱斯利·贝瑟尔:《剑桥拉丁美洲史》第七卷,当代世界出版社 2001 年版。

82.钱乘旦、李剑铭:《世界现代化历程》北美卷、拉美卷,江苏人民出版社 2012 年版。

83.苏振兴 主编:《拉丁美洲和加勒比发展报告(2009—2010)》,社会科学文献出版社 2010 年版。

(二)论文

1.罗荣渠:《古巴革命胜利的道路》,《人民日报》1962 年 1 月 3 日。

2.罗荣渠:《150年来美国对古巴的野心和侵略》,《人民日报》1963年1月3日。

3.罗荣渠:《门罗主义的起源和实质——美国早期扩张主义思想的发展》,《历史研究》1963年第6期。

4.李运华:《古巴人民武装革命的胜利》,《历史教学》1964年第11、12期合刊。

5.丁则民:《1899—1902年美帝国主义对古巴的第一次军事占领》,《文史哲》1963年第6期。

6.丁则民:《美帝国主义对古巴的第二次军事占领》,《历史教学》1963年第5期。

7.丁则民:《1899—1923年美帝国主义对古巴侵略政策》,《吉林师大学报》1964年第4期。

8.吴机鹏:《古巴民族英雄何塞·马蒂》,《历史教学》1963年第3期。

9.韩洪文:《美国对古巴导弹危机的初步反映》,《军事历史》1997年第5期。

10.韩洪文:《论古巴导弹危机及其后果》,《聊城师范学院学报》1997年第2期。

11.韩洪文:《论古巴革命胜利初期的古美关系》,《历史教学问题》1998年第4期。

12.韩敬友:《试论美苏对古政策对古巴革命的影响》,《山东师大学报》1996年第1期。

13.钱峰:《猪湾事件前后中央情报局情报失误评析》,《情报杂志》1997年第9期。

14.时晓红:《导弹危机与多极化世界政治格局的萌芽》,《沈阳师范学院学报》1997 年第 2 期。

15.江心学:《从熟果理论到赫尔姆斯—伯顿法:谈美国对古巴外交政策的演变》,《解放军外语学院学报》1996 年第 6 期。

16.时晓红:《古巴导弹危机对国际关系的影响》,《湛江师范学院学报》1996 年第 9 期。

17.王嵎生:《光荣与梦想——美国世纪末三大战略性胜利和错误》,《世界知识》1995 年第 15 期。

18.潘光辉:《冰破雪难融——析卡特访古与美古关系》,《拉丁美洲研究》2002 年第 6 期。

19.宋晓平:《布什政府对古巴政府的走向》,《中国社会科学院院报》2004 年 9 月。

20.魏红霞:《美国对古巴的公众外交及其效果评估——1959 年至今》,中国拉丁美洲关系史研究会第 17 届年会暨"纪念拉美独立 200 周年"学术讨论会论文集,2010 年。

21.马跃:《约翰逊总统时期的拉美政策分析》,《山东省农业管理干部学院学报》2005 年第 1 期。

22.刘建飞:《意识形态与冷战后美国对古巴政策》,《期刊》2002 年第 4 卷第 5 期。

23.[美]马克·劳伦斯:《对稳定的模糊追求——尼克松、基辛格以及"第三层"(1969—1976)》,《国际政治研究》2008 年第 3 期。

24.毛相麟:《当前古巴对外关系形势与政策特点》,《拉丁美洲研究》1997 年第 4 期。

25.张凡:《古巴——美国关系 50 年四题》,《拉丁美洲研究》2009 年第 1 期。

26.任树瑛:《古巴对外关系的发展历程及其特点》,当前国际政治与社会主义发展学术研讨会,2001 年 12 月。

27.徐世澄:《古巴和美国——恩怨 50 年》,《时事报告》2009 年第 6 期。

28.彼得·哈基姆:《奥巴马的外交遗产:把美拉关系推进到新阶段》,王艺璇译,《中国经济报告》2015 年第 3 期。

29.陈宝森:《次贷危机阴云下的美国经济》,《世界知识》2008 年第 3 期。

30.陈小方:《美国对古巴全面开启"接触"政策》,《法制日报》2014 年 12 月 23 日。

31.董春岭:《"奥巴马主义"的正式出炉》,《世界知识》2014 年第 14 期。

32.杜剑峰:《握手古巴:奥巴马卸任前"最后一搏"》,《南风窗》2015 年第 2 期。

33.冯峰、谌园庭:《拉美裔移民对美国大选的影响及美国移民政策的调整》,《拉丁美洲研究》2008 年第 6 期。

34.高飞、路遥:《美国"后门外交":破门后能否得分》,《世界知识》2009 年第 18 期。

35.贺双荣:《美国对拉美政策的调整及美拉关系的走向》,《拉丁美洲研究》2008 年第 6 期。

36.江时学:《美国与古巴改善关系的动因及其影响》,《国际问题研究》2015 年第 2 期。

37.李峥:《美古关系破冰的时机和成本》,《世界知识》2015 年第 2 期。

38.李紫莹:《奥巴马政府拉美政策评析》,《国际问题研究》2010 年第 6 期。

39.刘家海:《美国对古巴的封锁》,《国际论坛》2002 年第 9 期。

40.毛相麟:《古美关系离实现正常化还有多远》,《当代世界社会主义问题》2010 年第 1 期。

41.毛相麟:《一部评析古巴改革的新著——评劳尔·卡斯特罗领导下的古巴:改革评价》,《拉丁美洲研究》2013 年第 6 期。

42.齐峰田:《奥巴马当选后美国与古巴关系走向》,《拉丁美洲研究》2008 年第 6 期。

43.孙洪波:《"奥巴马时代美国对拉美政策"报告综述》,《拉丁美洲研究》2010 年第 2 期。

44.孙岩峰:《美国欲借美洲峰会加速"重返"拉美》,《世界知识》2015 年第 10 期。

45.魏然:《"2012 年拉美形势分析会"综述》,《拉丁美洲研究》2013 年第 1 期。

46.徐世澄:《论奥巴马上台以来的美拉关系》,《西南科技大学学报》2015 年第 1 期。

47.张立平:《奥巴马的政治海啸》,《世界知识》2008 年第 22 期。

48.周谭豪:《欧洲与古巴:重温哥伦布旧梦?》,《世界知识》2015 年第 11 期。

49.张业亮:《移民新政:奥巴马的重要政治遗产》,《世界知识》2014 年第 24 期。

后　记

　　这本书稿是在我的博士论文基础上修改完成的。我的导师于群教授在指导我学习的过程中，强调如何掌握正确的研究方法，准确把握研究方向，努力推进史学研究的发展，这些都将使我在今后的学习和工作中长远受益。在我论文及书稿写作的过程中，于老师倾注了大量心血，不厌其烦地为我修改书稿，指出书稿存在的不足，在我书稿完成之际，我谨向我的导师于群教授致以深深的谢意和崇高的敬意！

　　在书稿修改过程中，硕士研究生魏改霞、陈曦、陈丽娟分别撰写了第六章、第五章、第一章部分内容，王颖杰老师最终统稿并排版完成书稿，在此也一并表示感谢！

王　伟

2017 年 6 月

责任编辑:赵圣涛
封面设计:王欢欢
责任校对:吕 飞

图书在版编目(CIP)数据

美国对古巴政策研究/王 伟 著. —北京:人民出版社,2017.11
ISBN 978－7－01－018271－1

Ⅰ.①美… Ⅱ.①王… Ⅲ.①美国对外政策-研究-古巴
Ⅳ.①D871.20

中国版本图书馆 CIP 数据核字(2017)第 233204 号

美国对古巴政策研究

MEIGUO DUI GUBA ZHENGCE YANJIU

王 伟 著

人民出版社 出版发行
(100706 北京市东城区隆福寺街 99 号)

北京中科印刷有限公司印刷 新华书店经销

2017 年 11 月第 1 版 2017 年 11 月北京第 1 次印刷
开本:710 毫米×1000 毫米 1/16 印张:18.5
字数:260 千字

ISBN 978－7－01－018271－1 定价:60.00 元

邮购地址 100706 北京市东城区隆福寺街 99 号
人民东方图书销售中心 电话 (010)65250042 65289539